Dans le vent

TROISIÈME ÉDITION

Catherine A. Maley

The University of North Carolina at Chapel Hill

Holt, Rinehart and Winston, Inc.

Fort Worth   Chicago   San Francisco   Philadelphia
Montreal   Toronto   London   Sydney   Tokyo

Publisher   *Ted Buchholz*
Senior Acquisitions Editor   *Jim Harmon*
Developmental Editor   *Julia Price*
Project Editor   *Catherine Townsend*
Production Manager   *Annette Dudley Wiggins*
Design Supervisor   *Serena L. Barnett*
Text Design   *Caliber Design Planning*
Cover Design   *Julie Ha*
Production Art   *Anne Fell*
Compositor   *Monotype Composition Company, Inc., Baltimore, Maryland*

The acknowledgment for the use of each reading selection appears at the end of the selection. Photo credits appear on page 204.

Library of Congress Cataloging-in-Publication Data
Maley, Catherine A.
    Dans le vent / Catherine A. Maley.—3e éd.
        p.   cm.
    French and English.
    ISBN 0-03-012663-0
    1. French language—Conversation and phrase books—English.
2. French language—Textbooks for foreign speakers—English.
3. French language—Readers.   I. Title.
PC2121.M24   1990
448.3′421—dc20   89-24658
                                                                              CIP

ISBN: 0-03-012663-0

Address for editorial correspondence: Holt, Rinehart and Winston, Inc., 301 Commerce Street, Suite 3700, Fort Worth, TX 76102

Address for orders: Holt, Rinehart and Winston, Inc., 6277 Sea Harbor Drive, Orlando, Florida 32887
1-800-782-4479, or 1-800-433-0001 (in Florida)

PRINTED IN THE UNITED STATES OF AMERICA

1 2 3   085   9 8 7 6 5 4 3 2

Holt, Rinehart and Winston, Inc.
The Dryden Press
Saunders College Publishing

Preface

Dans le vent is designed to give students who have had one or two years of elementary French a practical vocabulary and the opportunity to use it while carrying on conversations about everyday things of interest to them. For this reason the first part of each chapter concentrates on building active vocabulary.

Each chapter contains several short reading passages selected from current publications such as *l'Express, Le Point, Le Nouvel Observateur, Elle,* and *Paris-Match.* These reading selections, organized into topic areas, provide the basis for the students' original oral classwork. Selections vary in tone from the sad, serious, and cynical to the humorous and controversial in order to encourage students to react, to talk, and to exchange ideas.

Dans le vent can be used as a reader for a third- or fourth-semester course in conjunction with a grammar book. If it is used for a conversation course, the instructor can recommend a grammar text for students to consult. The material of the text can also be used as a basis for compositions.

The Text

LEÇON PRÉLIMINAIRE

The preliminary lesson is designed to introduce students to the general format of each chapter and to indicate how to study the text, especially the section *l'Essentiel.* The students are referred to *Appendice A*, a reference list of reactions to various situations, telling, for example, what to say if you are angry or confused or disagree with someone.

Early in the course students should be encouraged to answer questions with complete sentences in order to have as much practice as possible. Although it will probably be necessary for the instructor to initiate conversations with questions, the class should move gradually from an instructor-centered session to a student-centered session, so that students become involved in asking questions and giving conversational cues while the instructor acts as moderator and language expert.

L'ESSENTIEL

Part of the vocabulary of *l'Essentiel* consists of words students have previously studied. This familiar vocabulary is placed with the new vocabulary, grouped by topics, and presented in subject-verb-complement columns so that sentences can be easily constructed as the vocabulary is studied. To save students' time and to aid them in their study, the vocabulary of *l'Essentiel* is translated in *Appendice B* in the same format as the French. Students should be advised they can test their control of the vocabulary of *l'Essentiel* by looking at the translation in Appendix B and trying to give the French equivalent. Each vocabulary section is followed by questions and exercises that provide the basis for the initial manipulation of the vocabulary in class. The questions progress from the simple and obvious to those of a more thought-provoking nature, requiring detailed answers based on the students' own experiences. The exercises give students practice in forming sentences and questions and in formulating reactions to various statements and conversational stimuli. The exercises at the end of each *l'Essentiel* are based on the entire section. The amount of class time required for working with the vocabulary and exercises of *l'Essentiel* will depend on the students' background in French.

IMAGINEZ

As a step toward free conversation, the students are asked to use their imagination and the vocabulary of *l'Essentiel* to invent comments and answers to the conversational cues as set up in the exercise *Imaginez* in the *Leçon préliminaire* and in *Chapitre 1* through *Chapitre 5*. Beginning with *Chapitre 6* the students will be asked to invent their own conversations. *Imaginez* provides the students with the opportunity to reply spontaneously, as in an actual conversation.

READING SELECTIONS

Several short reading selections of a nonliterary nature are included in each chapter. More difficult vocabulary items and idiomatic expressions are defined in French within the context of the particular selection. The French-English vocabulary at the end of the text gives other definitions.

Each chapter is a complete unit in itself. To provide flexibility and variety, each chapter contains more than the usual number of short reading selections. It is not necessary to read all the selections in a chapter, but it is advisable to do the first four chapters in order. Not all students have to read all the selections chosen for study and discussion. It is possible to assign two or three students to a reading selection and hold them responsible for presenting the reading to the class and leading the discussion. The choice of readings will depend on the interest and abilities of the students.

A series of questions or statements to be completed follows each reading selection, giving students an opportunity to use the vocabulary, as well as enabling the instructor to find out if the text has been read and understood. Rather than writing out answers to the *Questions*, students should write only one or two words that will cue their replies so that the end result will be oral responses and not "reading" responses.

Each reading selection is also followed by the section *À vous la parole*, which encourages students to express their own opinions about what they have read and which permits more free conversation.

At this point, students should have an active command of the vocabulary presented in the chapter and therefore should be asked to prepare and present orally a topic from *À vous la parole* (either individually or collectively). Not all students should prepare all topics. The ideas and opinions to be presented can be written in the students' notebooks, which the instructor can then utilize to prompt the students as they deliver their material and to correct errors and grade the presentations. Students should not be allowed to read the material they have prepared, but they may have an outline to glance at if they run into difficulty. Presentation of a topic should be followed by open class discussion on the material presented. Certain students can be designated to formulate questions based on the presentations which are to be asked of other students in the class after the presentation. In this way, all the students participate in the activities.

The class can then be divided into two sections, pairs, or conversation groups, for work on the *Sujets de discussions* at the end of each chapter. If it is a question of a debate, students should know in advance which point of view they are to take on the subject under discussion (for or against, and not necessarily their own personal point of view), so they can prepare their arguments ahead of time.

The following is a possible division of a lesson's materials:

One to two class sessions.	Working with the vocabulary and exercises which the students have been assigned to study and learn before coming to class. (The number of exercises done in class and the amount of time spent on them will vary according to the students' abilities.)
Two to three class sessions.	Questions and discussion of the reading assignments. Assignment and presentation of topics from *À vous la parole*. Assignment of *Sujets de discussions*.
One to two class sessions.	Presentation of *Sujets de discussions*.

ACKNOWLEDGMENTS

I would like to give special thanks to Professor Claude Bernard Jourdan of the Institut Universitaire de Technologie at Nice for her helpful suggestions and careful reading of the text and to Professor Paul P. Cloutier of the College of William and Mary for his suggestion for the title of this book. I am deeply indebted to friends in Haut de Cagnes, Montpellier, and Minneapolis for their support during this project.

Note to the Third Edition

The vocabulary presentation and the format of *l'Essentiel* have remained unchanged. More visuals, including new photographs and updated realia, have been incorporated into the text and the exercises. Some exercises have been omitted (conversations-puzzle and fill-in-the-blank), others have been updated. Some reading selections have been removed, and new ones have been added. In addition, a cassette tape program has been added; the section is entitled *À vous l'écoute* and is to be used after students have studied and worked with the vocabulary of *l'Essentiel* and the exercises that accompany it. The taped conversations reflect actual conversations in which the *l'Essentiel* vocabulary, as much as is possible and feasible, is used. Each *À vous l'écoute* section contains two or three conversations reflecting various speech acts (asking, ordering, interrupting, giving advice, etc.), and various levels from the very casual conversation to the more formal. A great effort has been made to have a variety of conversations and speech acts and to make these conversations as authentic as possible. The instructor's tapescript contains the entire script of each conversation, a list of speech acts for each conversation as well as the level of the conversation. Advice and suggestions for the use of the cassette tape are also included.

In preparing this edition I have carefully considered the suggestions of the reviewers and of a number of those who used the second edition. I wish to thank particularly the following who reviewed the manuscript:

Marva A. Barnett, University of Virginia
Dorothy M. Betz, Georgetown University
John T. Booker, The University of Kansas
Glenda Brown, University of Northern Colorado
Roger T. Brown, West Chester University
Hope Christiansen, The University of Kansas
John Gesell, The University of Arizona
Nadine O'Connor, Georgetown University
Virginia Scott, Vanderbilt University
Arlene White, Salisbury State University

I would also like to give special thanks again to Professor Claude Jourdan of the Institut Universitaire de Technologie at Nice for her in-depth review of the revised manuscript and her helpful comments and suggestions. I also wish to thank Professor Edouard Morot-Sir of the University of North Carolina–Chapel Hill, Guy Richardot of Durham and Versailles and Christine Hartzema-Roth of Chapel Hill and Paris for their support during this project.

C.A.M.

Contents

C H A P I T R E
3

La Santé 45

C H A P I T R E
4

La Beauté et la mode 61

C H A P I T R E
5

Le Voyage et les moyens de transport 81

Un Coup de téléphone

The *Leçon préliminaire* will show you how to study and work with the material in *Dans le vent*. It is hoped that by using this book you will increase your active command of everyday French and improve your speaking ability to a level that will enable you to communicate in most of the situations you might encounter in a French-speaking community.

COMMENT POSER UNE QUESTION EN FRANÇAIS

Il y a deux types de questions :

A. Les questions simples demandent des réponses directes auxquelles on peut répondre avec un rapide « oui » ou « non » (ou avec des expressions comme **peut-être ; ça se peut ; je le crois ; je ne sais pas ; bien entendu ; sans doute ; je n'en suis pas certain(e)**, etc.).

Les questions simples peuvent être posées avec une intonation montante:

a. sans avoir changé l'ordre du sujet et du verbe : Jean vient ?

b. en ajoutant « est-ce que » : Est-ce que Jean vient ?

c. en ajoutant « n'est-ce pas ? » : Jean vient, n'est-ce pas ?

d. ou en changeant l'ordre du sujet et du verbe : Jean, vient-il ?

Les trois premières — (a), (b) et (c) — sont les manières les plus souvent employées pour poser une question dans la langue parlée.

B. Les questions plus compliquées exigent un mot interrogatif et une intonation descendante.

Pronoms interrogatifs

Qui est-ce ?	C'est Jean.
Qui vois-tu ?	Personne.
Qui est-ce que tu vois ?	Personne.
Qu'est-ce qui se passe ?	Rien d'intéressant.
Qu'est-ce que c'est ?	C'est un oiseau.
Qu'est-ce que tu vois ?	Une voiture rouge.
Que vois-tu ?	Pas grand-chose.
À qui parles-tu ?	À Pierre.
De qui parles-tu ?	De Chantal.
Pour qui travailles-tu ?	Pour mon père.
À quoi penses-tu ?	À mon bateau.
De quoi as-tu besoin ?	De ma voiture.
Par quoi commençons-nous ?	Par la deuxième.
En quoi puis-je être utile ?	Il n'y a rien à faire.
Lequel est le plus grand ?	Le rouge.

Adjectifs interrogatifs

Quel livre veux-tu ?	Le rouge.
Quels films préfères-tu ?	Les westerns.
Quelle heure est-il ?	16 heures.
Quelles fleurs aimes-tu ?	Les roses jaunes.
Quel est cet animal ?	Un tigre.
Quelle est ta place ?	La première à gauche.

PTT :
LA CABINE PARLANTE

Un jour prochain, vous entrerez dans une cabine téléphonique publique, où vous introduirez votre carte à mémoire dans une petite fente. Et vous commencerez à dialoguer avec l'appareil, à basse mais intelligible voix. Il vous dira ce que vous devez faire. Vous lui répondrez en indiquant, avec une bonne diction, le numéro que vous désirez appeler. Il le composera pour vous. Et vous n'aurez plus qu'à parler. A votre interlocuteur humain. Ou même, le cas échéant, à un ordinateur auquel vous aurez des choses à demander.

À quel livre penses-tu ?	Au dernier roman de Sarraute.
De quel livre parles-tu ?	Du livre français.
Avec quelle cousine viens-tu ?	Avec la plus âgée.
Par quelle route arrives-tu ?	Par la plus rapide.
Dans quelle maison habites-tu ?	Dans la plus belle.
En quelle saison voyages-tu ?	En hiver.
Sur quelle table écris-tu ?	Sur celle-là.
Pour quelle maladie est-ce bon ?	Pour les rages de dents.

Adverbes interrogatifs

Où est le musée ?	Au coin de la rue.
D'où vient-il ?	De Montpellier.
Par où es-tu passé ?	Par Avignon.
Quand viendront-ils ?	Quand ils auront le temps.
Depuis quand étudies-tu ?	Depuis hier soir.
Comment va votre mère ?	Pas très bien.
Comment es-tu arrivé ?	Par avion.
Combien en as-tu ?	J'en ai trois.
Combien coûte la voiture ?	35 000 francs.
Pour combien de temps pars-tu ?	Pour trois mois.
Pendant combien de temps es-tu resté à Nice ?	Pendant trois mois.
Pourquoi travailles-tu ?	Parce que j'ai besoin d'argent.

UNE INTERVIEW

Divisez les étudiants en groupes de deux. Les deux étudiants vont se poser autant de questions que possibles en 5 minutes : D'où viens-tu ? Où habites-tu ? ta famille ? Depuis quand es-tu à l'université ? Combien de sœurs (frères) as-tu ? Quels films (acteurs, actrices) aimes-tu ? Quel est ton émission préférée à la télévision ? Qu'est-ce que tu aimes (détestes) faire ? Pourquoi étudies-tu le français ?, etc.

LES PRÉSENTATIONS

Maintenant chaque étudiant présentera l'autre membre de son groupe à ses camarades de classe. Le professeur peut commencer en se présentant aux étudiants.

L'ESSENTIEL

Conseils à l'étudiant

The vocabulary in *l'Essentiel* will usually be arranged in three columns: the left column consists of noun subjects, the middle column contains verbs, and the right column presents complements (noun objects and adjectives). The words and phrases have also been grouped by topics. With these groupings in mind, you should be able to construct sentences by reading out loud from left to right as you study. In order to save you time, English translations of *l'Essentiel* are provided in identical format in *Appendice B*. You can thus check the meanings of French words you don't know and use the English lists as self-tests.

As you look at *l'Essentiel* in this preliminary lesson, you will note the possibility of constructing such sentences as:

J'entre dans la cabine téléphonique.
J'entre dans la poste.
Je sors de la cabine après avoir téléphoné.
Quand je veux donner un coup de téléphone, je décroche le récepteur.
La standardiste m'aide à obtenir la communication.

The format of this section is designed to encourage your imagination and help you to formulate from the simplest to the most complex sentences.

FACILE DANS LES CABINES.

Maintenant, vous pouvez vous faire rappeler dans les cabines téléphoniques. C'est facile!

Avec 1 franc, appelez votre correspondant et demandez-lui de vous rappeler immédiatement au numéro indiqué dans la cabine (sous la cloche bleue).

La nouveauté, c'est qu'une petite pièce de monnaie permet les grandes conversations à l'autre bout de la France.

Profitez-en! Faites-vous rappeler.

L'ANNUAIRE

Vos inscriptions dans l'annuaire

Votre abonnement téléphonique vous donne droit à deux inscriptions gratuites dans l'annuaire : l'une en liste alphabétique, l'autre, s'il y a lieu, en liste professionnelle.

Vos inscriptions comprennent :
● vos nom, prénoms ou en leur lieu et place votre dénomination sociale ou commerciale;
● votre adresse;
● votre numéro d'appel.

Particuliers, dans les pages blanches, personnalisez vos inscriptions.

Gratuitement, vous pouvez ajouter :
● une mention complémentaire, le prénom d'une deuxième personne, les autres utilisateurs de votre ligne.
Renseignez-vous auprès de votre agence commerciale des Télécommunications.

VOUS VOULEZ TELEPHONER A L'ETRANGER

PRINCIPAUX PAYS	1 unité télécom toutes les (secondes)	1'	3'	5'	10'
* Algérie	5,3	8F88	25F16	42F18	84F36
* Allemagne RFA	9,8	5F18	14F06	22F94	45F88
* Andorre	12	3F70	11F10	18F50	37F00
* Autriche	6,7	6F66	19F98	33F30	66F60
* Belgique	9,8	5F18	14F06	22F94	45F88
* Canada	4,6	10F36	29F60	48F84	96F94
* Espagne	9,8	5F18	14F06	22F94	45F88
* Etats-Unis	4,6	10F36	29F60	48F84	96F94
* Grèce	9,8	5F18	14F06	22F94	45F88
Inde	2	22F20	66F60	111F00	222F00
* Israël	2,3	19F98	58F46	96F94	193F14
* Italie	9,8	5F18	14F06	22F94	45F88
Japon	2,3	19F98	58F46	96F94	193F14
* Luxembourg	9,8	5F18	14F06	22F94	45F88
* Madagascar	3	14F80	44F40	74F00	148F00
* Maroc	5,3	8F88	25F16	42F18	84F36
* Monaco	12	3F70	11F10	18F50	37F00
* Pays-Bas	9,8	5F18	14F06	22F94	45F88
* Portugal	9,8	5F18	14F06	22F94	45F88
* Royaume Uni	9,8	5F18	14F06	22F94	45F88
* Suisse	9,8	5F18	14F06	22F94	45F88
* Tunisie	5,3	8F88	25F16	42F18	84F36
U.R.S.S.	6,7	6F66	19F98	33F30	66F60
* D.O.M.	4,2	11F10	31F82	53F28	105F82
* T.O.M.	2,3	19F98	58F46	96F94	193F14

Vous pouvez bénéficier des tarifs réduits avec les pays précédés d'un astérisque (*). Pour plus d'informations consultez les pages bleues de l'annuaire.

réalisé par Transcomp Edition - Montpellier - Tél. 67 92 02 20

A series of questions and exercises follows each vocabulary grouping of *l'Essentiel* and can serve as a guide for using the new expressions. Construct your own sentences both before and after doing the exercises.

After you have studied and worked out loud with the vocabulary of *l'Essentiel*, you will have the opportunity to test your auditory comprehension by listening to the taped conversations of the section entitled *À Vous l'écoute*. First, you should study, for recognition, the vocabulary items listed in *À Vous l'écoute*. Next, listen to the taped conversation(s) several times until you feel you have the gist of what is being said. Try to identify the people talking and the subject(s) of the conversation. Do not be alarmed if you don't understand every word — listen for the key words in the utterances, the subject–verb–object sequences. Remember that French is spoken rapidly and in groups of words, not with breaks between words. Listen for the main ideas. Finally, look at the questions based on the conversations and see if you can answer them.

If you work well with the vocabulary and exercises of *l'Essentiel*, you should be prepared to participate in classroom discussions and activities and to handle the reading materials.

Un coup de téléphone

une personne	entrer (dans)	une cabine publique
	être (dans)	la cabine (téléphonique)
	sortir (de)	la poste (les P. et T.[1])
	téléphoner	(à quelqu'un)
	donner	Un coup de téléphone, un coup de fil (à qqn)
un(e) correspondant(e)	mettre, introduire	la pièce la télécarte[2]
	entendre	la tonalité
	composer appeler rappeler se tromper (de)	le numéro
	entendre (sonner)	la sonnerie
	décrocher / raccrocher	le récepteur, l'écouteur *(m.)*
	prendre / laisser	un message
l'opératrice *(f.)*, la téléphoniste, la standardiste	aider (à obtenir) établir	la communication

GRATUIT
Rendez service à un ami et recevez
l'ampliphone
TIME en cadeau GRATUIT

Le nouvel ampliphone à piles TIME. Il est compatible avec tout téléphone, à la maison comme au bureau. De plus, il vous permettra de garder les mains libres. Grâce à son bouton de réglage du volume, vous entendrez et serez entendu à plusieurs mètres, et il vous sera désormais possible de converser à plusieurs. Vous pourrez en connaître la durée grâce au chronomètre incorporé.

LA POSTE
10 TIMBRES à 2,20 = 22 F
« POUR OFFRIR DES TIMBRES »
• La collection philatélique (TP + notices)
• La pochette semestrielle (TP seuls)
DANS LES POINTS PHILATÉLIE

OUVRIR ICI

TARIF DU 1er AOUT 1987			9
Jusqu'à........	20 g	50 g	100 g
LETTRE	2,20	3,70	5,60
PLI NON URGENT	2,00	2,70	3,70

[1] En France on peut téléphoner d'un bar, d'un café, de la Poste (appelée soit P.T.T., Postes Téléphone Télégraphe, soit P. et T., Postes et Télécommunications), ou dans les cabines publiques très nombreuses.

[2] Carte magnétique spéciale qui est utilisée dans les cabines équipées d'un publiphone. Elle est vendue dans les tabacs ou dans les postes.

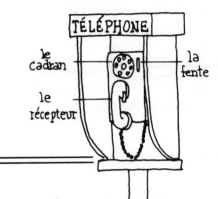

Réglage de l'intensité sonore de l'écouteur et du haut-parleur.

Clavier

Haut-parleur

Position "secret" (combiné décroché, position horizontale)

Numérotation sans décrochage du combiné

Réglage de la tonalité de la sonnerie

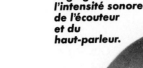

■ Office de tourisme de Paris :
Réservations Hôtels-Informations. 127, Champs-Elysées (47 23 61 72).
Tous les jours 9 h/20 h. Dimanche 9 h/18 h. Every day 9 am./8 pm. Sunday 9 am./6 pm.
■ Air-France bus : Liaisons aéroports/ville. Buses to Paris-Airport.
– Paris/Charles-de-Gaulle. Air Terminal Maillot, Palais des Congrès. Métro Porte Maillot.
– Paris/Orly. Air Terminal Invalides. Métro Invalides. Arrêt (stop) à Montparnasse.
■ Aéroports : Orly 48 84 32 10 – Charles-de-Gaulle 48 62 22 80.
■ SNCF - Railways : Informations générales 42 61 50 50. Réservations T.G.V. 43 45 93 33.
■ Métro/bus informations 43 46 14 14.
■ S.O.S. Médecin : 47 07 77 77 et 43 37 77 77.
■ S.O.S. Pharmacie : 84, Champs-Elysées 45 62 02 41. 6, bd des Capucines - 42 65 88 29.
■ Poste centrale : 24 h sur 24 h. 52, rue du .Louvre 42 33 71 60.
■ Change : – 117, Champs-Élysées - 8 h 30/20 h.
Tous les jours, dimanche excepté 47 20 92 00.
– Gare Saint-Lazare. Tous les jours - 7 h/21 h. 43 87 72 51.
■ Objets trouvés (Lost and found) : 36, rue des Morillons. Métro Convention. 45 31 14 80.

Vocabulaire supplémentaire

un appel interurbain
un appel à longue distance (à l'étranger)
un appel avec préavis (P.A.V.)
l'indicatif *(m.)* de zone
téléphoner en P.C.V.[3]
le central téléphonique, le standard
l'annuaire *(m.)*

TÉLÉPHONE
le cadran
le récepteur
la fente

EXERCICES

I. Quelqu'un a volé tout votre argent. Vous êtes à la poste à Saint-Tropez et vous demandez à l'opératrice de vous aider à téléphoner : à vos parents qui sont à l'Hôtel de la Paix à Lyon 78.68.75.91 ; à l'Hôtel de la Paix à Paris 48.24.53.09.

Modèle : Je voudrais téléphoner à Monsieur ou Madame _____
— le soixante-dix-huit / soixante-huit / soixante-quinze / quatre-vingt-onze à Lyon.
— le quarante-huit / vingt-quatre / cinquante-trois / zéro neuf à Paris.

1. à vos parents qui sont chez les Martel à Bordeaux 56.21.78.43
2. à votre petite amie qui est à l'Hôtel de la Gare à Montpellier 67.54.23.56
3. à votre professeur de français qui est à Paris (1) 46.75.32.59
4. à votre copain (copine) à Nice 93.19.87.41
5. à votre petit ami qui est à Reims 26.65.98.16

II. Si vous avez du mal à téléphoner vous composez le 12 et demandez que la standardiste vous aide. On peut dire :

Le poste fonctionne mal.
J'ai obtenu un faux (mauvais) numéro.
La communication était mauvaise (interrompue).
Il y avait de la friture *(crackling noise)* sur la ligne.
On nous a coupés.

Pouvez-vous imaginer d'autres problèmes ?

Les pages jaunes c'est le livre-service

PAGES JAUNES

---

[3] P.C.V. = à **per**cevoir : l'opératrice avisera votre correspondant que vous désirez communiquer avec lui à ses frais *(expense)* ; s'il accepte, il paiera la communication et la taxe *(charge)* « P.C.V. » Ça marche seulement pour les appels à l'étranger.

III. Imaginez. Le téléphone sonne chez vous. Quand vous décrochez le récepteur vous dites :

Allô *ou*
Oui *et puis*
Qui est à l'appareil ? *ou*
C'est de la part de qui ?

Le correspondant répond :

C'est M. Cheftel à l'appareil. *ou*
C'est de la part de M. Cheftel.

Et puis demande :

Est-ce que M. Martel est là ? *ou*
M. Martel, est-il là ?

Vous répondez :

C'est lui-même à l'appareil. *ou*
Ne quittez pas. Je vous le passe.

Imaginez que vous êtes la personne A de cette conversation. Qu'est-ce que vous diriez ?

(entre deux hommes)

A :
B : C'est lui-même qui parle.
A :
B : Comment ? Je n'entends pas. Qui est à l'appareil ?
A :
B : Parlez plus haut, s'il vous plaît.
A :
B : Il y a trop de friture sur la ligne. Je n'entends rien.
A :
B : Comment ? Tiens ! On nous a coupés. Ce téléphone ne fonctionne jamais !

IV. Avec l'aide d'un(e) camarade de classe, inventez votre propre conversation au téléphone entre un(e) étudiant(e) américain(e) à Paris et (1) un Parisien (une Parisienne) ; (2) un(e) étudiant(e) français(e) ; (3) une téléphoniste.

NOUVELLE CARTE DE CRÉDIT, LA CARTE TÉLÉCOM VOUS PERMET DE TÉLÉPHONER ENCORE PLUS FACILEMENT : DE PARTOUT, N'IMPORTE OÙ ET SANS PAIEMENT IMMÉDIAT.

Téléphoner de partout

Avec la Carte Télécom, toutes les possibilités vous sont permises : vous pouvez, en effet, appeler votre correspondant de n'importe quel poste téléphonique, de n'importe quelle cabine publique ou privée.

• D'un poste téléphonique, il vous suffit de composer le 10 (ou le 19.33 pour l'étranger) : un opérateur se tient à votre disposition 24 heures sur 24. Communiquez-lui votre code confidentiel (à 4 chiffres), votre numéro de carte et le numéro d'appel souhaité. Après identification, l'opérateur vous passe votre correspondant.

L'avantage avec la Carte Télécom, c'est que vous n'êtes plus gêné : chez un ami, pour appeler un correspondant lointain, c'est vous qui payez la communication.

• D'une cabine à pièces, l'opération est identique.
Pour obtenir la tonalité, pensez toutefois à introduire dans l'appareil une pièce de 1 franc (restituée à la fin de la communication).
L'intérêt avec la Carte Télécom, c'est qu'une simple pièce de monnaie permet les longues conversations, entre correspondants même très éloignés.

• D'une cabine équipée d'un publiphone à cartes (*), c'est encore plus simple. Introduisez votre carte dans l'appareil, puis composez directement votre code confidentiel et le numéro d'appel souhaité.

L'avantage avec la Carte Télécom, c'est que vous pouvez téléphoner sans monnaie n'importe où.

N'importe où

Avec la Carte Télécom, 3 options vous sont proposées.
• Depuis la France, vous désirez téléphoner partout, y compris à l'étranger : vous choisissez l'option ''Internationale''.

• Vous souhaitez appeler uniquement en France : vous vous limitez à l'option ''Nationale''.

• Vous désirez appeler régulièrement et seulement de 1 à 10 numéros — fixés à l'avance — : vous choisissez l'option ''Société''.

Grâce à la Carte Télécom, vous pouvez téléphoner n'importe où, sans payer immédiatement.

Sans paiement immédiat

Avec la Carte Télécom, vous payez lorsque vous recevez votre facture téléphonique bimestrielle. Vous y trouverez le relevé des communications Carte Télécom (par type d'appels et par types de cartes).

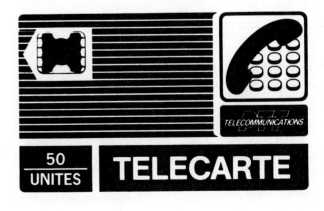

(*)21 000 appareils en service fin 1986
33 000 appareils prévus fin 1987
Utilisables uniquement pour les options
« Nationales » et « Internationales ».

50 UNITES **TELECARTE**

TELECOMMUNICATIONS

À VOUS L'ÉCOUTE

D'abord, étudiez le vocabulaire des listes suivantes. Puis, écoutez plusieurs fois les trois conversations de la leçon préliminaire. Essayez d'identifier les personnes qui parlent et les sujets de leurs conversations. Ensuite, essayez de répondre aux questions suivantes.

Vocabulaire	Questions	**DIALOGUE A**
appeler en P.C.V. to call collect	**1.** Que veut le jeune homme ?	
	2. Quel est son problème ?	
	3. Qu'est-ce que l'opératrice lui dit de faire ?	

Vocabulaire	Questions	**DIALOGUE B**
La carte magnétique magnetic telephone card (see realia)	**1.** Quelle sorte d'appel demande la jeune femme ?	
	2. Où se trouve-t-elle ?	
	3. Pourquoi ne peut-elle pas employer sa carte VISA ?	
	4. Que doit-elle faire ?	

DIALOGUE C

les godasses (*argot*)   shoes
un répondeur téléphonique   answering machine
au bout du fil   at the end of the line
ça tombe à l'eau   it's called off
un empêchement   last minute problem
une grosse bise   a big kiss
ciao   bye

1. Pourquoi Christine ne peut-elle pas venir comme prévu ?

se débrouiller   to manage
être à cheval   to be adamant
Quelle barbe !   What a bother !
ma randonnée   my outing

2. Qu'est-ce que le père du jeune homme exige ?

Quelle vieille bique.   What an old goat.

3. Qu'est ce qu'il pense de sa tante Paulette ?

supporter   to stand (it)
cette corvée   this chore

4. Qu'est-ce qu'il va faire avec Marc ce soir ?

tapante   sharp
prendre un pot   to have a drink
les gars [ga]   boys
faire faux bond   to disappoint someone

5. Quelles ont été les réactions de Jean à chaque appel ?

Minitel (voir aussi Télétel)

Ainsi, de partout en France, vous pouvez obtenir le service de l'annuaire électronique

Minitel 1

- Le Minitel est un petit terminal de fonctionnement simple qui se branche sur la ligne téléphonique. Il se compose d'un écran et d'un clavier et permet de communiquer avec de nombreux services (informations, renseignements, dialogues, etc...)

Présentation

Votre Minitel 1 Dialogue est un Minitel* équipé de fonctions supplémentaires, appelées fonctions Dialogue : elles vous permettent d'entrer en relation avec tout correspondant équipé d'un Minitel (Minitel 1, Minitel 10, Minitel 1 Dialogue...).

●Fonctions Minitel
Elles vous donnent accès sur simple appel et en permanence aux services Télétel : renseignements pratiques, consultations de catalogues et d'horaires, réservations, jeux... et l'Annuaire Électronique.
Toutes précisions sur l'installation du Minitel et l'accès aux services Télétel vous sont données dans le mode d'emploi Minitel 1 ci-joint.

●Fonctions Dialogue
Elles vous permettent :
– de préparer un **message écrit** avant l'appel de votre correspondant,
– de suivre sur **l'écran** l'établissement de la communication (avec un autre Minitel ou avec les services Télétel),
– d'utiliser uniquement l'écrit ou alternativement la parole et l'écrit pour assurer le dialogue avec votre correspondant.

· Minitel marque deposee.

2

Décourager les mauvais plaisants[1]

Contre les sonneries du téléphone qui vous réveillent à des heures inconvenantes la nuit, contre les appels d'un mystérieux correspondant qui vous *agacent* par une voix anonyme, il y a quelque chose à faire : appelez le 45.67.35.07. Ce numéro est partie des services de *réclamation* à la *Direction* régionale des télécommunications. Vous pouvez aussi vous adresser à votre central téléphonique. En même temps, par lettre brève, *déposez une plainte* contre X ou contre une personne soupçonnée au *procureur* de la République. Le procureur ordonne alors une *enquête* dont les P. et T. se chargent. Votre ligne est très rapidement *branchée* sur *table d'écoute*.

causent une irritation

protestation / bureau du directeur

se plaindre officiellement

magistrat / recherche

mise en communication / listening device

---

[1] Mauvais plaisants = *crank (obscene) callers*.

Ainsi les P. et T. localisent facilement d'où vient l'appel. Une brigade d'agents de police peut être envoyée pour *prendre sur le fait* les *coupables*. Puis la justice suit son cours, *amendes*, peines d'emprisonnement, etc., tout dépend du jugement. Un conseil : vous pouvez décourager votre correspondant en lui mentionnant que ses appels sont enregistrés. La peur met souvent fin à la persécution.

surprendre pendant la communication / fautifs, criminels / fines

Extrait d'un article d'*Elle*.

 QUESTIONS

1. Qu'est-ce que c'est qu'un mauvais plaisant ?
2. Que peut-on faire en France si l'on est agacé par un mauvais plaisant au téléphone ?
3. Qu'est-ce qui arrive quand une ligne est branchée sur table d'écoute ?
4. Quels moyens la police et la direction emploient-elles pour prendre les mauvais plaisants ?
5. Qu'est-ce qui arrive aux coupables ?
6. Comment peut-on décourager un mystérieux correspondant ?

 **E**TRANGER

COMMENT OBTENIR VOTRE CORRESPONDANT

Automatique

  19 | indicatif du pays (p. 29) | indicatif de zone (p. 31) | numéro demandé

décrochez   tonalité   tonalité

● Cas particuliers

  | Andorre **62** 8 ● ●● ●●
 Monaco **93** ●● ●● ●●

décrochez   tonalité   numéro demandé
Renseignements Andorre et Monaco : s'adresser au 12.

ATTENTION

● Si votre correspondant à l'étranger vous a indiqué son numéro d'appel précédé d'un 0, ne composez pas ce 0, exclusivement valable pour les communications entre les abonnés du pays concerné.

Exemple :

pour obtenir l'abonné (0) 6121 20954 à Wiesbaden (RFA), composez 19 puis 49 6121 20954

● Après avoir composé le numéro d'appel de votre correspondant, vous ne percevez plus aucune tonalité. Ne raccrochez surtout pas. Ce n'est qu'après un délai de quelques secondes que vous percevez un signal de sonnerie ou d'occupation.

🐭 À VOUS LA PAROLE

1. Que feriez-vous si vous receviez un appel d'un mauvais plaisant ?
2. Parmi les solutions pour résoudre le problème des mauvais plaisants, laquelle choisiriez-vous ? Pourquoi ?
3. Est-ce que la peur met souvent fin à la persécution ? Expliquez votre réponse.

SUJETS DE DISCUSSIONS

1. Un mauvais plaisant est coupable d'un crime grave et doit être sévèrement puni. (pour ou contre)
2. Quel rôle le téléphone joue-t-il dans notre vie ? Voudriez-vous le changer ? Expliquez et défendez vos réponses.
3. Décrivez votre vie sans téléphone.

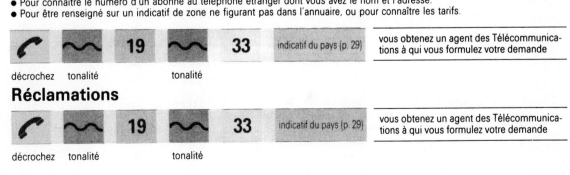

Renseignements

● Pour connaître le numéro d'un abonné au téléphone étranger dont vous avez le nom et l'adresse.
● Pour être renseigné sur un indicatif de zone ne figurant pas dans l'annuaire, ou pour connaître les tarifs.

| décrochez | tonalité | 19 | | tonalité | 33 | indicatif du pays (p. 29) | vous obtenez un agent des Télécommunications à qui vous formulez votre demande |

Réclamations

| décrochez | tonalité | 19 | | tonalité | 33 | indicatif du pays (p. 29) | vous obtenez un agent des Télécommunications à qui vous formulez votre demande |

034

La Vie scolaire

L'ESSENTIEL

un(e) élève (à l'école primaire ou au lycée)	entrer (à)	l'école (f.)
	s'inscrire (à)	le lycée[1]
un(e) étudiant(e) (à l'université)	aller (à)	l'université (f.)[2]
	quitter	
	être renvoyé(e) de	
	suivre	un cours
	aller (à)	un cours magistral
	assister (à)	
	sécher	
	redoubler	
	écouter	une conférence
		un(e) conférencier (-ière)
	prendre	des notes (f. pl.)
	écrire	une dissertation
	faire	un exposé
		un compte rendu
	habiter, demeurer (dans), loger (dans)	le dortoir
		la résidence universitaire
		la cité U[3]
	prendre	une chambre chez un particulier en ville
		les repas (m. pl.) au resto U[4]

[1] Le lycée est un établissement français. **Le bachelier (la bachelière)** est l'élève qui a terminé le lycée et a reçu son **baccalauréat** (*fam. :* **le bachot** ou **le bac**) — le diplôme de fin d'études du lycée, équivalent à une ou deux années de l'université américaine.

[2] Les niveaux de l'enseignement français sont **le primaire** (l'école maternelle de deux à cinq ans et l'école primaire de six à onze ans) ; **le secondaire** (le C.E.S. — collège d'enseignement secondaire de onze à quatorze ans, le C.E.T. — collège d'enseignement technique de quatorze à dix-sept ans, le lycée de quinze à dix-huit ans) et **le supérieur** (l'université).

[3] La cité universitaire est un ensemble de logements pour étudiants.

[4] Restaurant universitaire où l'on peut prendre des repas à des prix réduits.

un(e) étudiant(e)
(à l'université)

payer	les frais *(m. pl.)*
	de logement
	de nourriture
	d'inscription
faire	une demande de bourse
gagner	une bourse
être	boursier (-ière)

Vocabulaire supplémentaire

la rentrée   le programme des cours   l'horaire *(m.)* des cours

---

LISTE DES COURS

Sciences humaines *(f. pl.)*

le français
les langues étrangères *(f. pl.)* — modernes : l'anglais, l'allemand, le russe, etc. ; classiques : le grec, le latin
la littérature
l'histoire *(f.)*
la géographie
la philosophie

Sciences *(f. pl.)*

les mathématiques *(f. pl.),* les maths *(fam.)* — l'algèbre *(f.)*, la géométrie, la trigonométrie, les maths modernes (le calcul)
les sciences naturelles *(f. pl.)* — la biologie, la zoologie, la géologie, la botanique, la cosmographie, la physique, la chimie
la technologie[1]
les sciences économiques *(f. pl.)*

Arts *(m. pl.)*

le dessin, la peinture, la musique
les travaux manuels artistiques *(m.pl.)* — la poterie, la sculpture

Gymnastique *(f.)*, Éducation physique *(f.)*

[1] Études des fonctionnements des appareils : l'informatique (ordinateurs), l'électricité, l'électronique, etc.

LICENCE TRAVAIL SOCIAL	LUNDI	MARDI	MERCREDI	JEUDI	VENDREDI
8-9				PSYCHOLOGIE SOCIALE Y6J ou ECONOMIE SOCIALE Y5A M DEMAILLY MME. DUCHÉ A010	
9-10		ERGONOMIE Y5A M. PLANCHÉ	EXPRESSION ET COMMUNICATION THÈMES PLURIDISCIPLINAIRES		PSYCHOLOGIE SOCIALE Y6J M. DEMAILLY ou ECONOMIE SOCIALE Y5A MME. DUCHÉ A010
10-11	SOCIOLOGIE ET INSTITUTIONS POLITIQUES ET SOCIALES				
11-12		AMPHI A			
12-13		SOCIOLOGIE TRAVAUX DIRIGÉS Y5B M. FOUIBERT A010	METHODOLOGIE DE LA RECHERCHE EN SCIENCES SOCIALES	SOCIOLOGIE TRAVAUX DIRIGÉS Y5B M. FOUIBERT	TUTORAT
13-14					
14-15		HISTOIRE DU TRAVAIL D6Z MELLE GAVINAUD A010	Y5B	COMMUNICATION Y5A MME. BAGG-MAYER A010	TUTORAT
15-16					
16-17					ECONOMIE DU TRAVAIL Y5A M. MARCHAND AMPHI C
17-18					
18-19					
19-20					

I. En employant le vocabulaire de l'Essentiel, citez ce que les bons étudiants ont tendance à faire. Vous pouvez employer les expressions suivantes comme point de départ : écouter attentivement un conférencier, prendre de bonnes notes en écoutant une conférence, ne pas sécher souvent les cours magistraux, écrire soigneusement une dissertation, etc.

Exemple : Les bons étudiants écoutent attentivement un conférencier.

II. Maintenant décrivez les mauvais étudiants. Vous pouvez commencer chaque phrase par les mots *Les mauvais étudiants refusent de...*

Exemple : Les mauvais étudiants refusent d'écouter attentivement un conférencier.

III. Demandez à un(e) autre étudiant(e) :

1. ce qu'il (elle) a fait pour se loger à l'université
2. quand il (elle) est entré(e) à l'université
3. s'il (si elle) sèche souvent ses cours
4. où il (elle) prend ses repas d'habitude
5. où la majorité des étudiants préfère loger
6. quel diplôme il (elle) prépare et quand il (elle) compte l'obtenir

un(e) candidat(e)	commencer	les études *(f. pl.)*
	achever	
	terminer (bien / mal)	
	être	fort(e) en langues
		faible, mauvais(e) en histoire
	étudier (pour)	l'examen *(m.)*[1]

---

[1] **l'examen terminal :** l'étudiant est jugé sur un seul examen de fin d'année qui comprend toutes ses études ; **le concours :** examen compétitif permettant de classer les candidats à une place, à un prix, à l'admission à une grande école, etc.

réviser (pour)	l'épreuve *(f.)*
se présenter (à)	le contrôle continu
passer	
réussir (à)	
être reçu(e) (à)	
échouer (à)	
rater *(fam.)*	
être collé(e) (à) *(fam.)*	
tricher (à)	
recevoir, obtenir	des notes[2] *(f. pl.)*
subir	l'échec *(m.)*

un professeur (dans le secondaire et le supérieur)	exiger	les travaux pratiques, T.P. *(m. pl.)*
		les travaux dirigés, T.D. *(m. pl.)*
	corriger	l'examen
	donner	la note
		le résultat

Vocabulaire supplémentaire

la faculté[3]	les matières	le cycle de formation
le doyen, la doyenne	obligatoires	
le conseiller, la conseillère	à option	
	à choix libre	

---

[2] En France, les notes sont basées sur les chiffres 1 à 20 : 17–20 = mention très bien ; 14–16 = mention bien ; 12–13 = mention assez bien ; 10–11 = mention passable.

[3] En français le mot **faculté** veut dire soit l'établissement, soit l'ensemble des professeurs.

Divisions d'une université française

Faculté de Droit et des Sciences économiques
Faculté de Médecine
Faculté de Pharmacie
Ecole Dentaire
Faculté des Sciences naturelles
Faculté des Lettres
École des Beaux-Arts
Conservatoire de Musique

La Pédagogie
La Sociologie et Sciences politiques
Les Sciences sociales
Institut Universitaire de Technologie (I.U.T.)

I. En employant les expressions données comme point de départ, faites votre portrait d'un bon professeur et d'un mauvais professeur : **expliquer la matière ; consulter un conseiller ; diriger les travaux pratiques ; exiger des dissertations ; corriger les examens ; donner les résultats.**

II. Vous venez (a) de perdre votre bourse ; (b) d'être collé(e) à une épreuve ; (c) de recevoir de mauvaises notes ; (d) d'être renvoyé(e) de l'université. En employant le vocabulaire de l'Essentiel essayez d'expliquer chaque situation à vos parents ; à votre professeur préféré ; à votre meilleur(e) ami(e).

LES ÉTUDES SCIENTIFIQUES

D.E.U.G.	LICENCE	MAITRISE	3ᵉ CYCLE

S.N.V. Sciences de la nature et de la vie	– Sciences naturelles
	– Biologie et génétique appliquées
	– Sciences de la terre
	  (Mentions : – Géochimie et
	             Géophysique)
	– Chimie-physique
	– Connaissance, gestion et aménagement des espaces
	  naturels et humanisés
		– Sciences naturelles
		– Biologie et génétique appliquées ●
		– Biologie des organismes
		  et des populations
		– Sciences de la terre
		  (Mentions : – Géochimie et Géophysique
		           – Géologie fondamentale
		            et appliquée ●)
		– Chimie-physique
		– Connaissance, gestion et aménagement des espaces
		  naturels et humanisés ●
			■ □ **Biologie et physiologie animales**
			■ □ **Biologie et physiologie végétales**
			■ □ **Génétique**
			    1) Biologie évolutive
			    2) Génétique des populations
			    3) Anthropologie et épidémiologie génétique
			■ □ **Toxicologie**
			■ **Structure des vertébrés**
			■ □ **Biomathématiques**
			■ **Nutrition**

	– Biochimie	– Biochimie
		– Biologie cellulaire
			■ □ **Biochimie**
			    1) Biologie moléculaire des organismes eucaryotes
			    2) Biologie moléculaire
			       des membranes et des interactions cellulaires

	– 1ʳᵉ année de maîtrise
	  de biologie humaine générale
	– 1ʳᵉ année de maîtrise
	  spécialisée de biologie humaine
	  (Hématologie et Pharmacologie)
		– 2ᵉ année de maîtrise
		  de biologie humaine
		– 2ᵉ année de maîtrise spécialisée
		  de biologie humaine
		  (Hématologie et Pharmacologie)
			■ **Biologie du développement**
			■ □ **Microbiologie**
			    1) Bactéries - Phages
			    2) Virus animaux
			■ □ **Immunologie**
			■ □ **Sciences alimentaires**

EXERCICES

I.

1. Quelle sorte d'élève étiez-vous à l'école secondaire ? Et maintenant, quelle sorte d'étudiant(e) êtes-vous ? Avez-vous beaucoup changé ? Comment ? Comparez vos réponses avec celles des autres étudiants.
2. En France l'inscription (année scolaire) coûte 550 francs,[1] la chambre dans une résidence universitaire coûte 540 francs par mois et un repas au resto

---

[1] Prix de l'année scolaire 1989–1990; prix variable selon les universités. Un franc = 16¢–18¢.

U coûte 9,60 francs. Comparez les frais d'un étudiant d'une université américaine et d'un étudiant d'une université française. Quel système préférez-vous ?

3. Décrivez l'étudiant le plus typique de votre université. Est-ce que vous ressemblez à l'étudiant typique ?

4. Décrivez le professeur le plus typique de votre université. Comparez votre description avec celle de vos camarades de classe.

5. Demandez à un(e) camarade de classe quelles matières il (elle) étudie en ce moment, combien d'heures de conférence et de laboratoires il (elle) a par semaine et pourquoi il (elle) a choisi ce programme.

6. Demandez à un(e) étudiant(e) ses opinions sur les examens et les cours magistraux.

7. Discutez les avantages et les inconvénients d'habiter une résidence universitaire.

8. Vous ne pouvez pas décider de votre cycle de formation. Demandez des conseils aux autres étudiants.

9. Essayez de persuader quelqu'un de suivre un cours d'un professeur que vous estimez beaucoup.

II. Imaginez: **Un professeur étourdi**

A : Dis donc, tu connais le professeur Bretel ? Il paraît que c'est un prof très étourdi. Est-ce vrai ?

B :

A : Qu'est-ce qui est arrivé chez lui hier soir ?

B :

A : Que dis-tu ? Il ne connaît même pas sa propre maison ?

B :

Une explosion scientifique

A : Est-ce que tu sais ce qui est arrivé hier au cours de chimie ?

B :

A : Je n'ai pas réussi à y assister mais j'ai entendu dire qu'il y a eu une explosion. Est-ce vrai ?

B :

A : Ah, c'est bien intéressant, continue... Vas-y, vas-y...

B :

A : Mon dieu ! Qu'est-ce qui nous reste de ce pauvre type ?

B :

Bâtiment administration.

— Services administratifs
— Secrétariat U E R 1-2-3-4-7-8
— Agence comptable
— Etudiants étrangers

Bâtiment B - C

— Bureaux des professeurs
— Secrétariat U E R 5-6-10-11
— Bureau des sports

Conciergerie

Bureau de l'assistante sociale

Bâtiment 2 et 3

Sièges associations étudiants

Bâtiment 4

Infirmerie

Bâtiment 6

Cellule Information
et Orientation

UNIVERSITE PAUL VALERY

III. Regardez le plan de l'université de Montpellier III (Paul Valéry) et répondez aux questions.

1. Comment va-t-on du bâtiment des professeurs à l'Amphi A ? À l'infirmerie ? Au parking étudiants ? Au resto U Vert Bois ? À la bibliothèque ?

2. Dans quel bâtiment se trouvent les services administratifs ? La cafétéria ? Le bureau pour les étudiants étrangers ?

IV. Décrivez quels sentiments vous éprouvez dans les situations suivantes. (Consultez l'Appendice A à la page 205.)

1. vous séchez un cours
2. vous avez trois examens à passer le même jour
3. vous venez de manger au resto U
4. vous abandonnez un cours difficile (facile)
5. vous passez un examen difficile (facile)
6. vous ne réussissez pas à exprimer votre opinion dans un cours
7. vous vous disputez avec un professeur (avec un autre étudiant)
8. vous discutez d'une mauvaise note avec votre professeur

V. En employant le vocabulaire de l'Essentiel et les proverbes 3 à 10 dans l'Appendice C (page 239) inventez une histoire ou une conversation par écrit pour la présenter à vos camarades de classe.

ORGANISATION DES ÉTUDES

Les études universitaires s'étendent sur trois cycles :

- un premier cycle qui dure deux ans et conduit à un diplôme de fin de 1er cycle.

- un deuxième cycle qui dure :
  - 4 ans en médecine,
  - 3 ans en chirurgie dentaire,
  - 1 an pour la licence, puis :
  - 1 an pour la maîtrise, en sciences, lettres et sciences humaines,
  - 2 ans pour la M.S.T.
- un troisième cycle qui comprend à PARIS 7 :
  - le doctorat dont la préparation s'étend sur 3 à 5 ans (D.E.A. compris),
  - le diplôme d'études spécialisées (D.E.S.S.) (1 an),
  - le diplôme d'études supérieures en sciences (1 an),
  - le doctorat de 3e cycle en sciences odontologiques,
  - le doctorat d'Etat en odontologie (après obtention du D.E.R.S.O.),
  - le doctorat en biologie humaine (après obtention du D.E.R.B.H.).

L'université prépare en outre à des concours et à des diplômes professionnels et organise de nombreux enseignements de formation continue pour les travailleurs salariés et les anciens étudiants.

Les diplômes qui sanctionnent les trois cycles sont délivrés aux étudiants qui justifient :

- d'un titre initial,

- d'inscription en vue du diplôme et d'une scolarité d'une durée déterminée,

- de l'acquisition des unités de valeur requises (ces U.V. sont délivrées après vérification des aptitudes et des connaissances).

Titre initial.

Le titre initial est généralement constitué par :

- Le baccalauréat, pour l'accès en 1er cycle de sciences, sciences humaines, langues et lettres.

- Le D.E.U.G., pour l'accès en 2e cycle de sciences, sciences humaines, langues et lettres.

- La licence pour l'accès en maîtrise.

- **La maîtrise pour l'accès en doctorat de sciences, lettres et sciences humaines et au D.E.A.**

À VOUS L'ÉCOUTE

D'abord, étudiez le vocabulaire des listes suivantes. Ensuite, écoutez plusieurs fois les trois conversations du Chapitre 1. Essayez d'identifier les personnes qui parlent et les sujets de leurs conversations. Ensuite, essayez de répondre aux questions suivantes.

Vocabulaire | Questions | DIALOGUE A

la cotisation membership fee
la mutuelle student health insurance policy
le génie électrique electronics engineering
un sacré boulot *(fam.)* a heckuva lot of work
plaindre to pity
un max maximum
tenir à to be anxious
les amphis (amphithéâtres) lecture halls
filer *(fam.)* to leave

1. Quelles études Nathalie fait-elle ? et Sylvain ? et Jean-Pierre ?
2. Énumérez ce qu'ils ont fait pour s'inscrire à leur faculté.
3. Où comptent-ils se loger, Nathalie et Sylvain ?

Vocabulaire | Questions | DIALOGUE B

dingue *(fam.)* loony, crazy
se débrouiller to manage, to get along
empêcher to prevent
la gestion business administration

1. Quels sont les reproches que les étudiants font à leur professeur ?
2. Quelle suggestion Isabelle fait-elle ?
3. Quel type de réaction ont-ils devant cette suggestion ?
4. Quels sont leurs projets d'avenir ?

Vocabulaire | Questions | DIALOGUE C

flambé burned down
une pagaille mess
râler to complain
se garer to park a car
le flic *(fam.)* cop
une amende fine
coller des P.V. (procès verbaux) *(fam.)* to give fines
à tour de bras tirelessly, without stopping
sans blague no kidding
un rat n'en voudrait pas a rat wouldn't want it
un gros câlin a big hug

1. Quel est le plus gros problème qui s'est produit sur ce campus ?
2. De quoi d'autre se plaint ce jeune garçon ?
3. Qu'est-ce qu'il promet à ses parents ?

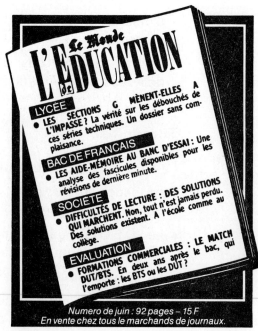

*Numéro de juin : 92 pages – 15 F
En vente chez tous les marchands de journaux.*

Des Hommes à l'école

Christian X. est « la maîtresse » de trente-trois petits de quatre ans. C'est un des *téméraires* qui ont osé : il a choisi un métier de femme. « Dès la classe de première je voulais être instituteur d'*école maternelle*. En 1973, je suis allé à un bureau pour *déposer* ma demande de poste à l'école maternelle. Il y avait là deux secrétaires stupéfaites — une pour l'école primaire, l'autre pour la maternelle. « Non, vous ne pouvez pas avoir un poste en maternelle », me répétait l'une d'elles. « J'ai insisté, elle a fini par enregistrer ma demande de poste et, peu après, je recevais ma *nomination* au nom d'Eve Christian. Symptomatique, non ? » demande-t-il en riant. Christian a vingt-trois ans et, déjà, c'est sa quatrième année d'*exercice*. Il est l'un des 152 hommes en France (sur plus de 60 000 femmes) que l'on regarde plus curieusement encore que les femmes fragiles *au volant* des bus parisiens parce qu'ils ont choisi de s'occuper de tout-petits.

« J'aime beaucoup les enfants, mais je refuse absolument d'en avoir, » dit Christian. « Je ne veux pas prendre la responsabilité de mettre des enfants au monde. Je préfère aider les enfants des autres à vivre.

« J'aime les petits parce qu'ils découvrent tout : la couleur, la peinture, le monde extérieur. Ils prennent conscience de leur corps. On voit leur progrès dans tous les domaines. J'essaie de leur faire accepter l'école en général comme une partie, un fragment, et non comme l'essentiel de leur vie. Je voudrais aussi leur faire réaliser les possibilités qu'ils ont *en tant qu*'être humain, pas seulement en tant qu'enfant. »

audacieux
preschool
remettre

notification d'emploi
le pratique de sa profession

conduisant *(fig.)*

en qualité de

Françoise Dolto, la plus célèbre psychiatre pour enfants, est pour la *mixité* dans l'école maternelle : « Une institutrice est *de toute façon* « paternelle ». Le rôle de l'institutrice est souvent empreint d'autorité; on se demande à quoi *ça sert*. Non seulement c'est un faux problème, mais surtout cela *fausse* l'image sociale de l'institutrice. Un homme représente le « social », mais il ne faut pas que ce soit un homme « maternant ». Et puis il y a toujours une ou deux dames de service qui aident l'instituteur et jouent un rôle complémentaire. Par ailleurs on peut espérer que les pères, s'ils voient un maître à l'école maternelle, viendront peut-être plus souvent, s'y intéresseront *davantage*. »

le mélange des filles et des garçons/en tout cas

cela est bon

déforme

plus

Madame la directrice est très satisfaite de la présence d'un homme dans son école : « Lorsqu'un homme arrive à l'école maternelle, on est sûr qu'il a vraiment choisi ce poste, qu'il fera donc son métier avec goût et passion. Les enfants le sentent bien. Et lorsque Christian caresse une tête avec *douceur*, je n'y vois pas là un geste maternel ou féminin, mais simplement un geste d'amour. »

gentillesse

Extrait d'un article d'*Elle* par Judith Radiguet.

 QUESTIONS

1. Pourquoi Christian a-t-il choisi le métier d'instituteur à l'école maternelle ?
2. Quelles sont les difficultés qu'il a rencontrées à cause de son choix ? Pouvez-vous en imaginer d'autres ?
3. Que veut dire la phrase « Une institutrice est de toute façon paternelle » ?
4. Comment est-ce qu'on peut intéresser les pères à l'école maternelle ?
5. Quelles sont les différences entre l'instituteur et l'institutrice selon la directrice de l'école maternelle ?

 À VOUS LA PAROLE

1. Voudriez-vous être élève de Christian ? Pourquoi ?
2. Les hommes à l'école, doivent-ils (ou peuvent-ils) être maternels ? Présentez vos idées aux autres étudiants.
3. Essayez de persuader Christian X. d'avoir des enfants. Choisissez un autre étudiant pour jouer le rôle de Christian.
4. Avec un(e) camarade de classe, imaginez la conversation entre
   a. Christian X. et la secrétaire au bureau où il a déposé sa demande de poste
   b. la directrice de l'école où enseigne Christian X. et le père d'une de ses élèves (le père n'est pas content d'avoir un maître à l'école maternelle)

La Génération compliquée

Une Lettre

Mon mari et moi, nous sommes en ce moment en discussion avec notre fille de vingt ans qui, étant jusque-là étudiante sans *but* precis, *se cabre* quand nous lui parlons de chercher du travail. Je crois qu'elle n'est pas seule dans ce cas. Un bon nombre d'étudiants *redoute* de *franchir le cap* et plus ils avancent en âge, plus cela leur semble difficile. Il est impossible de discuter, elle *se braque* et cela tournerait au drame. Peut-être quelques personnes donneront-elles leur opinion sur ce point de vue que, personnellement, je ne sais pas bien analyser : angoisse, *paresse*, indépendance. Cependant, ce manque de sécurité qu'impose le travail temporaire pour payer la chambre et les cours me paraît autrement plus angoissant. Et l'indépendance ne serait-elle pas plus grande si, *percevant* un salaire régulier, il n'y avait rien à demander à personne ?

Une mère *effrayée*

objectif / se révolte

ont peur / traverser une étape
se révolte, est hostile

laziness

recevant

terrifiée, découragée

Et La Réponse :

Dans une semaine, j'aurai vingt et un ans et je suis dans le cas de la fille de cette dame. Est-ce par paresse qu'on refuse le travail régulier ? Non. Il ne me semble pas que nous laissions passer le temps sans rien faire. Au contraire, nous cherchons activement une vie plus *attrayante* que métro-boulot-dodo.[1] Est-ce par angoisse ? Je crois, en effet, que cette sécurité qu'on nous propose est angoissante, *étouffante*. Les parents ont trop tendance à construire l'avenir de leurs enfants. Mais se rendent-ils compte que leurs rêves sont aussi et même plus utopiques que les nôtres ?

agréable
oppressive

---

[1] Référence à la vie de tous les jours des gens qui prennent le **métro** pour aller à leur travail (**boulot**) et rentrent le soir et s'endorment (**faire dodo**, *fam.*).

Ce travail avec salaire régulier où le trouve-t-on ? On va à l'université, on *ressort* avec un beau diplôme, mais l'emploi n'existe pas. Pourquoi donc ne pas nous laisser vivre *au jour le jour ?* Quand on est libre et qu'on peut le rester, pourquoi ne pas en profiter ?

Vingt ans est un âge merveilleux. On sort du malaise de l'adolescence, on a acquis une certaine personnalité et assurance, mais on n'est pas encore un adulte. N'est-ce pas plus merveilleux d'aller à l'université, de découvrir le monde dans les livres et les voyages au lieu de travailler huit heures par jour pendant cinq jours par semaine et avoir un mois de vacances par an ? Rien ne nous retient — pas de mari, pas d'enfant. On trouve le petit boulot qui nous fait vivre. Les finances sont parfois difficiles, mais l'esprit est là, toujours vaillant et entouré de nombreux amis. Nous sommes bien conscients que ce paradis ne sera qu'éphémère ; nous perdrons nos illusions bien assez tôt. Mais, s'il vous plaît, ne nous faites pas croire qu'à vingt ans, la fleur est déjà *fanée*.

> **sort tout de suite** *ou* **de nouveau**
>
> **sans savoir ce qui passera demain**
>
> **vieillie, passée***(fig.)*

Tiche

Extrait d'*Elle.*

QUESTIONS

1. Quelle est la plainte de cette mère ?
2. Quel est le cap qu'elle veut que sa fille franchisse ?
3. Pourquoi écrit-elle cette lettre ?
4. Comment décririez-vous les relations entre la fille en question et ses parents ?
5. Quelle est la réaction de Tiche à la vie proposée par la mère ?
6. Décrivez la vie à vingt ans comme Tiche l'a proposée.

À VOUS LA PAROLE

1. Est-ce que vous vous disputez parfois avec vos parents ? Sur quels sujets ?
2. Est-ce que vous êtes d'accord avec Tiche ou avec la mère ? Expliquez votre réponse.
3. À quel âge devient-on adulte ? Doit-on perdre ses illusions ?
4. Décrivez quelle sorte de vie vous voudriez vivre en ce moment (dans cinq ans, dans dix ans, dans trente ans).
5. Divisez les étudiants en deux groupes :
   a. les adultes (les mères, les pères, les professeurs), qui vont critiquer votre génération, et
   b. les jeunes (les filles, les garçons, les étudiants), qui vont répondre à ces critiques.
6. Écrivez vous-même une réponse à « Une mère effrayée », et comparez-la à celles de vos camarades de classe.

Profession : étudiant

Il est neuf heures. Les portes du Centre d'information et documentation jeunesse (C.I.D.J.) s'ouvrent. Une cinquantaine de jeunes se précipitent autour de la colonne où sont *affichées* les offres d'emplois du jour. Ils *se bousculent* : seuls les premiers à se présenter trouveront du travail.

> **appliquées sur le mur / poussent**

Alain et ses amis, Christine et Dominique, ont le même âge. Ils sont tous les trois étudiants. Tous les trois cherchent du travail. Les uns pour leur permettre de finir leurs études, le dernier pour vivre.

Chaque matin ils font le *tour* : journaux, C.I.D.J., agence pour l'emploi. Les petites annonces, ils ont appris à les lire : « Elles sont *libellées* de façon *attrayante*, explique Alain, mais quand on se présente, l'emploi correspond rarement à ce qui était indiqué. Maintenant je sais que lorsqu'on demande un jeune homme dynamique et sérieux, salaire intéressant, ce n'est pas la peine de *se déplacer* : il s'agit de *démarche* pour des compagnies d'assurances. »

circuit

formulées / plaisante

aller voir

sollicitation

Christine a essayé de garder les enfants. « Je me suis placée comme jeune fille *au pair* dans une famille de trois enfants, raconte-t-elle. J'étais nourrie, logée et on devait me donner trois cents francs par semaine. En fait, je n'avais pas le droit d'aller à la cuisine, je devais être là huit heures par jour, les enfants pleuraient toute la nuit et je n'ai jamais reçu plus de cent francs par semaine. Au bout d'un mois, j'ai *abandonné*. »

travailler pour la nourriture et le logement

laisse tomber

Trouver un emploi pour un jeune étudiant, ce n'est pas facile. Pourtant Alain, Christine et Dominique ne désespèrent pas, ils sont même optimistes : « *En fin de compte* on *s'en sort*, affirment-ils gaiement. Beaucoup mieux que des étrangers qui ne trouvent rien. Nos parents sont industriels, hôteliers et commerçants, alors pour nous il n'est pas question de bourse, ni de logement d'étudiant. Mais on arrive bien à gagner deux mille francs par mois et, avec cela, on peut *joindre les deux bouts* : on partage un petit *deux pièces* dans le *vingtième* : les repas sont pris au resto U, on ne sort jamais et quand pour un week-end on a trouvé un bon travail, on se paie quelque chose. »

tout bien considéré / s'en tire, on s'arrange (*fam.*)

make ends meet

appartement / 20ème arrondissement de Paris

Extrait d'un article du *Figaro* par Nadège Forestier.

QUESTIONS

1. Pourquoi les trois étudiants cherchent-ils des emplois ?
2. Que font-ils pour trouver des emplois ?
3. Expliquez ce que veut dire l'expression *au pair*.
4. Décrivez ce qui est arrivé à Christine quand elle a essayé d'être *au pair*.
5. Pourquoi est-ce que les trois étudiants n'ont pas vraiment besoin de travailler ?
6. Quelle est la signification de la phrase « on se paie quelque chose » ?

🐚 À VOUS LA PAROLE

1. Que feriez-vous pour trouver un poste à mi-temps ?
2. Racontez une expérience amusante (bizarre) que vous avez eue en cherchant du travail.
3. Décrivez l'emploi le plus ennuyeux (intéressant, étrange) que vous ayez jamais eu.
4. Avec un(e) camarade de classe, imaginez la conversation entre Christine et la mère le jour même où Christine a quitté son emploi.

Des Trucs pour avant l'examen

Pendant la période des examens et des concours la tension monte, *l'énervement* gagne, l'angoisse augmente. Voici quelques petits *trucs apaisants*.

irritation

choses à faire(fam.) / calmants

Les Jours précédant l'épreuve

1. Ne pas réviser le soir tard, s'y mettre le matin de bonne heure. La mémorisation est plus rapide et plus solide.
2. Ne pas avoir peur de faire de l'exercice physique. C'est un excellent moyen de faire tomber la tension nerveuse.
3. Prendre des repas équilibrés à des heures régulières.

Le Jour de l'examen

4. Prendre un petit déjeuner le plus complet possible (jambon, œuf ou fromage, café, thé, *tartines*, etc.), mais ne pas se forcer.
5. Si l'on ne peut rien *avaler*, mettre dans sa poche quelques morceaux de sucre.
6. Se faire conduire sur les lieux de l'examen pour éviter l'angoisse du retard et la fatigue du *trajet*.

tranches de pain recouvertes de beurre et de confiture / manger

voyage

Pour certains concours, les épreuves se déroulent pendant plusieurs jours et l'intervalle entre l'écrit et l'oral est parfois de plusieurs semaines. L'ambiance chez soi doit être *détendue*.

calme

Enfin une recommandation importante : les parents et les amis doivent surtout éviter de poser un *flot* de questions sur la façon dont « ça se passe ? »

une grande quantité *(fig.)*

Extrait d' un article d'*Elle*.

QUESTIONS

1. Comment sont les étudiants pendant la période des examens ?
2. Qu'est-ce qu'on doit faire les jours précédant l'épreuve ? Et le jour de l'examen ?
3. Qu'est-ce qu'il ne faut pas faire pendant la période des examens ?
4. Pourquoi est-il important de ne pas poser des questions du genre « Comment ça se passe ? » ?

À VOUS LA PAROLE

1. Que faites-vous avant un examen pour vous préparer ? Les jours précédents ? Le jour de l'examen ?
2. Quels sont vos conseils aux gens qui vont passer un concours ?
3. Que pensez-vous de ces trucs ?

La Culture en question

Le gouvernement voudrait aider les étudiants en lettres et en sciences à trouver des *débouchés*. Dans ce *but*, il les *engage* et il engage les universités à donner un *tour* plus pratique, plus *efficace*, à leurs études. Pourquoi, par exemple, ceux qui sont *épris de* « la langue de Shakespeare » ne feraient-ils pas un petit peu de droit commercial, ce qui rendrait leur anglais plus *rentable ?*

carrières accessibles / objectif / incite, y fait participer / aspect / utile, productif passionnés pour

payant, qui procure un revenu

Certes, il est important pour les étudiants en lettres et en sciences de pouvoir vivre décemment de leurs diplômes. Mais on aurait dû se demander d'abord pourquoi, malgré l'insuffisance de débouchés, tant d'entre eux persistent à vouloir faire des études littéraires ou scientifiques. Tout simplement parce qu'ils en ont le goût. Et ne nous perdons pas ici en considérations subtiles sur ce que c'est que la culture ! C'est, au fond, quelque chose de très simple : tout ce qui permet à un homme ou à une femme de s'accomplir dans la ligne qu'il a choisie, dans sa vocation, en somme.

Tous les jeunes gens et toutes les jeunes filles qui s'inscrivent en lettres ou en sciences n'ont pas nécessairement la vocation de participer à la *fabrication en série* d'objets plus ou moins utiles ou de les faire acheter par les *consommateurs*. Vous *aurez beau leur dire* qu'avec un peu de droit commercial ou de marketing, ils trouveraient facilement des *places* intéressantes ; ça ne les intéresse pas. Et c'est leur droit !

En vérité, il s'agit de savoir si l'on veut ou non faire dans ce pays une réalité du droit à la culture. Pourquoi *détourner* ceux qui désirent se cultiver de le faire sous prétexte qu'on n'a pas d'emplois pour eux ? Ces emplois seraient presque tous dans l'enseignement ; il n'y a qu'à les créer. Tout cela coûtera beaucoup d'argent, dira-t-on. Il est vrai, mais pas plus et sans doute beaucoup moins que le *suréquipement* industriel dont la France croit devoir *se doter*.

La culture est considérée comme un luxe qui n'est pas fait pour les pauvres, pour ceux qui n'ont pas de quoi le payer. Qu'ils fabriquent donc des montres ou des chaussures invendables !

Ce qu'il faut espérer, c'est un *sursaut* de la nation elle-même, dont le prestige mondial est fait de culture au sens le plus large du terme, mais qui est en train de laisser ruiner chez elle par faux réalisme ce qui fut, ce qui est encore, sa plus authentique grandeur.

Extrait d'un article du *Monde* par Jacques Madaule.

[Marginal glosses:]
assembly-line manufacturing / **personnes qui achètent des produits**
vous leur direz sans succès
emplois
dissuader
trop d'installations / se procurer
une réaction

QUESTIONS

1. Pourquoi le gouvernement s'intéresse-t-il aux affaires des universités ?
2. Selon l'auteur, qu'est-ce que la culture ?
3. Selon l'auteur, quel est le droit des étudiants en ce qui concerne leurs études ?
4. À quoi l'auteur compare-t-il la rentabilité de la culture ?
5. En quoi consiste le prestige mondial de la France ? Expliquez-le.

À VOUS LA PAROLE

1. Pourquoi voulez-vous (ou voudriez-vous) faire des études littéraires ? Ou scientifiques ?
2. À votre avis, qu'est-ce que la culture ? Comparez votre réponse avec celles de vos camarades de classe.
3. Selon vous, quel est le droit des étudiants en ce qui concerne leurs études ?
4. Croyez-vous que l'université soit faite pour procurer des emplois ? Expliquez votre réponse avec des exemples très précis.
5. Qu'est-ce que vous reprochez au système universitaire américain (ou au système de votre université) ?
6. Avec un(e) camarade de classe, imaginez la conversation entre un(e) étudiant(e) qui croit qu'il faut annuler les études qui ne sont pas rentables et un doyen qui n'est pas du tout du même avis.
7. En quoi consiste le prestige mondial des États-Unis ?

Sujets de discussions

(pour ou contre)

1. L'arrivée des hommes en maternelle répond à l'évolution du rôle du père dans la famille et aussi des besoins de l'enfant.
2. Les parents et les enfants ne se comprendront jamais — le fossé des générations existe toujours.

3. Si les parents aident financièrement un(e) étudiant(e), il faut que l'étudiant(e) fasse ce que les parents veulent.
4. Les étudiants d'aujourd'hui sont plutôt optimistes que pessimistes.
5. Ce qui n'est pas efficace ne vaut pas la peine d'être étudié. Il faut annuler les études qui ne sont pas rentables.
6. L'université fabrique des chômeurs.[1]
7. La culture est un luxe.

[1] Gens qui manquent de travail.

La Vie familiale

L'ESSENTIEL

fiançailles

Les amis

un jeune homme, un garçon	rencontrer (par hasard) faire la connaissance (de) avoir rendez-vous (avec) sortir (avec)	une jeune fille, une fille
un célibataire	flirter (avec) courir (après) tomber amoureux (de)	une célibataire

M. et Mme Henri CERTNER
Mme Fanny GARDEN
en union avec
M. Garden
sont très heureux de vous
faire part des fiançailles
de leurs enfants

Carole et Al

Paris. Los Angeles.

Les amoureux

un petit ami	s'entendre (avec) tenir (à) aimer	une petite amie
les amoureux (m. pl.)	s'embrasser s'aimer se disputer se réconcilier se fiancer	
	offrir annoncer rompre	une bague de fiançailles les fiançailles (f. pl.)
	fixer	la date du mariage

Le mariage

le fiancé	se marier (avec), épouser	la fiancée
le maire	célébrer	le mariage
		civil (à la mairie)
le prêtre, le pasteur, le rabbin		religieux (à l'église [f.])
		la cérémonie
les invités	assister (à)	les noces (m. pl.)
	féliciter	les nouveaux mariés (m. pl.)

---

mariages

Mme François PÉRIN
M. et Mme Jacques FEFFER
sont heureux de faire part du mariage de leurs enfants

Patrick et Laure-Charlotte

le 18 mai 1988
à Mont-Saint-Aignan
(Seine-Maritime).

Mariages

–Claire GUELAUD
et
Olivier BIFFAUD

sont heureux d'annoncer que leur mariage s'est déroule le samedi 28 mai, à Paris.

94, rue du Faubourg-du-Temple, 75011 Paris.

FEMMES

179 - 1 - RAVISSANTE ROUSSE, aux yeux verts, humour et spontanéité, du charme de la personnalité, 23 ans, célibataire, au cœur tendre et fidèle, attend son "Prince Charmant" !

179 - 2 - REGARD AZUR ET CHEVEUX BLONDS, célibataire, 24 ans, étudiante mais pas "intellectuelle", très gaie sportive, veut construire avec joie et ferveur couplé heureux.

179 - 3 - ELLE A DU SOLEIL, sur la peau et dans le cœur cette jolie maman célibataire de 25 ans. Intelligente et cultivée, sentimentale, très féminine, Monique adore nature, enfants, musique et danses folkloriques, voyages.

179 - 4 - DELICIEUSE BRUNETTE au teint de pêche, Madeleine, 26 ans, Secrétaire, si douce et sentimentale, rêve d'une belle histoire d'amour avec célibataire 27/32 ans, responsable, tendre et sincère.

HOMMES

179 - 26 - SI VOUS ETES ROMANTIQUE, et traditionnelle dans votre recherche de l'autre, c'est Manuel qu'il faut rencontrer. Il est tendre, attentionné, aime offrir des fleurs ! 24 ans, 10.000 F/ mensuels, grande stabilité d'emploi, un bel avenir.

179 - 27 - DIDIER EST UN GARÇON, de son époque. Il a de l'ambition et plein d'espoir au cœur, 25 ans, célibataire, aimerait rencontrer celle avec qui partager amour-passion, vie de famille et voyages. Son "look" vous séduira.

179 - 28 - 26 ANS, célibataire, les pieds sur terre, il ne recherche pas l'impossible, mais le vrai : une JF sincère, câline, qui apprécierait outre le physique de son compagnon, ses qualités de cœur et morales. Gérard a une bonne situation.

179 - 29 - SERIEUX OUI, ENNUYEUX NON ! A 27 ans, Luc est bien décidé à réussir sa vie sentimentale. Si vous appréciez sécurité, tendresse, fidélité, si vous faites des projets pour un avenir de bonheur à deux pour "commencer", alors rencontrez-vous !

I. Posez des questions en substituant le[s] mot[s] en italique par un interrogatif pour qu'une(e) autre étudiant(e) y réponde.

Exemple : J'ai *19 ans.* **Q : Quel âge as-tu ?**
R : J'ai vingt ans.

1. Je viens de faire la connaissance d'*une très belle fille.*
2. *Mon meilleur ami* s'est fiancé hier soir.

3. Il va se marier avec *Marie Martin.*
4. Marie et Louis ont fixé *la date de leur mariage.*
5. Le mariage a été célébré *le 3 octobre.*
6. Ils ont assisté *aux noces.*
7. Tous les amis ont félicité *les nouveaux mariés.*

II. Il y a six mois que Jean-Paul Dupont a rencontré Janine Borie. Hier ils ont fixé la date de leur mariage. En employant le vocabulaire de l'Essentiel, racontez l'histoire de leur amour.

Le ménage

les jeunes mariés *(m. pl.)*	s'installer (dans) meubler entretenir	un appartement
	fonder	un foyer

La vie domestique

le couple	vivre	en harmonie
l'époux, le mari l'épouse, la femme	s'entendre bien / mal (avec) se sentir frustré(e) se disputer	

Une maison toute simple mais qui ne manque pas de charme avec son toit à grandes pentes (en version Ile-de-France) et sa forme en L. La distribution de l'espace intérieur est effectuée de telle façon que la partie « jour » (salon, salle à manger, cuisine, entrée) est bien séparée de la partie nuit (chambres et bains) ce qui facilite la vie, surtout avec des enfants. Un point appréciable : les vastes rangements prévus dans le dégagement.

Le divorce

le mari, la femme	demander	le divorce
	effectuer	le partage
	divorcer[1]	
un(e) divorcé(e)	payer	la pension alimentaire
	avoir	la garde des enfants

I. L'histoire de Jean-Paul Dupont et Janine Borie continue. Ça fait dix ans qu'ils sont mariés, mais hier ils ont décidé de divorcer. En employant le vocabulaire de l'Essentiel, racontez comment s'est passée la rupture de leur mariage.

La naissance

la femme, la mère	être enceinte attendre	un bébé, un enfant
	accoucher	
	mettre (en nourrice) allaiter	le bébé
le bébé, l'enfant	naître (être né[e])	

---

[1] Cette femme **a divorcé** il y a trois ans. Elle **est divorcée.** M. Level **a divorcé d'avec** sa seconde femme.

Naissances

–M. et Mme A. JULIEN– LAFERRIERE et leurs fils Pierre,

ont la joie de faire part de la naissance de

Louis,

le 23 mai 1988.

18, rue Jules-Moinaux 37000 Tours.

Maryvonne et Thierry VALLET

ont le joie d'annoncer la naissance de leur fille

Caroline,

le 27 mai 1988.

naissances

Mme Roger GÉRARD est heureuse d'annoncer la naissance de sa première arrière-petite-fille

Anne Charlotte

fille de Patrick MONTRICHARD et Caroline, née Sallé de Chou. Meudon, mai 1988.

Bernard et Véronique JAQUET ont la grande joie de vous faire part de la naissance de leur fils

Olivier

le 28 mai 1988.

les parents (m. pl.)	élever (bien / mal)	l'enfant (m., f.)
	choyer	le / la gosse (fam.)
	gâter	
	gronder	
	punir	
un fils, une fille	ressembler (à)	le père, la mère
	obéir (à)	les parents
	désobéir (à)	libéraux
		compréhensifs
		sévères
		vieux jeu (invar.)
	grandir	
	se révolter	

La mort

une personne	vieillir	
	mourir (jeune)	
le veuf, la veuve	être	en deuil
		accablé(e) par la douleur
l'orphelin(e)	assister (à)	les funérailles (f. pl.)
		l'enterrement (m.)
	hériter	des biens (m. pl.)
		de la fortune

I. Contredisez les phrases suivantes selon le modèle.

Modèle : Vous êtes marié(e) depuis quatre mois.
   Bien sûr que non ! Je ne suis pas marié(e) du tout !
1. Tu es enceinte de cinq mois.
2. Tu attends un enfant.
3. Les mères punissent toujours les petits bébés.
4. La gosse ressemble à son père.

5. Il est possible de toujours rester jeune.
6. Il est nécessaire de mourir jeune.
7. Tu t'es révolté(e) contre tes parents.
8. Tu vieillis trop vite.

II. Que dites-vous dans les situations suivantes ? (Consultez l'Appendice A.)

1. Vous désirez féliciter les parents de la naissance de leur premier bébé.
2. Vous avez besoin de gronder votre fille.
3. Votre fils ne vous obéit pas.
4. Votre accouchement (l'accouchement de votre femme) est proche et vous n'avez pas de voiture pour aller à l'hôpital.
5. Vous voulez que vos parents soient plus libéraux.
6. Vous croyez que votre père (mère) est trop sévère.

EXERCICES

I. Donnez le contraire des mots ou des expressions suivantes, et puis employez-les dans une phrase complète.

1. rompre les fiançailles
2. le mariage civil
3. naître
4. beau-fils
5. être célibataire
6. gâter un gosse
7. obéir à un parent
8. tenir à quelqu'un

II. Expliquez la différence entre les mots donnés.

1. connaître et rencontrer
2. se fiancer et se marier
3. se disputer et se réconcilier
4. vieillir et mourir
5. vivre en harmonie et se disputer
6. se marier et divorcer
7. choyer un gosse et punir un gosse
8. les parents sévères et les parents libéraux

III. Réagissez aux phrases suivantes en éprouvant les sentiments indiqués. (Consultez l'Appendice A.)

1. Sa fille n'est pas mariée. (avec sarcasme)
2. Ma femme va se séparer de moi. (avec surprise)
3. Quelqu'un m'a dit que votre ami sort avec une autre fille. (avec doute)
4. Nous n'avons pas assez d'argent pour nous marier. (avec compassion)
5. Comme je suis tombée amoureuse de ce garçon ! (sans enthousiasme)
6. Je voudrais bien être beau pour plaire aux filles. (avec sarcasme)
7. On m'a dit que votre fiancé a rompu vos fiançailles. (négativement)
8. Ne m'embrasse pas ! Je suis enrhumé. (d'accord)

IV. Expliquez ce que vous feriez pour résoudre les problèmes suivants.

1. Vous ne vous entendez pas du tout avec votre belle-mère et elle veut s'installer chez vous.
2. Les jeunes mariés ont décidé de ne pas avoir d'enfant et leurs parents demandent une explication.

3. Une fille (un garçon) vous court après (vous la [le] détestez) et enfin vous avez décidé de lui expliquer pourquoi elle (il) doit arrêter ses avances.

4. Votre frère (soeur) se révolte et veut quitter la maison. Essayez de le (la) persuader de ne pas le faire.

5. Votre ancien(ne) mari (femme) n'a aucune intention de payer la pension alimentaire et vous n'avez pas assez d'argent pour payer les frais.

V. En employant le vocabulaire de l'Essentiel et les proverbes 19 à 26 dans l'Appendice C, inventez une histoire ou une conversation par écrit pour la présenter à vos camarades de classe.

À VOUS L'ÉCOUTE

D'abord, étudiez le vocabulaire des listes suivantes. Ensuite, écoutez plusieurs fois les deux conversations du Chapitre 2. Essayez d'identifier les personnes qui parlent et les sujets de leurs conversations. Ensuite, essayez de répondre aux questions suivantes.

Vocabulaire	Questions	DIALOGUE A
un coup de foudre love at first sight	1. Quelles sont les relations de ces femmes avec Anne-Marie ?	
rompre to break up	2. Que penserait Anne-Marie si elle entendait cette conversation ?	
avoir un sale caractère to be difficult to get along with	3. Est-ce qu'ils sortaient ensemble depuis longtemps quand ils ont annoncé leurs fiançailles ?	
Qui vivra, verra Live and learn. *(lit.)* (We'll see what we'll see.)	4. Quelles doivent être les qualités du fiancé d'Anne-Marie ?	

		DIALOGUE B
crevé tired, beat	1. De quoi la femme se plaint-elle ?	
les bêtises *(f.)* stupid things	2. Quelles sont les réactions du mari ?	
chiper *(fam.)* to steal	3. Qu'est-ce que la femme voudrait qu'il fasse ?	
un porte-monnaie coin purse		
un album de B.D. (Bandes Dessinées) comic book		
au courant up on things, aware, up-to-date		
un gamin kid, child		
passer les caprices to overlook one's misbehaviors ; to give into a child's whims		

Le Courrier du cœur

Chère Marcelle Ségal,[1]

Depuis un mois, je *rêvais* de son coup de téléphone. Je ne pensais qu'à lui. Hier, il m'a téléphoné. J'aurais dû *sauter* de joie, mais je ne l'ai pas fait. Il ne me plaît plus. Je le trouve stupide, *moche*. Si ce n'était que cette fois, je ne *m'affolerais* pas, mais c'est toujours la même chose. Je veux sortir avec un garçon, j'attends

attendais

jumped

affreux, dégoûtant *(fam.)* / **m'inquiéterais**

---
[1] Marcelle Ségal donne des conseils à la manière d'Ann Landers.

Chloé

avec impatience pendant une semaine et le jour où je sors, c'est fini. Je n'en veux plus. Suis-je condamnée à ne vivre que de rêves ? J'ai dix-neuf ans.

Chloé

Chère Chloé,

Non, pas plus que vous n'êtes condamnée à avoir toujours dix-neuf ans, l'âge où l'on rêve encore du héros, de Prince Charmant, et où le copain qui vous offre une bière et le cinéma vous *déçoit*. Un jour viendra où vos rêves, descendus de leur nuage, rejoindront la réalité ; où le Prince Charmant deviendra *Science Po ;* le héros, ingénieur IBM. Quand vos rêves seront devenus ceux d'une femme, vous trouverez l'homme de vos rêves, celui qui ne vous décevra pas.

cause une déception

étudiant à la faculté des Sciences Politiques à Paris

Marcelle Ségal

Extrait d'un article d'*Elle*.

 **QUESTIONS**

1. Pourquoi Chloé n'a-t-elle pas sauté de joie en recevant le coup de téléphone si longtemps attendu ?
2. Décrivez le problème de Chloé.
3. Quelle est la solution de Marcelle Ségal ?

 À VOUS LA PAROLE

1. Êtes-vous d'accord avec la réponse de Marcelle Ségal ? Sinon, quelle serait votre réponse à Chloé ?
2. Expliquez pourquoi Chloé représente une fille stéréotypée qui n'existe plus.
3. Récrivez la lettre de Chloé de votre point de vue et demandez les conseils de vos camarades de classe.
4. Lisez à la classe une lettre que vous avez écrite à Marcelle Ségal et demandez les conseils de vos camarades de classe.
5. À qui demandez-vous des solutions à vos problèmes ? Pourquoi ?
6. Essayez d'expliquer pourquoi une conseillère comme Marcelle Ségal (ne) peut (jamais) réussir à résoudre les problèmes qui lui sont présentés.

La Femme et le travail — deux points de vue

La valorisation dans la maternité

Toutes les femmes cherchent l'égalité, font tout leur possible pour être au même niveau que l'homme. Mais est-ce que le niveau de l'homme est tout dans la vie ? Non, ces deux sexes différents ont deux rôles qui se complètent. La femme, si elle insiste pour atteindre ce *but*, perdra son rôle principal qui est même plus important que celui de l'homme, celui de l'éducation de l'enfant qui est la base de la société. Si elle réussit à avoir des enfants non complexés qui ne manquent pas d'affection, bien cultivés, qui savent vivre pour les autres et *se dévouent pour* l'humanité, c'est déjà quelque chose ; ce serait une société idéale. Mais malheureusement ces valeurs sont abstraites et la femme qui croit que le travail *la valorise* et sent qu'elle est inférieure quand elle reste à la maison, ne voit la valorisation que dans le matérialisme.

objectif

se consacrent à

lui donne une plus grande valeur

À quand le choix réel pour tous ?

Quand on pourra imaginer tranquillement qu'un homme aussi a le droit d'élever ses gosses si ça lui plaît, le droit d'arrêter le travail quelques années, pendant que sa femme travaille pour gagner la vie pour tous, alors, enfin, il y aura quelque chose de neuf ! La maxime « travail égal, salaire égal » n'est pas *usée :* on se bat pour le mot « salaire ». J'aimerais qu'on se batte pour le mot « travail ». *À l'heure actuelle*, le travail ne libère pas parce qu'on ne choisit pas son travail quand on n'a pas reçu une éducation et une formation destinées à être indépendant économiquement, en faisant ce qui vous intéresse : l'erreur est là. Quand voyons-nous le choix réel pour tous ? Envisage-t-on le travail à mi-temps pour les hommes comme pour les femmes ? Sans justification ni pour les uns ni pour les autres ? La mère qui n'élève pas ses fils et filles de la même manière les handicape fortement : sur le plan du *quotidien* pour les garçons qui ne sont pas habitués à *se débrouiller* seuls, et sur le plan de l'indépendance économique pour les filles en ne leur donnant pas la possibilité d'avoir un métier valable.

vieillie

aujourd'hui

de chaque jour

s'organiser

Extrait d'un article d'*Elle*.

QUESTIONS

Selon le premier auteur :

1. Qu'est-ce que les femmes perdront en atteignant l'égalité avec les hommes ?
2. Quelle est la société idéale ?
3. Décrivez la femme qui ne voit sa valorisation que dans le matérialisme.

Selon le deuxième auteur :

4. Pourquoi est-ce qu'on doit se battre pour le mot « travail » ?
5. Pourquoi est-ce que le travail ne libère pas ?
6. À quoi les garçons ne sont-ils pas habitués ? Et les filles ?
7. Qu'est-ce qu'il faut faire pour avoir le choix réel pour tous ?

À VOUS LA PAROLE

1. Croyez-vous que ce soit un homme ou une femme qui ait écrit le premier article ? Et le deuxième ? Quelles sont les raisons de votre réponse ? Avec quel article êtes-vous d'accord ?
2. Imaginez une conversation entre deux personnes qui représentent les opinions et les idées des deux articles précédents.
3. Expliquez la place et le rôle de l'homme et de la femme dans un mariage.
4. Avec un(e) camarade de classe, imaginez la conversation entre un mari qui ne veut pas que sa femme travaille et la femme qui insiste pour travailler.

Un Homme au foyer

« Quand nous nous sommes mariés nous travaillions tous les deux, et nous gagnions bien notre vie. Puis nous avons désiré un enfant et notre fils est né. Nous l'avons mis en nourrice, mais vers huit ou neuf mois nous avons compris qu'il souffrait d'être *ballotté* comme ça tous les jours, et nous nous sommes *aperçus* qu'un de nous deux devait s'arrêter pour élever le petit. C'est alors que j'ai décidé de rester à la maison. »

déplacé continuellement entre le foyer et la maison de la nourrice / rendu compte

Beaucoup de jeunes ménages modernes connaissent ce problème à la naissance de leur premier enfant, beaucoup estiment que leur enfant a besoin d'une présence constante dans les premières années de sa vie, beaucoup prennent leur décision en commun. Mais très peu, pour ne pas dire aucun, adoptent la solution de la personne qui parle en haut — car c'est Richard X. qui parle ! Il est « homme au foyer » depuis deux ans et lui et sa femme, qui gagne l'argent du ménage dans une entreprise parisienne, ont deux enfants : un fils de 28 mois et une petite fille de 10 mois.

« Je sais bien que beaucoup de gens s'étonnent de mon choix, mais franchement c'était plus logique que ce soit moi qui m'arrête. Nous avions des salaires parfaitement équivalents, et ma femme n'était pas du tout « ménagère ». Moi, au contraire, je *me débrouille* très bien avec les choses de la vie. Et c'était moi qui ai proposé de devenir « homme au foyer ». Ma femme *ne s'est pas moquée de moi*, mais elle a été surprise. Enfin elle m'a dit oui, parce qu'elle avait compris que j'en avais *envie*.

m'arrange

ne m'a pas ridiculisé

le désir

« Mes parents ont très mal réagi quand je *leur ai fait part* de notre décision. Quant aux amis, ça *les a fait sourire*. Je dirais que ça va mieux maintenant, mais en fait rien n'a changé. C'est plutôt moi qui me suis *endurci.* »

les ai informés

les a amusés

devenu indifférent

Pour Richard c'est essentiellement ces relations entre les hommes et les femmes qui lui paraissent *actuellement* beaucoup trop enfermées dans des stéréotypes. Lui essaie d'être à l'avant-garde de cette mutation profonde des couples, mais il se rend bien compte que ce n'est pas facile d'être ainsi en avance sur son temps. « C'est l'équilibre à deux que nous cherchons. Je crois que dans un couple on ne doit pas adopter des attitudes stéréotypées ; il faut bâtir ensemble. On se choisit un partenaire, ou une partenaire, pour essayer de s'équilibrer. Intellectuellement, physiquement, matériellement. Petit à petit il faut arriver à se compléter et à *s'entraider* dans tous les domaines. Ce que je n'arrive pas à comprendre, elle m'aide à le comprendre. »

en ce moment

s'aider mutuellement

« Pour faire un couple il ne faut pas trois quarts d'une personnalité masculine dominante et un petit quart de femme dominée ; il faut vraiment deux moitiés. Et peu importe dans quels secteurs bien précis les deux moitiés se complètent. »

Extrait d'un article d'*Elle*.

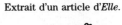

QUESTIONS

1. Quelle était la décision du couple de cette histoire après la naissance de leur premier enfant ? Pourquoi ?
2. Ce jeune ménage a adopté une solution pas très conventionnelle. Expliquez pourquoi et comment ils sont arrivés à l'adopter.
3. Quelle était la réaction de leurs amis ? De leurs parents ?
4. Comment Richard décrit-il les relations entre les hommes et les femmes ? Qu'est-ce qu'il essaie de faire pour changer les relations ?
5. Qu'est-ce qu'on doit chercher pour qu'un jeune ménage puisse s'équilibrer ?
6. Selon Richard, de quoi a-t-on besoin pour faire un couple ?

À VOUS LA PAROLE

1. Imaginez la conversation entre Richard et ses parents (ou ses amis) quand il leur fait part de sa décision d'être « homme au foyer ».
2. Décrivez ce que vous considérez être les relations parfaites dans un mariage.
3. Si les fiancés décident d'écrire leur propre cérémonie de mariage, quels éléments est-ce que le contrat de mariage devrait inclure ?
4. Imaginez la conversation entre un homme qui veut devenir « homme au foyer » et sa fiancée qui n'est pas d'accord.
5. Imaginez la conversation entre un mari qui ne veut pas être « homme au foyer » et son épouse qui le veut.
6. Croyez-vous que l'égalité puisse exister dans un mariage ? Expliquez votre réponse.

Le Courage de divorcer

Il y a beaucoup de parents intelligents et généreux qui divorcent par amour pour leurs enfants, parce que, vivant dans un état de guerre continuelle, ils attaquent dangereusement, bien plus que par le divorce, *le psychique, l'affectif, le physique* de leurs enfants. Le divorce n'est pas une erreur, c'est le mariage sans se connaître parfaitement, psychologiquement et intellectuellement, qui est un crime envers les descendants. Crime diminué de moitié par le divorce si les parents savent dire aux grands enfants, « Vous voyez, en me mariant, j'ai commis une grave erreur par manque de réflexion. Surtout, plus tard, ne faites pas comme moi ! » Il faut beaucoup de courage pour *faire son auto-critique*. Mais n'y a-t-il pas meilleur exemple pour que l'enfant en vienne aussi à faire la sienne ? Ce que j'aimerais ? Qu'un psychologue explique le courage qu'il faut pour divorcer et ne pas donner à ses enfants l'exemple d'une vie fausse, *menteuse*, et leur apprendre ainsi à devenir faux et menteurs. De ce courage-là, personne ne parle.

l'esprit, l'âme / les sentiments / le corps

avouer ses propres erreurs

contraire à la vérité, hypocrite

> Extrait d'une lettre de Mme Le Gonidec dans *Le Monde de l'éducation*.

QUESTIONS

1. Selon l'auteur le divorce n'est pas une erreur. Pourquoi ?
2. Pourquoi le mariage peut-il être un crime ?
3. Quel exemple positif un divorce peut-il donner aux enfants ?
4. De quel courage l'auteur parle-t-elle ?

 **À VOUS LA PAROLE**

1. Selon vous, qu'est-ce qu'il faut faire pour éviter le divorce ?
2. Croyez-vous qu'il soit difficile de faire votre auto-critique ? Expliquez votre réponse.

La Mort ?
Je ne la connais pas !

La mort — existe-t-elle encore ? Il fallait faire un effort pour le croire, quand un ministre de la Santé publique fit, il y a quelques mois à la télévision, l'inventaire des causes de *décès*. Elles sont quatre, dit-il : l'alcoolisme, les accidents de la route, le cancer et les maladies du cœur. *Sous-entendu*, lorsque l'on aura *supprimé* l'alcoolisme, *vaincu* le cancer, dominé les *infarctus* et éliminé les accidents sur les routes, eh bien, on ne mourra plus. C'est une douce illusion caractéristique d'une société qui ne vit plus que d'illusions et qui veut s'accorder la plus belle : celle de l'immortalité.

    « Où sont passés nos *corbillards d'antan* ? » Ces corbillards qui passaient dans les rues vers le cimetière et que l'on croisait en chemin en allant à l'école. La mort alors passait et nous apprenions en la *saluant* à la *vivre*. Dans ce temps-là, on mourait encore chez soi et l'on prenait le temps d'arrêter la vie dans la maison pour s'occuper du mourant. Et l'on portait le *deuil*, signe social d'une douleur. La mort alors, était au centre de la vie comme le cimetière au centre du village.

    Et comme la mort a changé en si peu de temps ! Changé ? Non pas. Éliminée. On ne meurt plus chez soi, mais en cachette derrière un *paravent* d'hôpital. Dans un milieu anonyme, entouré de machines hostiles. La mort est devenue un sujet tabou qui *frise* l'obscénité. Une infirmière, ayant une longue expérience de ces problèmes, conclut : « La naissance et la mort, *étapes* fondamentales de la vie, ont été médicalisées à l'extrême. Les gens adoptent un *comportement d'attente*, mais ils refusent totalement la responsabilité de s'occuper du mourant. La famille ne sait plus du tout aider le mourant à se préparer. »

    Le *désarroi* de l'entourage d'un mourant durant l'agonie *se poursuit* souvent *lors de* la mort. À tel point qu'il existe déjà aux États-Unis des entreprises particulières, sorte de « S.O.S. Cadavres » qui, *dès* le décès, viennent immédiatement *délivrer* la famille de la présence encombrante du corps et l'emportent dans un grand sac en plastique. Il faut vite, très vite oublier que la mort est venue, que la mort existe.

    « Les hommes, n'ayant su guérir la mort, la misère et l'ignorance, *se sont avisés*, pour se rendre heureux, de n'y point penser. » S'il est vrai que quand il est question de la mort, une étrange *pudeur* nous conduisait au silence, il n'est pas certain qu'elle nous *menait* à l'oubli. Et les *preuves* aujourd'hui se multiplient que les problèmes de la mort, après avoir *subi* une étonnante *éclipse*, réapparaissent sur la scène de notre société.

Extrait d'un article d'*Elle* par Jacques Merlino.

GLOSSES (marge droite):
- mort
- ce qu'on fait comprendre sans le dire / aboli / triomphé du / maladie du cœur
- hearses / d'autrefois
- donnant des marques de respect en ôtant le chapeau et s'inclinant / supporter *(fig.)* quelque chose de noir (bande, cravate, vêtement)
- folding screen
- est tout près de
- périodes
- attitude prise pour attendre le moment de la mort
- confusion / continue
- au moment de
- au moment de
- libérer
- ont trouvé
- réserve
- guidait / affirmations
- éprouvé / disparition

QUESTIONS

1. En quoi consiste l'inventaire des causes de décès en France ?
2. Qu'est-ce qui arrivera après l'élimination de toutes les causes de la mort ?
3. Quelle est cette illusion dont parle l'auteur ?

4. Au temps passé comment les obsèques se passaient-elles ?
5. Comment la mort a-t-elle changé ?
6. Comment réagit une famille en cas de décès ?
7. Que veut dire l'expression « S.O.S. Cadavres » ?

À VOUS LA PAROLE

1. Expliquez pourquoi la mort est devenue un sujet tabou qui frise l'obscénité.
2. Expliquez pourquoi la famille ne sait plus aider le mourant à se préparer.
3. Défendez les droits d'un mourant.
4. Comment réagissez-vous quand il s'agit d'une mort dans votre famille ?

SUJETS DE DISCUSSIONS

(pour ou contre)

1. Il devrait y avoir des écoles pour apprendre à choisir un époux (une épouse).
2. Pour avoir moins de divorces il nous faut plus de marieurs professionnels.
3. La compétition entre homme et femme est quelque chose de souhaitable.
4. C'est la société actuelle qui impose les rôles des hommes et des femmes.
5. Le rôle de l'homme dans notre société est beaucoup plus important que celui de la femme.
6. On n'arrivera jamais à comprendre la mort.

C H A P I T R E

La Santé

L'ESSENTIEL

Le corps humain
La tête

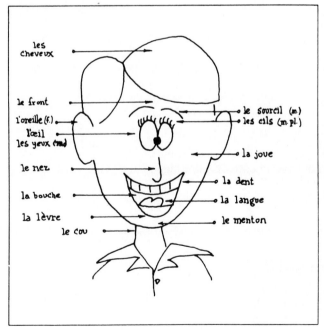

les cheveux

le front
l'oreille (f.)
l'œil
les yeux (m.)

le nez

la bouche

la lèvre

le cou

le sourcil (m.)
les cils (m. pl.)

la joue

la dent

la langue

le menton

Le tronc et les membres du corps

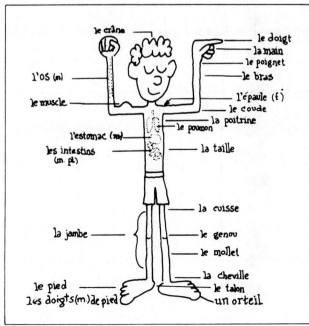

le crâne

l'OS (m.)

le muscle

l'estomac (m.)

les intestins (m. pl.)

le doigt
la main
le poignet
le bras

l'épaule (f.)
le coude
la poitrine
le poumon

la taille

la cuisse

la jambe

le genou
le mollet

la cheville

le pied
les doigts (m.) de pied

le talon
un orteil

Vocabulaire supplémentaire

le dos	la fesse	le squelette	la veine	le sang	la peau	la chair
le côté	la gorge	l'artère *(f.)*	le foie	le nerf	le poil	

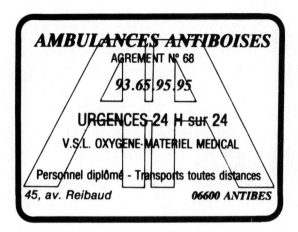

I.

1. Quels sont les membres du corps humain ?
2. Quelles sont les parties principales du tronc ?
3. Quelles sont les parties de la tête ?
4. Décrivez votre tête. Décrivez celle de la personne à votre droite ; celle de la personne à votre gauche.
5. Voici une liste partielle des actions du corps humain. Pouvez-vous en ajouter d'autres ?

avaler	bâiller	sauter	se gratter	tousser
cracher	éternuer	se gargariser	souffler	se moucher

6. Comment utilisez-vous les parties différentes du corps humain ? Par exemple, on pense avec la tête.

   Qu'est-ce qu'on peut faire avec ces parties du corps humain : le bras, les doigts, l'œil, le pied, la jambe, les lèvres, la bouche, le poumon, le nez, la gorge, la tête ?

II. Mettez en ordre de la tête au pied ces parties du corps humain : l'oreille, le menton, l'estomac, la cuisse, la cheville, le front, l'épaule, le côté, le talon, le poignet, le coude, les paupières.

La santé

Alain (Anne)	être	en bonne santé / malade
		fort(e), costaud *(fam.)* / faible
		sain(e) de corps et d'esprit
		gros(-se) / mince
		actif(-ive), énergique / paresseux(-euse)
		musclé(e) / faible
		gras(-se) / maigre
	aller, se sentir (bien / mal)	
	avoir	bonne / mauvaise mine
		un joli teint

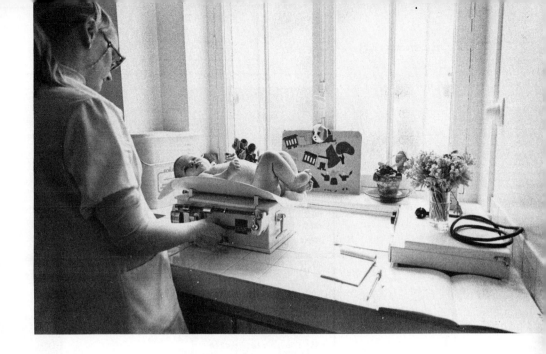

	avoir soin (de)	sa santé
	conserver, ménager	
	ressentir	une douleur
une personne	grossir, prendre du poids	
	être	au régime
	se mettre	
	maigrir, perdre du poids	

Accidents (m.)

se blesser (à)
tomber
se faire mal
marcher avec des béquilles (f. pl.)
porter un bandage, être bandé(e)
être porté(e) sur une civière
se casser la jambe
se fouler la cheville
avoir un bras dans le plâtre / en écharpe
subir un choc
s'évanouir, perdre connaissance
s'empoisonner
être empoisonné(e) (par)

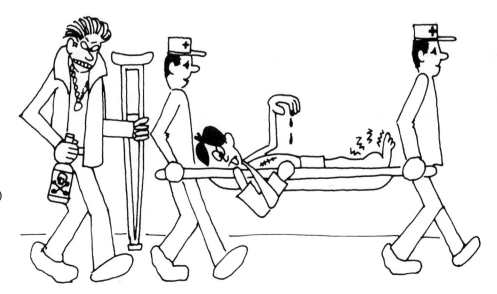

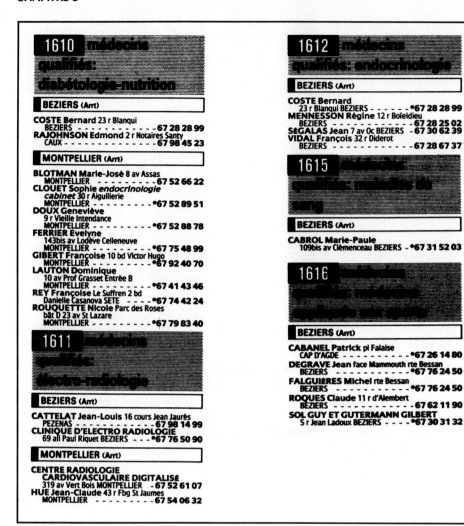

Maladies *(f.)*

tomber malade
attraper
    un rhume
    la grippe
    une bronchite
    une pneumonie
s'enrhumer
tousser
avoir de la fièvre
    mal à la gorge (à la
    tête, au dos, etc.)

1. Quel est le contraire de *grossir* ? De *se sentir bien* ? D'*être énergique* ?
2. Pourquoi marche-t-on avec des béquilles ? Pourquoi ressent-on une douleur ?
3. Que fait-on si l'on se foule une cheville ? Si l'on est empoisonné ?
4. À quoi une civière sert-elle ? Un bandage ?
5. Décrivez votre état de santé. Êtes-vous en parfaite santé ou avez-vous une santé délicate ? Qu'est-ce que vous mangez pour être en bonne santé ?
6. Pourquoi se met-on au régime ?
7. Avez-vous jamais été au régime ? Qu'est-ce que vous avez mangé pour maigrir ? Pour prendre du poids ?

Le médecin et le malade

le médecin[1]	examiner	le (la) malade
	soigner	le patient, la patiente
	guérir	
	demander	le genre de douleur
	faire	le diagnostic
	prescrire	les médicaments *(m. pl.)*

[1] En France, les médecins font des visites à domicile. En général, les médecins réservent le matin pour les visites à domicile et l'après-midi pour les consultations dans leur cabinet.

	délivrer	une ordonnance
	donner	des conseils *(m. pl.)* des soins (médicaux) *(m. pl.)*
	faire payer	la note (au patient)
le chirurgien	opérer	le (la) malade
l'infirmière *(f.)*	bander	la blessure
	faire	une piqûre
	tâter	le pouls (à qqn)
	prendre	la tension (de qqn) la température (de qqn) une radiographie
le (la) malade	consulter	le médecin
	se plaindre (de) éprouver	une douleur
	prendre	de l'aspirine *(f.)* des vitamines *(f. pl.)*
	se détendre se reposer se guérir	
le dentiste	détecter	la carie
	plomber arracher extraire nettoyer	les dents *(f. pl.)*

MINITEL

Le bon docteur des touches

Vous faites peut-être partie de ceux qui n'ont pas de médecin généraliste attitré. Et le moindre rhume ou petit bobo sont parfois négligés, faute de savoir à qui téléphoner pour un conseil pratique et immédiat. Jusqu'alors, on avait souvent recours à des guides de premiers soins. Désormais, le Minitel propose un service d'assistance médicale, vingt-quatre heures sur vingt-quatre.

Constitué d'une banque de données très importante, il apporte une aide précieuse pour les premiers soins d'urgence, recense de A à Z (angine, anxiété, aérophagie, constipation, crampes...) une liste de petits et grands maux, avec leurs symptômes et la manière de les soulager en attendant le médecin. A titre d'information médicale, vous trouverez quantité de renseignements précieux sur de grands thèmes comme la contraception, les maladies infantiles, la sexologie, les intoxications, sans oublier le sida...

Enfin, il y a toutes les situations de la vie courante, qui ne nécessitent pas forcément une consultation, mais au moins une réponse pour calmer son inquiétude. Ce service va plus loin que le simple déroulement d'un programme informatique. Il permet de dialoguer directement avec un médecin, qui, dans les vingt-quatre heures, vous apportera une réponse personnalisée et confidentielle. A. B.
36.15, code URMED.

MARCEL NARDOUX

CHIRURGIEN DENTISTE
DE LA FACULTÉ DE MÉDECINE DE PARIS

DOCTEUR EN CHIRURGIE DENTAIRE
PROFESSEUR
A L'ÉCOLE NATIONALE DE CHIRURGIE DENTAIRE
DE MONTPELLIER

1, RUE VICTOIRE DE LA MARNE
MONTPELLIER.

C.C.P. MONTPELLIER 589-03*

présente ses compliments
à Madame *Maluy*
et selon l'usage, lui adresse la
note de ses honoraires pour soins
donnés à *elle même*
dont le montant est de : *483F*

Pour éviter toute erreur, veuillez préciser lors de votre règlement
le nom et le prénom de la personne pour qui vous réglez.

I. Complétez les phrases suivantes.

1. Après avoir guéri le malade, le médecin _____.
2. Pour obtenir des médicaments, il faut _____.
3. Si vous avez une carie, le dentiste _____.
4. Une température trop élevée indique que _____.
5. Si un patient a une blessure, l'infirmière _____.
6. Pour guérir l'appendicite, un chirurgien _____.

EXERCICES

I. Qu'est-ce qu'il faut faire ?

Exemple : pour paraître plus jeune
Si je voulais paraître plus jeune, il me faudrait un joli teint.

Pour...
1. paraître plus jeune / âgé(e)
2. être sain(e) de corps et d'esprit
3. se guérir
4. maigrir
5. prendre du poids
6. être plus énergique
7. ne plus prendre les médicaments
8. ne pas tomber malade

II. Expliquez ce que vous feriez pour résoudre ces problèmes. Ensuite, inventez d'autres problèmes à résoudre et posez-les à vos camarades de classe.

1. Un vendeur s'est cassé la jambe devant votre maison et il demande que vous payiez la note du médecin et aussi le temps de travail qu'il a manqué.
2. Gisèle a suivi un régime pendant tout l'été et avec grand succès. Maintenant elle a un nouveau petit ami qui n'aime pas du tout les filles maigres, et il vient de le lui dire.

> Non-fumeurs, vous êtes libres de ne pas fumer. Nous, libres de fumer. Bien sûr, sans vous gêner. Question de savoir-vivre et de responsabilité. Pour mieux respecter votre liberté, les fumeurs prennent l'initiative.
>
> # FUMEURS : SOYONS LES PREMIERS A RESPECTER LES NON-FUMEURS.
>
> **1.** SOYONS RESPONSABLES
>   Fumer est un plaisir, ne l'imposons pas.
>
> **2.** SOYONS PRÉVENANTS
>   Fumer, c'est d'abord ouvrir le dialogue. Avant d'allumer cigarette, cigare ou pipe, assurons-nous que cela ne dérange pas.
>
> **3.** SOYONS ATTENTIFS
>   Fumer, c'est aussi tenir compte des autres. Veillons à ce que notre fumée n'importune pas.
>
> **4.** SOYONS RESPECTUEUX
>   Fumer est une liberté. Mais elle ne peut s'exercer que dans le respect de son entourage.
>
> **5.** SOYONS TOLÉRANTS
>   Fumeurs et non-fumeurs vivent ensemble. Si notre cigarette gêne, acceptons de la fumer plus tard.
>
> CENTRE DE DOCUMENTATION ET D'INFORMATION SUR LE TABAC 39 AVENUE D'IÉNA 75116 PARIS TEL 40 70 16 34
> Fédération nationale des planteurs de tabac Association de fournisseurs communautaires de cigarettes SEITA Confédération des Chambres Syndicales de débitants de tabac

3. Vous venez de demander à votre médecin ce qu'il faut faire pour être en bonne forme et il vous a recommandé de changer radicalement vos habitudes.

III.

1. Que fait une infirmière ?

2. À quoi les vitamines servent-elles ?

3. À quoi les radiographies servent-elles ? Croyez-vous qu'elles soient dangereuses ? Pourquoi ?

4. Pourquoi allez-vous chez le dentiste ? Qu'est-ce que le dentiste a fait pendant votre dernière visite ?

5. Que faites-vous si vous éprouvez une douleur ?

IV. Imaginez que vous êtes le médecin dans cette conversation.

Dans le cabinet du médecin :

Paul : *(en se grattant)* Je ne me sens pas très bien, docteur.

Médecin :

Paul : J'ai mal aux genoux, particulièrement quand je m'assieds. Quand je suis debout la douleur diminue beaucoup.

Médecin :

Paul : Pourquoi est-ce que vous allez me prendre le pouls et la température quand j'ai mal aux genoux ?

Médecin :

Paul : *(avec surprise)* Vous voulez que je me lève ? Eh bien, alors. Ne vous mettez pas en colère. Si c'est nécessaire, je le ferai.

Médecin :

V.

1. Décrivez et comparez vos descriptions avec celles de vos camarades de classe:

   a. le régime (le corps) idéal
   b. le médecin (l'infirmière) idéal(e)
   c. la bonne santé
   d. la vie d'un médecin (avantages et désavantages)

2. Racontez ce qui vous est arrivé la dernière fois que

   a. vous avez subi un accident (un choc, une opération)
   b. vous vous êtes plaint(e) d'une douleur
   c. vous avez consulté votre docteur

À VOUS L'ÉCOUTE

D'abord, étudiez le vocabulaire des listes suivantes. Ensuite, écoutez plusieurs fois les deux conversations du Chapitre 3. Essayez d'identifier les personnes qui parlent et les sujets de leurs conversations. Ensuite, essayez de répondre aux questions suivantes.

Vocabulaire	Questions	**DIALOGUE A**
épouvantable awful **les articulations** *(f.)* joints **le boulot** work **un arrêt de travail** permission to be absent from work	**1.** Quel est le problème de la personne qui téléphone ? **2.** Quels sont les symptômes de la malade ? **3.** Qu'est-ce que le médecin lui conseille ? **4.** Qu'est-ce que ce dialogue a de surprenant pour un(e) Américain(e) ?	

Vocabulaire	Questions	**DIALOGUE B**
tomber bien to come at the right moment **sourire** to smile **virer** to turn **sens interdit** wrong way **une contusion** black and blue mark **un casque** helmet **un pansement** bandage **rattraper** to catch up **mettre les bouchées doubles** *(fig.)* to work twice as hard	**1.** Racontez ce qui est arrivé à la jeune fille. **2.** Quelle est la réaction du professeur qui écoute l'histoire ? **3.** Que devra faire l'étudiante en sortant de l'hôpital ?	

Malades de leur maître

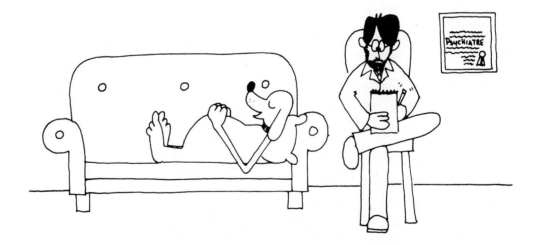

Les animaux aussi peuvent faire des troubles psychosomatiques. En Angleterre et aux États-Unis, il existe des cliniques de psychiatrie animale où l'on soigne ces troubles. En France, rien d'officiel, seulement quelques vétérinaires qui s'intéressent à la zoopsychiatrie. Si votre chien ou votre chat se dévore la *queue*, s'il perd tous ses poils, s'il tousse, s'il *devient aphone*, s'il fait de l'eczéma ou s'il s'oublie

tail

perd la voix

Non-fumeurs, vous êtes libres de ne pas fumer. Nous, libres de fumer. Bien sûr, sans vous gêner. Question de savoir-vivre et de responsabilité. Pour mieux respecter votre liberté, les fumeurs prennent l'initiative.

FUMEURS : SOYONS LES PREMIERS A RESPECTER LES NON-FUMEURS.

1. SOYONS RESPONSABLES

Fumer est un plaisir, ne l'imposons pas.

2. SOYONS PRÉVENANTS

Fumer, c'est d'abord ouvrir le dialogue. Avant d'allumer cigarette, cigare ou pipe, assurons-nous que cela ne dérange pas.

3. SOYONS ATTENTIFS

Fumer, c'est aussi tenir compte des autres. Veillons à ce que notre fumée n'importune pas.

4. SOYONS RESPECTUEUX

Fumer est une liberté. Mais elle ne peut s'exercer que dans le respect de son entourage.

5. SOYONS TOLÉRANTS

Fumeurs et non-fumeurs vivent ensemble. Si notre cigarette gêne, acceptons de la fumer plus tard.

CENTRE DE DOCUMENTATION ET D'INFORMATION SUR LE TABAC 39 AVENUE D'IÉNA 75116 PARIS TÉL 40 70 16 34
Fédération nationale des planteurs de tabac Association de fournisseurs communautaires de cigarettes SEITA Confédération des Chambres Syndicales de débitants de tabac

3. Vous venez de demander à votre médecin ce qu'il faut faire pour être en bonne forme et il vous a recommandé de changer radicalement vos habitudes.

III.

1. Que fait une infirmière ?
2. À quoi les vitamines servent-elles ?
3. À quoi les radiographies servent-elles ? Croyez-vous qu'elles soient dangereuses ? Pourquoi ?
4. Pourquoi allez-vous chez le dentiste ? Qu'est-ce que le dentiste a fait pendant votre dernière visite ?
5. Que faites-vous si vous éprouvez une douleur ?

IV. Imaginez que vous êtes le médecin dans cette conversation.

Dans le cabinet du médecin :

Paul : *(en se grattant)* Je ne me sens pas très bien, docteur.
Médecin :
Paul : J'ai mal aux genoux, particulièrement quand je m'assieds. Quand je suis debout la douleur diminue beaucoup.
Médecin :
Paul : Pourquoi est-ce que vous allez me prendre le pouls et la température quand j'ai mal aux genoux ?
Médecin :
Paul : *(avec surprise)* Vous voulez que je me lève ? Eh bien, alors. Ne vous mettez pas en colère. Si c'est nécessaire, je le ferai.
Médecin :

V.

1. Décrivez et comparez vos descriptions avec celles de vos camarades de classe :

   a. le régime (le corps) idéal
   b. le médecin (l'infirmière) idéal(e)
   c. la bonne santé
   d. la vie d'un médecin (avantages et désavantages)

2. Racontez ce qui vous est arrivé la dernière fois que

   a. vous avez subi un accident (un choc, une opération)
   b. vous vous êtes plaint(e) d'une douleur
   c. vous avez consulté votre docteur

✎➤ À VOUS L'ÉCOUTE

D'abord, étudiez le vocabulaire des listes suivantes. Ensuite, écoutez plusieurs fois les deux conversations du Chapitre 3. Essayez d'identifier les personnes qui parlent et les sujets de leurs conversations. Ensuite, essayez de répondre aux questions suivantes.

Vocabulaire	Questions	**DIALOGUE A**

épouvantable awful
les articulations *(f.)* joints
le boulot work
un arrêt de travail permission to be absent from work

1. Quel est le problème de la personne qui téléphone ?
2. Quels sont les symptômes de la malade ?
3. Qu'est-ce que le médecin lui conseille ?
4. Qu'est-ce que ce dialogue a de surprenant pour un(e) Américain(e) ?

		DIALOGUE B

tomber bien to come at the right moment
sourire to smile
virer to turn
sens interdit wrong way
une contusion black and blue mark
un casque helmet
un pansement bandage
rattraper to catch up
mettre les bouchées doubles *(fig.)* to work twice as hard

1. Racontez ce qui est arrivé à la jeune fille.
2. Quelle est la réaction du professeur qui écoute l'histoire ?
3. Que devra faire l'étudiante en sortant de l'hôpital ?

Malades de leur maître

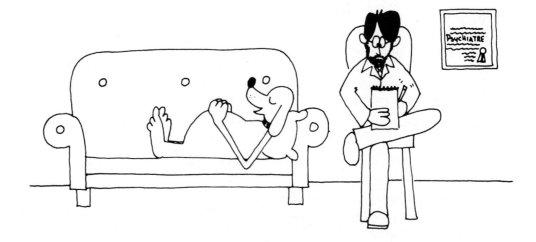

Les animaux aussi peuvent faire des troubles psychosomatiques. En Angleterre et aux États-Unis, il existe des cliniques de psychiatrie animale où l'on soigne ces troubles. En France, rien d'officiel, seulement quelques vétérinaires qui s'intéressent à la zoopsychiatrie. Si votre chien ou votre chat se dévore la *queue*, s'il perd tous ses poils, s'il tousse, s'il *devient aphone*, s'il fait de l'eczéma ou s'il s'oublie

tail

perd la voix

Non-fumeurs, vous êtes libres de ne pas fumer. Nous, libres de fumer. Bien sûr, sans vous gêner. Question de savoir-vivre et de responsabilité. Pour mieux respecter votre liberté, les fumeurs prennent l'initiative.

FUMEURS : SOYONS LES PREMIERS A RESPECTER LES NON-FUMEURS.

1. SOYONS RESPONSABLES

Fumer est un plaisir, ne l'imposons pas.

2. SOYONS PRÉVENANTS

Fumer, c'est d'abord ouvrir le dialogue. Avant d'allumer cigarette, cigare ou pipe, assurons-nous que cela ne dérange pas.

3. SOYONS ATTENTIFS

Fumer, c'est aussi tenir compte des autres. Veillons à ce que notre fumée n'importune pas.

4. SOYONS RESPECTUEUX

Fumer est une liberté. Mais elle ne peut s'exercer que dans le respect de son entourage.

5. SOYONS TOLÉRANTS

Fumeurs et non-fumeurs vivent ensemble. Si notre cigarette gêne, acceptons de la fumer plus tard.

CENTRE DE DOCUMENTATION ET D'INFORMATION SUR LE TABAC 39 AVENUE D'IENA 75116 PARIS TEL 40 70 16 34
Fédération Nationale des planteurs de tabac Association de fournisseurs communautaires de cigarettes SEITA Confédération des Chambres Syndicales de débitants de tabac

3. Vous venez de demander à votre médecin ce qu'il faut faire pour être en bonne forme et il vous a recommandé de changer radicalement vos habitudes.

III.

1. Que fait une infirmière ?
2. À quoi les vitamines servent-elles ?
3. À quoi les radiographies servent-elles ? Croyez-vous qu'elles soient dangereuses ? Pourquoi ?
4. Pourquoi allez-vous chez le dentiste ? Qu'est-ce que le dentiste a fait pendant votre dernière visite ?
5. Que faites-vous si vous éprouvez une douleur ?

IV. Imaginez que vous êtes le médecin dans cette conversation.

Dans le cabinet du médecin :

Paul : *(en se grattant)* Je ne me sens pas très bien, docteur.

Médecin :

Paul : J'ai mal aux genoux, particulièrement quand je m'assieds. Quand je suis debout la douleur diminue beaucoup.

Médecin :

Paul : Pourquoi est-ce que vous allez me prendre le pouls et la température quand j'ai mal aux genoux ?

Médecin :

Paul : *(avec surprise)* Vous voulez que je me lève ? Eh bien, alors. Ne vous mettez pas en colère. Si c'est nécessaire, je le ferai.

Médecin :

V.

1. Décrivez et comparez vos descriptions avec celles de vos camarades de classe :

   a. le régime (le corps) idéal
   b. le médecin (l'infirmière) idéal(e)
   c. la bonne santé
   d. la vie d'un médecin (avantages et désavantages)

2. Racontez ce qui vous est arrivé la dernière fois que

   a. vous avez subi un accident (un choc, une opération)
   b. vous vous êtes plaint(e) d'une douleur
   c. vous avez consulté votre docteur

☁ À VOUS L'ÉCOUTE

D'abord, étudiez le vocabulaire des listes suivantes. Ensuite, écoutez plusieurs fois les deux conversations du Chapitre 3. Essayez d'identifier les personnes qui parlent et les sujets de leurs conversations. Ensuite, essayez de répondre aux questions suivantes.

Vocabulaire	Questions	**DIALOGUE A**

épouvantable awful
les articulations *(f.)* joints
le boulot work
un arrêt de travail permission to be absent from work

1. Quel est le problème de la personne qui téléphone ?
2. Quels sont les symptômes de la malade ?
3. Qu'est-ce que le médecin lui conseille ?
4. Qu'est-ce que ce dialogue a de surprenant pour un(e) Américain(e) ?

		DIALOGUE B

tomber bien to come at the right moment
sourire to smile
virer to turn
sens interdit wrong way
une contusion black and blue mark
un casque helmet
un pansement bandage
rattraper to catch up
mettre les bouchées doubles *(fig.)* to work twice as hard

1. Racontez ce qui est arrivé à la jeune fille.
2. Quelle est la réaction du professeur qui écoute l'histoire ?
3. Que devra faire l'étudiante en sortant de l'hôpital ?

Malades de leur maître

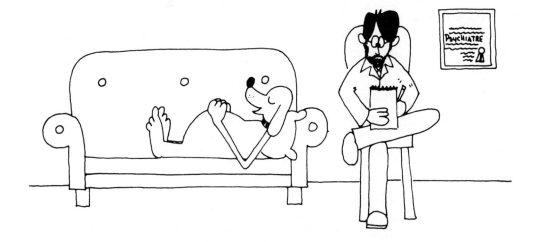

Les animaux aussi peuvent faire des troubles psychosomatiques. En Angleterre et aux États-Unis, il existe des cliniques de psychiatrie animale où l'on soigne ces troubles. En France, rien d'officiel, seulement quelques vétérinaires qui s'intéressent à la zoopsychiatrie. Si votre chien ou votre chat se dévore la *queue*, s'il perd tous ses poils, s'il tousse, s'il *devient aphone*, s'il fait de l'eczéma ou s'il s'oublie

tail

perd la voix

systématiquement sur la *commode* du salon, ces troubles peuvent très bien être d'origine psychosomatique. Votre animal a subi un choc émotif : adoption d'un autre animal, accident de voiture, *frayeur*, arrivée d'un bébé à la maison.

Les animaux trop aimés peuvent avoir besoin de zoopsychiatrie autant que les mal aimés. Trop caressés, trop *choyés*, ils peuvent devenir hystériques. À l'inverse, un animal qu'on laisse dans son coin peut *devenir neurasthénique*. On a *constaté* que les animaux de cirque sont rarement malades parce qu'ils travaillent. Les *scènes de ménage* terrorisent tous les animaux. Alors, pour garder un animal bien équilibré, ne vous disputez pas, ne mangez pas trop, ne le *chouchoutez* pas trop. En somme, soyez bien équilibré vous-même !

meuble à tiroirs

peur violente

gâtés
souffrir d'une grande tristesse
remarqué
disputes familiales
gâtez, choyez (fam.)

Extrait d'un article d'*Elle*.

QUESTIONS

1. Expliquez ce que veut dire un trouble psychosomatique.
2. Comment sait-on qu'un animal a un problème psychosomatique ?
3. Pourquoi les animaux de cirque sont-ils rarement malades ?
4. Quels sont les quelques conseils donnés pour bien soigner un animal ?

À VOUS LA PAROLE

1. Est-ce qu'on pourrait dire que les Anglais et les Américains soignent mieux les animaux que les Français ? Expliquez votre réponse.
2. Avez-vous jamais eu un animal qui avait des problèmes psychosomatiques ? Racontez.
3. Vous êtes zoopsychiatre. Essayez d'expliquer à un(e) client(e) que c'est lui (elle) qui a le problème psychiatrique et pas son animal.

RUBRIQUE

S.O.S. DROGUE

"Parlez-leur en...
... avant qu'elle
ne leur parle"

PARIS
Tél. 05 05 88 88

Je ne veux pas mourir d'un cancer

C'est décidé, je ne veux pas mourir d'un cancer. Organisé par nature, je me suis informé de ce qui pouvait me menacer. Et j'ai éliminé... Fini, bien sûr, le tabac ainsi que la marijuana *qui serait cancérigène*. Finies les pommes de terre car elles peuvent contenir du benzopyrène, substance hautement dangereuse. Finies aussi les *cacahuètes* qui contiennent de *l'aflatoxine*, les grillades au feu de bois

qui peut causer le cancer

peanuts / substance qui peut

qui équivalent à la fumée de 25 paquets de cigarettes. Fini le pain car s'il est *cuit* dans des *fours* mal réglés, il deviendra lui aussi cancérigène. Finis la confiture, les poissons et les *coquillages* dont la *nocivité* est bien connue. Finis donc, les salades, les choux-fleurs et les petits pois. Je suis parti à la campagne car l'air de nos villes contient des substances fortement cancérigènes. Mais je *surveille* la direction des vents car les explosions nucléaires *répandent* du strontium 90, un produit qui serait cause de cancer. Ma femme m'a quitté car le mariage est lui aussi devenu suspect. Des médecins américains *auraient* établi que les *religieuses* des États-Unis sont moins sujettes aux cancers du sein et de l'utérus.

J'ai pris toutes les précautions nécessaires : je ne mange plus, je ne bois plus, je ne fume plus, je ne respire plus, je *ne coîte plus*. Je peux mourir en paix, je n'aurai pas le cancer.

causer le cancer / du verbe *cuire*, la cuisine / ovens
mollusques / toxicité

observe attentivement
dispersent

supposedly have / **nonnes, sœurs**

ne fais plus l'amour

Extrait d'un éditorial d'*Elle* par Jacques Merlino.

QUESTIONS

1. Quel est le ton de cet article ? Quelle est l'attitude de l'auteur ?
2. De quoi se moque-t-il ?
3. Diriez-vous qu'il est pessimiste ? Ou optimiste ? Ni l'un ni l'autre ?
4. Quelles choses a-t-il éliminées pour ne pas mourir d'un cancer ?
5. Qu'est-ce qui lui reste dans la vie ?

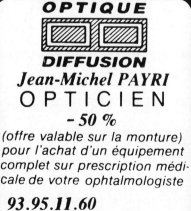

À VOUS LA PAROLE

1. Que feriez-vous pour éviter de mourir d'un cancer ?
2. Comme dit la sagesse populaire « Aujourd'hui il faut manger, boire et s'amuser parce que demain on mourra. » Êtes-vous d'accord avec cette idée ? Expliquez votre réponse.
3. Avec un(e) camarade de classe, imaginez une conversation entre une personne qui croit qu'il ne faut pas courir des risques pour vivre bien et l'autre qui croit à la sagesse « Qui ne risque rien, n'a rien. »

Et si demain la médecine créait plus de maux qu'elle n'en guérit ?

Le médecin paraît jouer le rôle de réparateur des *pannes* de cette « machine à produire » qu'est devenu l'homme. Mais de nos jours la médecine se trouve en pleine crise. Le médecin n'a plus la confiance absolue des malades. Son rôle de guérisseur est *remis en question, d'autant plus* que l'immense majorité des maladies et des morts d'aujourd'hui ne sont plus de son *ressort* et parmi celles qui le sont, une bonne part sont des *lésions* causées par *son exercice* même — la moitié des dépenses de santé ne sert qu'à retarder la mort de quelques semaines. | breakdowns / soumis à un nouvel examen / so much the more / compétence / blessures / ses soins

L'étude prospective montre que les innovations technologiques vont transformer radicalement l'activité médicale. Certaines fonctions aujourd'hui du ressort du médecin vont être remplies par des *biens de consommation* que chacun aura chez soi. Un exemple très simple c'est celui de la machine à laver qui est venue remplacer l'activité de la femme au foyer, *de même* les activités médicales seront remplacées par des biens de consommation. On aura chez soi des objets qui feront partie de la vie *quotidienne* de la famille et serviront à surveiller et contrôler la santé de chacun ; une série d'*appareils* spécifiques, de la *taille* d'un transistor, permettant de vérifier son état de santé. On n'ira plus voir le médecin qu'après avoir fait soi-même son diagnostic. | consumer goods / de la même façon / de tous les jours / objets, instruments / dimension

On *consommera* des organes artificiels comme on consomme une machine à laver. Un exemple assez fascinant se trouve dans le domaine de la contraception. D'ici quelques années on aura des sortes de pilules implantables, féminines puis masculines, à durée de vie de plusieurs années, avec un programmateur extérieur permettant d'en arrêter éventuellement le fonctionnement. | utilisera

Il y aura des manipulations génétiques : la possibilité de s'attaquer aux maladies héréditaires, au problème du choix du sexe d'un enfant, aux caractéristiques transmises héréditairement pour en arriver peu à peu au danger de produire des individus selon des modèles prévus à l'avance. Ce qui risque d'être la mort de la famille car cela détruirait la fonction de reproduction qui est actuellement celle de la famille. Et surtout le grand danger c'est qu'au-delà de ces *bienfaits*, on arrive à la normalisation de l'espèce humaine. Toute la logique de l'évolution *aboutira* à ce qu'au lieu de réparer l'homme en soignant ses maladies on essaiera de produire des hommes sans maladies. | blessings, benefits / arrivera

Si l'on prend l'exemple de l'alcoolisme, la bonne prévention serait de lutter contre les raisons qui amènent les gens à *se soûler*. La prévention consistera à produire un homme capable de boire sans risquer la cirrhose du foie. Et cet homme produit industriellement, qu'est-ce qui le distinguera des autres ? Il ne sera plus qu'un objet de consommation. | boire trop, s'enivrer

En voulant retarder la mort des hommes on provoquera la mort de l'Homme parce qu'à partir du moment où l'homme devient un objet industriel, il n'est plus vivant. Un objet n'est pas vivant, il est mort. Il faut chercher des moyens de profiter du progrès sans en courir les risques. L'évolution en médecine est inévitable. Il faut essayer de la comprendre et savoir s'arrêter dans la recherche de l'éternité.

Extrait d'un article de *Femme Pratique* par Catherine Melik.

CLINIQUE CLEMENTVILLE

Médecine - Chirurgie
Obstétrique - Radiologie
Physiothérapie

25, rue de Clémentville
34000 MONTPELLIER

Tél. **67** 92.85.54

 **QUESTIONS**

1. Pourquoi la médecine se trouve-t-elle en pleine crise ?
2. Pourquoi le rôle de guérisseur du médecin est-il soumis à un nouvel examen ?
3. Quelles seront les innovations technologiques qui transformeront la médecine dans le diagnostic d'une maladie ? Dans le domaine de la contraception ?
4. Quels seront les bienfaits des manipulations génétiques ? Et les dangers ?
5. En ce qui concerne l'alcoolisme, pourquoi l'auteur distingue-t-elle la prévention et la « bonne prévention » de cette maladie ?
6. Comment est-il possible de provoquer la mort de l'Homme en voulant retarder la mort des hommes ?
7. Quels sont les conseils de l'auteur en ce qui concerne l'évolution de la médecine ?

À VOUS LA PAROLE

1. Voudriez-vous choisir le sexe de votre enfant ? Expliquez vos raisons.
2. Croyez-vous que l'homme devienne un objet industriel ? Expliquez votre « oui » ou « non ».
3. Est-ce que la médecine va créer plus de maux qu'elle n'en guérit ? Expliquez votre réponse.
4. Quel doit être, en médecine, l'équilibre entre la prévention des maladies et la guérison des maladies ?
5. Commentez le proverbe : « Mieux vaut prévenir que guérir ».

Les Français et leur médecin

Regardez les questions posées dans un *sondage* réalisé pour savoir comment les Français *se comportaient* avec les médecins et ce qu'ils attendaient d'eux. Répondez vous-même à ces questions et après avoir noté les réponses de toute la classe, comparez-les avec celles des Français que vous trouverez à la page 59.

recherche des opinions d'une population / se conduisaient

1. Parmi les professions suivantes, pouvez-vous citer celle qui vous paraît personnellement la plus prestigieuse ? Et en second ?

notaire	_____	*député*	_____
patron d'usine	_____	général	_____
médecin	_____	aucune	_____
ingénieur en électronique	_____	sans opinion	_____
prêtre	_____		

   officier ministériel qui écrit des contrats / représentant élu, membre de l'Assemblée nationale

2. *Actuellement,* le prix de la visite à domicile d'un médecin généraliste est de 110 à 150 F[1] selon les régions. Si vous le comparez au prix de la vie, et en particulier aux *tarifs* de services comparables, diriez-vous que c'est

   en ce moment

   prix

plutôt élevé	_____
plutôt bon marché	_____
comme il faut	_____
sans opinion	_____

3. Le tarif de la visite chez un médecin spécialiste est environ 250 à 350 F. À ce sujet, avec laquelle des deux opinions suivantes seriez-vous le plus d'accord ?

   Quand on pense à toutes les années d'études qu'il faut faire et à la _____ responsabilité du travail, c'est tout à fait normal.

   C'est quand même trop cher *par rapport* au prix d'un médecin géné- _____ raliste.

   en comparant

   sans opinion _____

4. Imaginons que vous soyez malade. Vous téléphonez à votre médecin pour qu'il vienne chez vous. On vous répond qu'il est absent et qu'en son absence, il est

---

[1] Un dollar américain vaut à peu près six francs français.

remplacé par un de ses confrères qui est une femme. Est-ce que vous appelez quand même son remplaçant ?

oui _____
non _____
sans opinion _____

5. Imaginons que vous soyez malade et que vous alliez chez votre médecin qui a diagnostiqué quelque chose de sérieux et vous prescrit un traitement très long. Est-ce que

    vous faites confiance à votre médecin et suivez son avis ? _____
    vous allez voir un autre médecin pour vous faire confirmer le diagnostic ? _____
    sans opinion _____

6. Imaginons toujours que vous soyez malade et que vous alliez chez votre médecin qui a diagnostiqué quelque chose de sérieux et vous prescrit une opération. Est-ce que

    vous faites confiance à votre médecin et suivez son avis ? _____
    vous allez voir un autre médecin pour vous faire confirmer le diagnostic ? _____
    sans opinion _____

7. En Angleterre, la médecine est nationalisée, c'est-à-dire que les médecins sont des *fonctionnaires* salariés de l'État et chaque malade doit s'adresser à un médecin du quartier dont il dépend. En *contrepartie*, les consultations sont *gratuites*. Seriez-vous favorable à ce que le même système soit établi en France ? [Pour votre propre réponse, substituez « aux États-Unis ».]

    employés du gouvernement
    compensation
    non-payantes

    favorable _____
    opposé _____
    sans opinion _____

    Extrait d'un article d'*Elle*.

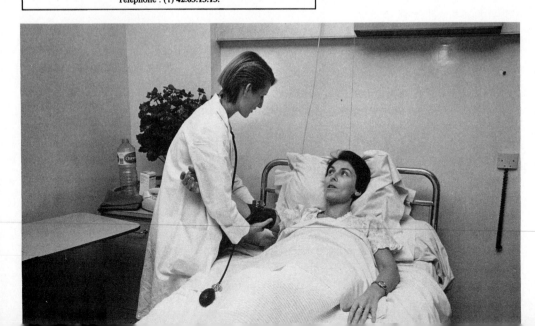

RÉSULTATS DU SONDAGE EN FRANCE

Question 1 : La profession la plus prestigieuse ?

	% en premier	% en premier ou en second
notaire	4	12
patron	8	20
médecin	47	67
ingénieur	14	36
prêtre	4	12
député	8	19
général	7	15
aucune	4	5
sans opinion	4	6
	100%	192%[1]

Question 2 : Le prix de la visite à domicile

plutôt élevé	52
plutôt bon marché	2
comme il faut	42
sans opinion	4
	100%

Question 3 : Le tarif de la visite chez le médecin spécialiste

c'est tout à fait normal	34
c'est trop cher	61
sans opinion	5
	100%

Question 4 : Appeler un remplaçant qui est femme-médecin

oui	95
non	4
sans opinion	1
	100%

Question 5 : Un traitement très long a été prescrit

suivez son avis	63
voir un autre médecin	35
sans opinion	2
	100%

Question 6 : Une opération a été prescrite

suivez son avis	48
voir un autre médecin	48
sans opinion	4
	100%

Question 7 : La médecine nationalisée pour la France ?

favorable	54
opposé	38
sans opinion	8
	100%

[1] Le total des pourcentages est supérieur à 100%, les personnages interrogés ayant pu donner deux réponses.

QUESTIONS

1. En France, quelles sont les professions les plus prestigieuses ? Et aux États-Unis ?
2. Combien coûte une visite à domicile d'un médecin généraliste en France ? Et d'un médecin spécialiste ? Croyez-vous que les visites à domicile en France coûtent cher ? Que pensent les Français du prix des visites à domicile ?
3. Est-ce que le sexe d'un médecin a beaucoup d'importance pour les Français ? Expliquez votre réponse.
4. Comparez les réponses aux questions 5 et 6 du sondage. Pouvez-vous deviner l'opinion des Français sur les opérations ?

À VOUS LA PAROLE

1. Est-ce qu'il arrive que les médecins américains fassent des visites à domicile ? Quelle était la dernière fois qu'un médecin a fait une visite chez vous ?
2. Croyez-vous que les médecins gagnent trop d'argent ? Pourquoi (pourquoi pas) ?
3. Si votre médecin vous prescrivait une opération, pourquoi iriez-vous voir un autre médecin ? Est-ce que cela signifierait que vous n'avez pas confiance en votre médecin ?

4. Croyez-vous que les Français estiment moins leurs médecins que les Américains ? Expliquez votre réponse.
5. Essayez d'expliquer les différences parmi les réponses françaises au sondage et les réponses de votre classe.

SUJETS DE DISCUSSIONS

(pour ou contre)

1. Les animaux n'ont pas le même droit aux soins médicaux que les êtres humains.
2. **a.** Il faut vivre sa vie sans prendre de précautions.
   b. À quoi bon une vie menée sans précautions de santé ?
3. Il faut se servir de n'importe qui et de n'importe quel moyen pour guérir d'une maladie.
4. La médecine moderne crée des maux au lieu d'en guérir.
5. Pour améliorer le service médical de notre pays, la médecine américaine doit être nationalisée.
6. Essayez de persuader votre professeur ou un(e) camarade de classe de ne pas fumer (de continuer à fumer).
7. Persuadez un(e) camarade de classe de faire (de ne pas faire) des études de médecine.
8. Le progrès en recherches médicales est inhumain.

4

La Beauté
et la mode

L'ESSENTIEL

Au salon de coiffure

la cliente	prendre rendez-vous (avec)	le coiffeur, la coiffeuse
	demander	un shampooing un shampooing-colorant une mise en plis
	se faire faire	un mini-vague une permanente une coupe
	donner	un pourboire (au coiffeur)

le coiffeur	laver	les cheveux *(m. pl.)*
	rincer	épais / clairsemés
	teindre	frisés / ondulés
	peigner	bouclés / raides
	brosser	emmêlés
	crêper	la perruque
	faire	une coupe
		courte / longue
le (la) manucure	faire	la manucure
	mettre	le vernis

Vocabulaire supplémentaire

le séchoir   les bigoudis *(m. pl.)*   la brosse   le peigne
les rouleaux *(m. pl.)*

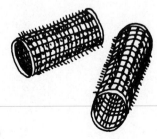

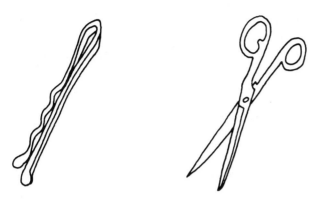

l'épingle à cheveux *(f.)*   les ciseaux *(m. pl.)*

À l'institut de beauté

la cliente	avoir	le teint
		clair / bronzé
		pâle / coloré
	avoir besoin (de)	un nettoyage de peau
	se faire faire	un traitement
		un maquillage
	se maquiller	

l'esthéticienne	se spécialiser (dans)	les soins *(m. pl.)* du visage, de la peau le massage
	mettre appliquer	le maquillage, le fard
	épiler	les sourcils *(m. pl.)*
	atténuer	les rides *(f. pl.)*
	camoufler	la cicatrice

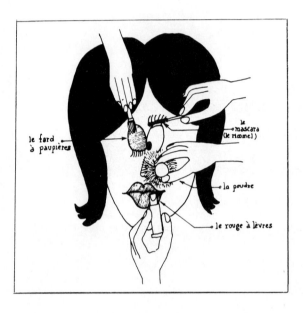

Chez le coiffeur

le coiffeur	couper
	raccourcir
		les mèches *(f. pl.)*
		les cheveux
		   sur la nuque
		   devant
		   sur les côtés
		   sur le haut de la tête

	faire	la raie
		   à droite / à gauche
		   au milieu

	rafraîchir	la moustache la barbe les pattes *(f. pl.)*
	raser	le client
	masser	le cuir chevelu

Vocabulaire supplémentaire

le coup de peigne

se faire raser

la crème à raser, le savon,
  la mousse

la tondeuse

le rasoir (électrique / mécanique / de
  sécurité)

la lame de rasoir

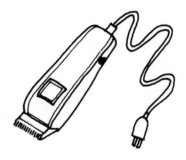

I. Posez des questions en ramplaçant les mots en italique par une expression interrogative.

> **Modèle :** La coiffeuse parlait *avec la cliente.*
> **Avec qui la coiffeuse parlait-elle ?**

1. Le client a payé *le coiffeur.*
2. Il y a trop de dames *chez l'esthéticienne.*
3. Je ne voulais pas *de fard à paupières.*
4. Mlle Michaud ne donne jamais de pourboire *à sa coiffeuse.*
5. Elle préfère *les cheveux raides.*
6. Mais lui, au contraire, préfère les cheveux *frisés.*
7. La coiffeuse a crêpé *soigneusement* la perruque.

II.

1. Qu'est-ce qu'il faut faire avant de faire une mise en plis ?
2. De quoi a-t-on besoin pour se maquiller ? Pour faire une coupe ? Un shampooing ? Une manucure ?

III. Choisissez l'un des personnages suivants. En employant le vocabulaire de l'Essentiel, décrivez-le et puis imaginez autant de choses possibles que vous pourriez faire pour le rendre plus beau.

Institut de Beauté centella

PROMOTION -50 %

Sur rendez-vous uniquement :

EPILATION - A LA CIRE FROIDE

Jambes complètes	~~70 F~~	**35 F**
Demi jambes	~~45 F~~	**23 F**
Maillot	~~30 F~~	**15 F**
Aisselles	~~30 F~~	**15 F**
Sourcils	~~20 F~~	**10 F**
Lèvre supérieure	~~20 F~~	**10 F**

SOINS VISAGE - 100 % PLANTES

Mini soin Eclat	~~25 F~~	**gratuit**
Soin Hydratant	~~110 F~~	**55 F**
Soin anti-rides	~~150 F~~	**75 F**
Soin rougeurs	~~120 F~~	**60 F**

SOINS CORPS - 100 % PLANTES

Buste en cure Préventif 6 séances = 3 semaines	~~850 F~~	**425 F**
Curatif 12 séances = 6 semaines	~~1460 F~~	**725 F**
Entretien buste	~~160 F~~	**80 F**
Ligne cellulite en cure 12 séances = 4 semaines	~~1400 F~~	**700 F**
Massages relaxation, la séance	~~200 F~~	**100 F**
Jambes lourdes, en cure 5 séances = 5 semaines	~~500 F~~	**250 F**
Manucurie	~~60 F~~	**30 F**
Maquillage	~~50 F~~	**25 F**
Teinture des cils	~~40 F~~	**20 F**
Décoloration duvet	~~30 F~~	**15 F**

856, rue d'Alco - 34100 MONTPELLIER
Téléphone : 67.40.42.22

Dans une boutique (un magasin, un grand magasin)

— Vous désirez, Monsieur (Madame, Mademoiselle) ?

— Pourriez-vous me montrer _____ ?

— Quelle est votre taille?[1] (Quelle taille vous faut-il ?) Permettez-moi de prendre vos mesures.

le client, la cliente	faire	des courses *(f. pl.)*
	essayer mettre porter	un vêtement les habits *(m. pl.)*
le vêtement	aller bien / mal (à) convenir bien / mal (à)	la personne
	être	long / court étroit / large d'une couleur (un ton) foncée / claire
	se vendre	en solde (f.) au rabais

Printemps : comme un garçon.

AU PRINTEMPS
DANS LE VENT !
Misez sur ce tailleur coquin par son bermuda à revers accompagné de son long blazer grain de caviar en laine et viscose. Les lectrices de *Madame Figaro* **bénéficieront d'une réduction de 10 % sur cet ensemble (1 350 F au lieu de 1 540 F), du 20 au 26 février, et sur présentation de l'article. Espace Création, 1er étage du Printemps de la Mode.**

CAPEL met l'homme fort à son aise

L'homme le plus long s'habille chez CAPEL

CAPEL prêt-à-porter hommes grands hommes forts
- 74, boulevard de Sébastopol Paris 3e
- 26, boulevard Malesherbes Paris 8e
- Centre Com. Maine-Montparnasse Paris 15e
- 13, rue de la République, 69001 Lyon
- 27, rue du Dôme, 67000 Strasbourg

CAPEL habille en long comme en large

CAPEL prêt-à-porter hommes grands hommes forts
- 74, boulevard de Sébastopol Paris 3e
- 26, boulevard Malesherbes Paris 8e
- Centre Com. Maine-Montparnasse Paris 15e
- 13, rue de la République, 69001 Lyon
- 27, rue du Dôme; 67000 Strasbourg

Vocabulaire supplémentaire

chez un couturier	sur mesure
la haute couture	d'occasion
mettre en vente	confectionner, fabriquer une robe
prêt-à-porter	

[1] Pour les tailles voir p. 224.

Vêtements d'homme

Vêtements pour les femmes

Vêtements « unisexe »

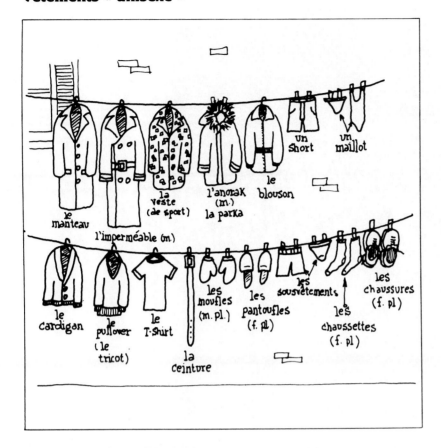

I. Décrivez les habits portés par...

1. un joueur de football *(soccer)*
2. un skieur
3. un boxeur
4. un joueur de tennis
5. un professeur
6. un médecin
7. une infirmière
8. un(e) étudiant(e) le jour d'un examen
9. une personne très conformiste
10. votre professeur
11. un(e) camarade de classe

II. Choisissez plusieurs articles de ces pages de catalogue. Commentez le prix de chaque article et expliquez pourquoi vous voudriez l'acheter.

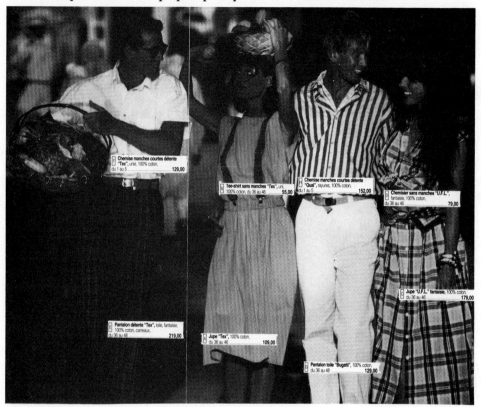

Chemise manches courtes détente "Tex", unie, 100% coton, du 1 au 5   129,00

Tee-shirt sans manches "Tex", uni, 100% coton, du 36 au 46   55,00

Chemise manches courtes détente "Qual", rayures, 100% coton, du 1 au 5   152,00

Chemisier sans manches "U.F.L.", fantaisie, 100% coton, du 36 au 46   79,00

Jupe "U.F.L." fantaisie, 100% coton, du 36 au 46   179,00

Pantalon détente "Tex", toile, fantaisie, 100% coton, carreaux, du 36 au 48   219,00

Jupe "Tex", 100% coton, du 36 au 46   109,00

Pantalon toile "Bugatti", 100% coton, du 36 au 48   129,00

EXERCICES

I.

1. Quelle est la différence entre « rafraîchir les cheveux » et « couper les cheveux » ?
2. À quoi sert
   a. un séchoir ?   c. les ciseaux ?
   b. un rasoir ?   d. les bigoudis ?
3. Dans quoi se spécialise une esthéticienne ?
4. Décrivez vos cheveux ; ceux de votre professeur ; de votre voisin(e).
5. Imaginez que vous expliquez à votre coiffeur comment couper vos cheveux : que diriez-vous ?
6. Pourquoi un homme (une femme) va-t-il (-elle) chez le coiffeur ?
7. Expliquez pourquoi vous allez souvent (vous allez rarement) chez un coiffeur.
8. Que pensez-vous d'un homme qui porte une barbe ? Une moustache ?

II. Répondez aux questions en employant les choix donnés dans l'exemple ou en ajoutant une réponse originale.

Exemple :   Comment choisissez-vous les habits que vous portez chaque jour ?

Cela dépend   a. de mon humeur quand je me lève

b. du temps que j'ai pour m'habiller avant de partir

c. de ce que je vais faire ce jour-là

d. de la personne avec qui je sors

e. de l'endroit où je vais ce jour-là

1. Est-ce qu'il faut beaucoup de temps pour confectionner un vêtement ?
2. Achetez-vous des vêtements d'occasion ?
3. Quelle sorte d'habits portez-vous pour une soirée ? Pour une interview ?
4. Faites-vous très attention à votre apparence personnelle ?
5. Est-ce que vos parents aiment les habits que vous portez ?
6. Croyez-vous que les apparences extérieures soient importantes ?
7. Est-ce que vous essayez de mettre chaque jour des vêtements différents ?
8. Pour qui est-ce que vous vous habillez ?

III.

1. Décrivez les vêtements que vous portez en ce moment et dites pourquoi vous les avez mis aujourd'hui.
2. Décrivez votre coiffure. Comment la changeriez-vous ?

IV. Expliquez ce que vous feriez pour résoudre ces problèmes.

1. Vous êtes invité(e) à une surprise-partie et vous n'avez rien à mettre.
2. Vos parents veulent que vous vous fassiez faire une coupe parce que ça fait déjà six mois que vous laissez pousser vos cheveux.
3. Danielle vient de se faire couper les cheveux très courts — mais avant d'avoir découvert que son fiancé les préfère longs.
4. Vous êtes allé(e) chez le coiffeur pour vous faire teindre les cheveux et êtes sorti(e) avec les cheveux violets.

V. Imaginez que vous êtes le client dans cette conversation.

Client :
Coiffeur : Vous les voulez très courts ?
Client :
Coiffeur : De quel côté préférez-vous la raie ?
Client :
Coiffeur : N'ayez pas peur. Notre service est excellent. Voulez-vous que je vous rase le cou ?
Client :
Coiffeur : *(quelques minutes après)* Voilà, monsieur. Voudriez-vous vous regarder dans le miroir ? Est-ce que votre cravate était rouge quand vous vous êtes assis ?
Client :
Coiffeur : Oh, zut alors ! Je regrette infiniment ! Je vous ai un peu coupé la gorge !

VI.

1. Essayez de formuler votre propre conversation entre un(e) coiffeur (-euse) et son (sa) client(e).
2. Essayez de formuler votre propre conversation avec un(e) vendeur (-euse) dans un magasin. Employez les expressions appropriées de l'Appendice A pour exprimer vos réactions.

À VOUS L'ÉCOUTE

D'abord, étudiez les listes de vocabulaire. Puis, écoutez plusieurs fois les deux conversations du Chapitre 4. Essayez d'identifier les personnes qui parlent et les sujets de leurs conversations. Ensuite, essayez de répondre aux questions suivantes.

Vocabulaire	Questions	**DIALOGUE A**
une habituée a regular	1. Qu'est-ce qui est arrivé à Solange ?	
rater *(fam.)* to wreck, to mess up	2. Qu'est-ce que Danielle lui conseille ?	
un caniche poodle	3. Qu'est-ce que Solange aime et n'aime	
moche *(fam.)* ugly	pas chez son esthéticienne ?	
ne t'en fais pas don't worry		
avoir le chic to have the knack		
un singe savant a circus monkey		
blaguer *(fam.)* to gossip, chatter		
le fond de teint makeup base		
une couche layer		

		DIALOGUE B
Ça y est. That's it.	1. Racontez ce qui est arrivé à la dame.	
roux-carotte carrot red	2. Comment le coiffeur a-t-il réagi ?	
navré sorry		

		DIALOGUE C
filer *(fam.)* to leave	1. Pourquoi la mère proteste-t-elle ?	
BCBG bon chic, bon genre yuppie look	2. Que pensez-vous des explications de sa fille ?	
chiper to steal	3. Quelle riposte utilise la fille pour	
râler to complain	désarmer sa mère ?	

Les Cheveux et la politique

Les cheveux longs reviennent. Aux dernières collections hommes, certains mannequins *arboraient* des chevelures *démesurées*, en chignon ou queue de cheval, *gonflées* parfois par des *postiches*. La publicité en fait un symbole pour les vêtements et les produits de beauté. Et dans les boîtes de nuit de Paris se développe chez les jeunes snob tout un style romantique ou ultra, avec longues vestes, bijoux et cheveux longs.

porter d'une façon apparente / très longues / rendues plus grosses / perruques

Surprenant, ce retour des cheveux longs ! Il y a un an encore, le court régnait *sans partage*. Les coupes étaient uniformément *nettes*. Et toute mèche au-delà de l'oreille ou de la nuque faisait « sale », « vieux hippie » — réminiscence d'une époque que l'on cherchait, à tout prix, à oublier.

sans mélange / neat

Le court était né dans les années 1978–1980, avec le movement punk et le grand retournement de mentalités qu'il traduisait. Comme les habits *déstructurés*, les cheveux longs semblaient l'indice d'un « laisser-aller » qui n'était plus *de mise*. Angéliques, les hippies affirmaient aimer tout le monde. Adolescents nés dans un univers en décadence, les punks *revendiquaient* le cynisme et l'individualisme le plus *farouche*. Et, contre la ligne *souple*, colorée et optimiste des années 70, *prônaient* le retour de l'angle droit et du noir et blanc. Une esthétique de crise.

vêtements qui ne vont pas ensemble
de mode

se réclamaient de
le plus dur / naturelle
recommandaient

Est-ce à dire que l'on revienne à ces mentalités des années 60 ? Rien n'est moins sûr. Propre, raffiné, inventif, le cheveu long semble d'abord exprimer chez l'homme une volonté d'élégance et de *parure*, qui confine même parfois au dandysme. Il y a vingt ans on se laissait pousser les cheveux par refus d'une société *sclérosée*. Le cheveu long se voulait négligé. Aujourd'hui, il est *soigné*. Et participe d'une société où la recherche de l'apparence est devenue primordiale.

embellissement

figée, rigide / propre, net et élégant

Rien de plus construit, en effet, que ce nouveau négligé. Les hippies se laissaient pousser les cheveux par naturel. Les nouveaux élégants en font un attribut de sophistication.

Revendication d'individualité, à quoi s'ajoute, peut-être, une évolution plus intime et plus décisive. Dans les milieux artistiques, le cheveu long se combine ainsi avec la réapparition d'attitudes marginales. Simple question de dynamisme de la mode ? Les années 80 se voulaient *entreprenantes* et positives. L'argent, à nouveau chic, *scellait* les finançailles du business et de l'art. Et, la gauche au pouvoir, il était de bon ton d'affecter une apparence de droite. Mais, aujourd'hui, alors que les équilibres semblent se modifier, le ton change. Le snobisme consistant toujours à se poser en s'opposant, il y a *même fort à parier* que l'on va voir resurgir le négligé et la bohème.

enterprising
fixait, unissait

Il y a beaucoup de chance pour

Tiré d'un article de Patrice Bollon de *l'Express*.

QUESTIONS

1. De quelle façon la mode a-t-elle changé en ce qui concerne les coiffures masculines ?
2. Pourquoi, il y a peu de temps encore, préférait-on les coupes courtes ?
3. Quelles différences d'attitude y avait-il entre les punks et les hippies ?
4. Pour quelles raisons apprécie-t-on les cheveux longs à présent ?
5. Expliquez la phrase « Le snobisme consiste à se poser en s'opposant. »

À VOUS LA PAROLE

1. Expliquez ce que vous faites chaque matin pour vous préparer et améliorer votre apparence.
2. Pensez-vous que l'esthétique joue un rôle important dans vos rapports avec les autres ?
3. Comment expliqueriez-vous à quelqu'un que la mode vous sert à exprimer votre personnalité et vos opinions ?

Qu'est-ce qu'elle a ma gueule ?

visage, tête (argot)

Fini le temps de la beauté parfaite. Les mannequins doivent avoir une âme. Et surtout une « *tronche* » !
visage, tête (argot)

Il a un grand nez légèrement planté de travers, des oreilles *décollées en pavillons*, et une étrange bouche courte et *lippue*. Pourtant, son physique a fait de lui une presque star. Qui plus est, dans un secteur que l'on croyait jusqu'à présent réservé aux seuls play-boys, éternellement bronzés, avec traits fins et réguliers de rigueur : la publicité.
la partie extérieure de l'oreille est très proéminente / dont la lèvre inférieure avance

 Christophe Salengro, 32 ans et 1,95 mètre, est l'une des nouvelles « tronches » de la pub. On l'a vu en « victime » des fast foods, et aussi en chauffeur de bus. Sans compter une bonne douzaine d'*affiches*.
posters

 La laideur, ferait-elle *désormais* vendre ? Le paradoxe est *tentant*, mais peut-être pas si juste que cela. De fait, ce que recherche la publicité, ce n'est pas tant la laideur ou l'originalité que des physiques personnalités.
dès maintenant / tempting

 La pub travaille dans le « *ciblé* ». Et les têtes bizarres s'accordent parfaitement avec sa nouvelle esthétique, qui consiste à vendre des produits sans en avoir l'air, en racontant des histoires ou en proposant des images *insolites*. Les agences de mannequins préfèrent des physiques moins parfaits mais expressifs à des beautés pures mais mortes. Fini le temps des mannequins à la beauté parfaite. On joue sur une identification plus proche et on leur demande, à cet effet, d'avoir une *âme* et de pouvoir le montrer.
pour toucher des publics précis
inhabituelles
soul

 Une évolution qui traduit la recherche d'images plus intelligentes et la fin des modèles idéaux de beauté auxquels chacun doit se conformer. Comme si *cheminait* une sorte de redéfinition de la beauté, *liée* non plus à des modèles extérieurs, mais au caractère et à une grâce intérieure. « La laideur », remarque un des mannequins, « naît de ce que l'on ne s'accepte pas. Ce qui n'est pas notre cas, puisque nous posons. » *Avis* aux laids : le regard des autres vaut toutes les *chirurgies* esthétiques. Et le premier pas vers la beauté est l'acceptation de sa laideur.
s'avançait
rattachée
conseil
opérations

Tiré d'un article de Patrice Bollon de *l'Express.*

 **QUESTIONS**

1. Pourquoi dit-on dans ce texte que Christophe Salengro est laid ?
2. Que recherche la publicité aujourd'hui ? Pourquoi ?
3. En quoi consiste cette « redéfinition de la beauté » ?
4. Expliquez la dernière phrase du texte.

À VOUS LA PAROLE

1. Que pensez-vous de cette évolution de l'idée de la beauté ? Est-ce une bonne chose ? Expliquez votre réponse.
2. Une vieille plaisanterie française dit « Il vaut mieux être jeune, beau, riche et bien portant que vieux, laid, pauvre et malade ». Que pensez-vous d'une telle affirmation ? Expliquez votre réponse.
3. Quelles sont les influences de la publicité sur vos manières d'agir et de vous vêtir ?

Tristan et les soldes

Le commerce a réussi à nous imposer entre les saisons des intersaisons dites « des soldes », ayant aujourd'hui toutes les apparences de phénomènes naturels.

Suivant les stratégies publicitaires, les soldes se présentent différemment. Certains *boutiquiers* couvrent de blanc les glaces de leurs vitrines et donnent ainsi à penser que derrière cette vitrine opaque *se traitent* des affaires si sensationnelles que tous les passants ne sauraient en *supporter* la vue !

personne qui tient un petit
commerce *(péjoratif)* / **se
négocient**
tolérer

D'autres, au moyen de *panneaux*, donnent les prix normaux barrés de rouge et à côte les prix soldes : « Super-soldes », « Hyper-soldes », « *Coup de balai général* », « Liquidation totale ». Cela pourrait faire croire aux naïfs que le marchand, désireux de *se débarrasser* de sa marchandise leur donnera celle-ci pour rien.

Tout observateur peut remarquer que la marchandise qu'on voit en période de soldes dans les vitrines ne retiendrait pas l'attention en temps ordinaire. On se demande même comment tel « habilleur »[1] des beaux quartiers peut *détenir* de pareils vestons et d'aussi curieux pantalons en *fibranne* imitation tweed...

C'est à croire qu'il existe quelque part en France des *fabriques* de vêtements, de chaussures et d'objets de soldes. On imagine des stylistes pervers, forçant leur talent pour réaliser des modèles spécialement laids *afin de* fournir aux « soldeurs » des stocks à bon marché, qu'ils vendront juste un peu moins cher que la meilleure qualité.

Mais l'important en période de soldes, c'est d'acheter. On ne choisit pas la marchandise, on choisit le prix sans toujours faire les comparaisons desquelles il apparaît souvent que le bon marché coûte cher !

Ainsi ai-je rencontré, les bras chargés de paquets, mon ami Tristan, un bon jeune homme très soigné de sa personne qui passe une demi-heure chaque matin à choisir sa cravate :

« Je viens, m'a-t-il dit, de faire les soldes de chez Boboli. J'ai trouvé un petit pull cachemire pour 500 francs. Bien sûr, il est gris et je l'aurais préféré bleu ; il a un *décolleté en pointe* et je l'aurais mieux aimé à *col roulé* et il aurait été plus *sobre* évidemment sans cette petite poche de poitrine où l'on ne peut rien mettre. Mais enfin, quelle affaire, hein, moitié prix, mon vieux ! Et je pourrai le mettre en week-end, dès que j'aurai maigri un peu, parce qu'il ne restait que du 40 et que je porte habituellement du 44 ! »

Extrait d'un article du *Monde* par Maurice Denuzière.

Glossary (margin notes):
large signs
clearance
se libérer
garder en sa possession
textile artificiel
usines
pour
v-neck / turtleneck
simple

QUESTIONS

1. Que veut dire « acheter en solde » ?
2. D'après l'auteur, comment les soldes se présentent-ils en France ?
3. Comment la marchandise en période de soldes diffère-t-elle de la marchandise en temps ordinaire ?
4. Racontez l'histoire de Tristan.
5. Pourquoi Tristan est-il content de ce qu'il a acheté ?
6. Pourquoi l'auteur a-t-il raconté l'histoire de Tristan ?

À VOUS LA PAROLE

1. Quelles sont les stratégies employées par les commerçants américains en période de soldes ?
2. Pourquoi peut-on se faire duper en achetant pendant une période de soldes ?
3. « Nous sommes tous des « pigeons » quand il s'agit des soldes, et les commerçants en profitent. » Êtes-vous d'accord avec l'idée exprimée dans cette phrase ? Expliquez.
4. Quelle est la meilleure affaire que vous ayez jamais faite en achetant quelque chose en solde ?

---

[1] Qui vend des habits, chez qui les gens chics viennent acheter leurs vêtements.

En jeans au bureau ?

Y aurait-il aujourd'hui un problème du vêtement au *sein* des entreprises ? Les *cadres* masculins en auraient-ils assez de porter un « *déguisement* » de bureau ? Y a-t-il ailleurs des limites à la liberté dans ce domaine — par discipline imposée ou par autocensure ? Irons-nous tous, un jour, en jeans au bureau ?

   Pour en savoir plus, j'ai délibérément amené la conversation sur le sujet vêtement avec tous les cadres que je rencontrais. Voici les réactions les plus significatives.

YVES D. (30 ans, *adjoint* du directeur des relations publiques d'une industrie lourde)
« Personne ne m'a jamais parlé de cette question, ni donné de règles à suivre. Mais il y a l'ambiance, un climat. Je veux dire que si une réunion importante avait lieu, mon patron hésiterait sans doute à m'y faire participer si je venais sans cravate. Il penserait qu'un collaborateur sans cravate ne peut pas être pris absolument au sérieux, qu'il n'est pas vraiment à l'image de la maison.

   « De plus, je suis déjà relativement jeune dans un milieu nettement plus âgé, alors la rigueur dans la *tenue* vous aide à *faire le poids*. Dans les affaires, en France, j'ai compris que l'habit faisait encore le moine.[1] Mettez un costume sombre, vous serez considéré. »

PIERRE-JEAN S. (38 ans, *P.D.G.* d'une *maison d'édition*)

« Mes cadres venir au bureau en jeans ? Ce n'est sûrement pas pour demain, même si je leur disais : « Venez dans la tenue qui vous plaît. » Ils ont trop l'impression d'être jugés sur les apparences. Même chez les jeunes ils veulent donner l'image d'*outils efficaces* et commencent par le vêtement.

   « Changer de peau n'est pas si facile d'ailleurs. Cet été, j'avais une réunion importante avec des *syndicalistes* de mon entreprise. Il faisait chaud, je m'étais mis en *décontracté*, manches de chemises, *col* ouvert. Quand mes interlocuteurs sont arrivés, ils étaient tous en costume sombre et cravate. »

[1] Clothes make the man ; literally, the habit makes the monk.

Marginal glosses:

cœur

membres de direction ou de contrôle dans une entreprise / habit qui masque l'apparence

assistant

vêtements / être en mesure de remplir un rôle

Président, Directeur Général / entreprise commerciale de publication

instruments qui produisent l'effet attendu

représentants des syndicats
casual clothes (*fam.*) / collar

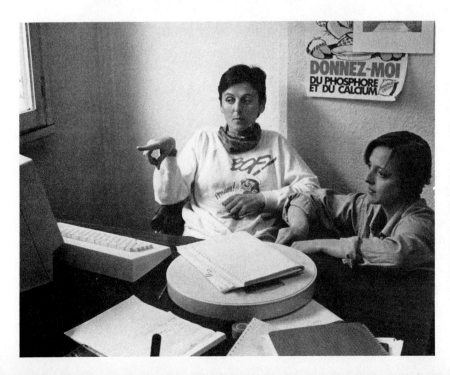

CHRISTOPHE V. (29 ans, chef de produit dans une agence de publicité)

« Pourquoi me parlez-vous du vêtement ? Parce que je vous étonne avec mes vieux jeans, ma chemise qui vient des *puces* et mon gilet de *cuir* ?

    flea market / leather

« Je sais bien que ma tenue *agace* pas mal de gens dans cette maison. On voudrait que je porte un costume, que je ressemble aux autres, que je cesse de faire désordre, d'être l'anomalie de la maison. Mais comme mon salaire ne me permet pas de m'habiller chez Saint-Laurent, je me trouve plus confortable en jeans.

    irrite, énerve

« Des inconvénients, il y en a c'est sûr. Pendant près de trois ans, le patron m'a pris pour un *coursier*, et mon chef direct a hésité à *me confier* certains budgets, dans la mode et les produits de beauté, par exemple. L'autre jour je devais défendre une campagne importante devant le *conseil de direction* d'une grande firme automobile, tous habillés en P.D.G. comme il faut. Ils ont été étonnés pendant cinq minutes et lorsqu'on a attaqué le *fond* de la discussion, tout le monde a oublié mes jeans, n'a fait attention qu'à mes arguments. »

    qui fait des courses pour une entreprise / laisser à mes soins
    groupe chargé de l'administration d'une entreprise
    essentiel

Extrait d'un article de *Réalités* par Édouard Debray.

QUESTIONS

1. Qu'est-ce que c'est qu'un cadre ?
2. Comment imaginez-vous l'apparence d'Yves D. à son bureau ? Pourquoi s'habille-t-il comme ça ?
3. Quels sont les sentiments du P.D.G. Pierre-Jean ? Quel rapport son attitude a-t-elle avec l'opinion du jeune adjoint du directeur ?
4. Comment expliqueriez-vous la différence d'habit des représentants des ouvriers et du P.D.G. à cette réunion ?
5. Décrivez la tenue de Christophe V. Comparez la sienne avec celle d'Yves D.
6. Quels inconvénients Christophe a-t-il rencontrés à cause de ses vêtements au bureau ?

À VOUS LA PAROLE

1. « La plupart des hommes (femmes) que je connais font attention à la manière dont ils (elles) s'habillent. » En ce qui concerne les gens que vous connaissez, est-ce vrai ? Quelle sorte de vêtements est-ce qu'ils portent d'habitude ?
2. Pensez-vous que les vêtements soient un moyen très important pour exprimer la personnalité ? Expliquez votre réponse.
3. Est-ce que vous attachez une grande importance aux habits ? Pourquoi ou pourquoi pas ?
4. Si vous travailliez dans une entreprise (dans une usine, à un bureau de l'université), comment vous habilleriez-vous ?

La Beautécratie

« Mieux vaut être beau et *bien portant* que *moche* et malade », disait depuis longtemps la *sagesse* populaire.

en bonne santé / laid (*fam.*)
proverbe

La discrimination esthétique commence dès l'*école maternelle*. Interrogés par deux chercheurs de l'université sur ceux de leurs camarades qu'ils préféraient, les enfants de toute une classe donnèrent, à une *écrasante* majorité, les plus hauts *indices* de popularité à ceux qui étaient jugés les plus beaux par les adultes.

preschool

énorme (*fig.*)
marques

Tout au long des études, les notes obtenues, l'appréciation du professeur sont, selon les chercheurs, largement fonction du *physique*. Pour le vérifier, ils firent remettre à quatre cents enseignants un même *livret scolaire*, *assorti* de photos différentes, en leur demandant un pronostic sur l'évolution du propriétaire. Son visage était beau ? Dans l'ensemble, les professeurs montrèrent un *Q.I.* très honorable, d'excellentes relations avec ses camarades, ils le virent *soutenu* par ses parents et se sortant bientôt de la médiocrité. On *tenta* la même *expérience* avec un devoir écrit. À qualité égale, la copie accompagnée de la photo la plus *séduisante* obtenait la meilleure note.

apparence
report card / **accompagné**

quotient d'intelligence /
aidé
essaya / experiment

charmante

On ne peut même se consoler en se disant que les goûts varient : chargés de classer par ordre de préférence douze photos de femmes, quatre mille lecteurs d'un grand journal de province donnèrent des réponses pratiquement identiques. Que cela nous plaise ou non, nous vivons dans une « beautécratie ».

Extrait d'un article du *Nouvel Observateur* par Catherine Dreyfus.

QUESTIONS

1. Comment a-t-on été jugé le plus populaire dans cette école maternelle ?
2. Quelle sorte de pronostic a été donné par les professeurs ?
3. Dans les jugements sur d'autres personnes, quel rôle le goût joue-t-il ?
4. Que veut dire le terme « beautécratie » ?
5. En quoi consiste la discrimination esthétique ?

À VOUS LA PAROLE

1. « Mieux vaut être beau et bien portant que moche et malade. » Quelle est votre interprétation de cette sagesse populaire ? Y a-t-il de la vérité là-dedans ?
2. Que pensez-vous des expériences des chercheurs ?
3. Expliquez votre idéal de la beauté masculine et féminine.
4. Croyez-vous que la discrimination esthétique existe dans nos écoles ? À cette université ? Expliquez vos réponses.

SUJETS DE DISCUSSIONS

1. Essayez de convaincre un ami de se farder.
2. Défendez ou critiquez l'idée « À vie d'hommes réactions d'hommes ».
3. Il peut arriver que les gens d'une génération réagissent fortement quand il s'agit des habits portés par une autre génération. Mentionnez les choses qu'ils peuvent désapprouver et donnez des exemples de ce qu'ils peuvent en dire.
4. Pour réussir dans la vie, il faut avoir un physique séduisant. (pour ou contre)
5. Il n'y a que les filles qui sont jugées sur leur physique. (d'accord ou pas d'accord)
6. Il est toujours vrai que l'habit fait le moine. (pour ou contre)
7. Imposer des règles pour s'habiller, c'est contre la liberté personnelle. (pour ou contre)

Le Voyage et les moyens de transport

L'ESSENTIEL

Dans la rue

un piéton, une piétonne	descendre	la rue
	monter	la chaussée
	traverser	la route
	se promener (sur)	le boulevard
	marcher (sur)	
	flâner (sur)	
	chercher	l'adresse *(f.)*
	demander	le chemin
	indiquer	
	perdre	
	se perdre, s'égarer	

Dans une voiture

le conducteur, la conductrice	aller	en voiture
	rouler	
	passer	le permis de conduire
	prendre	une assurance
	démarrer	la voiture
	conduire	
	accélérer / ralentir	

le conducteur, la conductrice	freiner garer, stationner	la voiture
	dépasser, doubler rattraper	une autre voiture un camion
	déraper klaxonner	
	prendre	un auto-stoppeur
	avoir	un accident une panne une crevaison
l'agent (m.) de police, le flic (fam.) le gendarme	donner dresser	la contravention
le C.R.S.[1]	diriger	la circulation, le trafic
	s'occuper (de)	l'embouteillage (m.)

Vocabulaire supplémentaire

le trottoir
le tableau de bord
le réservoir
le compteur
le pneu crevé

le volant
la pompe à essence
la station-service
faire le plein
la voie à sens unique

---

[1] Un agent de police = le policier municipal ; un gendarme dépend de l'armée et du ministère de la Défense ; un C.R.S. = membre de la Compagnie républicaine de sécurité, qui dépend du ministère de l'Intérieur.

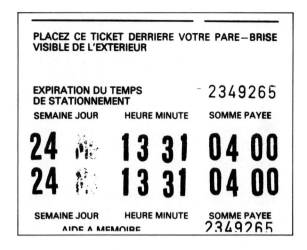

PLACEZ CE TICKET DERRIERE VOTRE PARE-BRISE
VISIBLE DE L'EXTERIEUR

EXPIRATION DU TEMPS
DE STATIONNEMENT   ‾ 2349265
SEMAINE JOUR   HEURE MINUTE   SOMME PAYEE

24   13 31   04 00
24   13 31   04 00

SEMAINE JOUR   HEURE MINUTE   SOMME PAYEE
AIDE A MEMOIRE   2349265

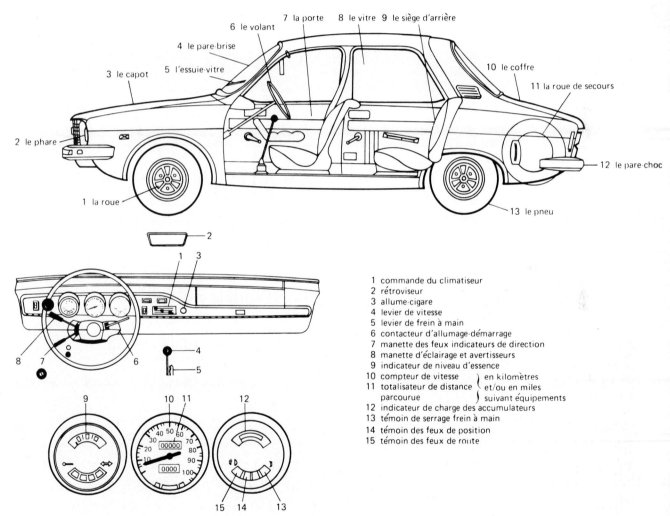

7 la porte 8 le vitre 9 le siège d'arrière
6 le volant
4 le pare-brise   10 le coffre
3 le capot   5 l'essuie-vitre   11 la roue de secours
2 le phare   12 le pare-choc
1 la roue   13 le pneu

1 commande du climatiseur
2 rétroviseur
3 allume-cigare
4 levier de vitesse
5 levier de frein à main
6 contacteur d'allumage-démarrage
7 manette des feux indicateurs de direction
8 manette d'éclairage et avertisseurs
9 indicateur de niveau d'essence
10 compteur de vitesse   } en kilomètres
11 totalisateur de distance   } et/ou en miles
   parcourue   } suivant équipements
12 indicateur de charge des accumulateurs
13 témoin de serrage frein à main
14 témoin des feux de position
15 témoin des feux de route

I.

1. Que fait un piéton ?
2. À quoi un trottoir sert-il ?
3. À qui demandez-vous votre chemin si vous vous égarez ?
4. Qui donne des contraventions ? En avez-vous jamais reçu une ? Pourquoi ?
5. Vous êtes conducteur(-trice). Décrivez ce que vous faites du moment où vous démarrez jusqu'à l'heure où vous arrivez à votre destination.
6. Qu'est-ce qu'une crevaison ? En avez-vous jamais subi une ?
7. Pourquoi a-t-on besoin d'un permis de conduire ? Et d'une assurance ?

8. Qu'est-ce qu'il faut faire pour obtenir un permis de conduire aux États-Unis ?

9. Pourquoi un conducteur double-t-il une autre voiture ?

10. Décrivez une voiture que vous voudriez acheter.

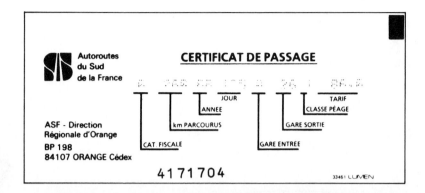

Les panneaux de la route (la vitesse maximum ; un excès de vitesse)

N'Oubliez Pas D'Attacher Votre Ceinture

SPEED LIMIT	END OF SPEED LIMIT	NO U TURNS	NO RIGHT TURN	NO LEFT TURN	NO WAITING	NO STOPPING
LIMITE DE VITESSE	FIN DE LIMITATION DE VITESSE	DEMI TOUR INTERDIT	DÉFENSE DE TOURNER À DROITE	DÉFENSE DE TOURNER À GAUCHE	DÉFENSE DE STATIONNER	DÉFENSE DE S'ARRÊTER

NO OVERTAKING	PRIORITY TO ONCOMING TRAFFIC	CYCLES ONLY	LORRIES PROHIBITED	VEHICLES PROHIBITED	COMPULSORY DIRECTION	NO ENTRY
INTERDICTION DE DEPASSER	PRIORITÉ SENS CONTRAIRE	PISTE CYCLABLE	INTERDIT AUX CAMIONS	INTERDIT AUX VÉHICULES MOTORISÉS	DIRECTION OBLIGATOIRE	ACCÈS INTERDIT

Dans le train

le voyageur, la voyageuse	prendre	le train
	acheter, prendre payer confirmer annuler	un billet (simple) de première classe de seconde classe un aller-retour un aller simple un retour
	faire	une réservation (à l'avance)
	louer	une couchette
	retenir, réserver	une place
	changer (de)	train
	monter (dans) descendre (de) manquer	le train (le wagon) l'express *(m.)* le rapide, le T.G.V.[1] l'omnibus *(m.)*

Dans un avion

l'avion *(m.)* à réaction, le jet *(fam.)*	décoller (de) atterrir (sur)	la piste le terrain d'atterrissage
un passager, une passagère	aller	en avion
	faire enregistrer faire peser	les bagages *(m. pl.)*

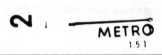

Carte Inter-Rail

Faites le grand tour ! Avec la Carte Inter-Rail, si vous avez moins de 26 ans, pour 1380 F*, vous voyagez autant que vous le voulez en 2e classe pendant un mois, dans plus de 20 pays étrangers. Et vous avez 50% de réduction en 2e classe sur toutes les lignes de la SNCF.

Et avec la Carte Inter-Rail + Bateau, pour 1680 F*, en plus de ces avantages vous bénéficiez également de traversées gratuites sur les lignes de certaines compagnies maritimes (dont Brindisi - Patras).

Ces cartes sont disponibles dans toutes les gares et agences de voyages. Il suffit d'une photo et d'une pièce d'identité.

La grande évasion !

[1] Train à grande vitesse.

un passager, une passagère	attendre (dans)	la salle d'attente
	embarquer, monter à bord (de)	l'avion
	attacher / détacher	la ceinture de sécurité

Vocabulaire supplémentaire

la compagnie aérienne
le vol (direct)
l'hôtesse (f.) de l'air

le steward
le pilote, le co-pilote

```
 X    X    X         TEE   X    X                          36  | 32 | 33 |      34  | 31  |     X
 6 45  7 45  9 25 10 05 13 20  14 30 17 00   PARIS-Gare de Lyon   6c12 | 6 26  6 44  7 45  8 24  8 27 13 30
 9 04 10 09 11 46 12 26 15 39 16 52 19 21   DIJON                     3 19  3 34  4 29  5 24  5 27 11 07
10 33 11 45 13 31 14 00 17 07 18 40 20 51   LYON-Perrache        1 10  1 16  1 29      3 21  3 31  9 26
11 30 12 45 14 43 15 01 18 02 17 40 21 49   VALENCE                           0 17                  8 22
12 29 13 47 15 55 16 04 19 00 20 39 22 55   AVIGNON              22 51 22 54 23 03 23 56                  7 12
13 30 14 50 17 02 17 06 19 59 21 43  0 10   MARSEILLE            21 42 21 39 22 35 22 35 23 30 23 53  6 00
             16 05 18 08 17 54 20 49 22 35   TOULON               20 50 20 45 20 18      22 48 23 06
             18 07 20 18 19 55 22 25  0 12   NICE                 18 41 18 24          20 45 21 15

TEE           X  31  32    33    34    35                        TEE   X    X    X    X    TEE   X
17 37  20 42 20 45 21 46 22 21 22 30 22S7   PARIS-Gare de Lyon   13 44 16 51 18 58 19 39 21 50 22 16 23 35
       23 47 23 50       1 34  1 43  2 25   DIJON                      14 24 16 33 15 37 17 46 18 30 21 13
21 20        1 48  2 43  3 37       4 15   LYON-Perrache          9 58 12 50 15 01 15 37 17 46 18 30 19 46
22 15                                       VALENCE                9 03 11 44 14 01 14 22 16 35 16 53 18 51
23 13        5 03  5 58  6 10  6 30         AVIGNON                8 07 10 42 13 00 13 13 15 45 16 35 18 53
 0 13   5 15  5h32  6 20  7 25  7 45  7 48   MARSEILLE              7 10  9 37 12 00 12 03 14 41 15 35 16 54
        6 10  6 15  7 21  8 34        8 40   TOULON                      8 48 11 09 10 57 13 48 14 49
        8 07  8 20  9 40             10 31   NICE                        7 10  9 10  8 55 12 05 13 15

(a)  Toulon 15 h 36, Nice 17 h 20 certains jours          (c)  Paris Nord
(b)  Marseille Blancarde


 6 00   6 20   8 00   9 08  10 53  13 44  15 17   MARSEILLE    6 58 | 7 43  8 46  9 28  11 50 13 10  14 31 | TEE
 6 44   7 11   8 40  10 06  11 33  14 25  16 05   TOULON       6 01  6 54  8 06  8 48  11 09 12 22  13 54
 8 36   9 13  10 31         13 37  16 14  18 07   NICE★              6 15  7 10  9 10  10 20 12 19

 X    TEE                    TEE                             TEE
17 14  17 54  18 30  19 25  20 11  21 57  0 18   MARSEILLE   15 28 19 05 20 15 22 19 22 53 23 26  0 29
17 54  18 31  19 18  20 05  20 49  22 35  1 14   TOULON      14 49 18 23 19 36 21 39 22 04 22 43 23 49
19 55  20 00         22 10  22 25  0 12          NICE        13 15 16 20 18 00 19 34 20 05 20 30 21 54
```

VOYAGEZ SANS FATIGUE AVEC VOTRE AUTO
UTILISEZ LES TRAINS AUTOS COUCHETTES

La douane

le touriste, la touriste	se présenter (à)	la douane
	passer (à)	
	montrer	le passeport
		le visa
		la carte d'identité
	déclarer	les achats (m. pl.)
	payer	des droits (m. pl.)
le douanier	fouiller	les valises (f. pl.)
	confisquer	la contrebande (à qqn)

I.

1. Pour faire un voyage par le train (ou en avion), qu'est-ce qu'il faut faire ?
2. Qu'est-ce qu'un billet aller-retour ?
3. Pourquoi loue-t-on une couchette ?
4. Quelle est la différence entre un train rapide et un train omnibus ?
5. Regardez l'horaire du train. À quelles heures les trains partent-ils pour Lyon ? Ça prend combien de temps pour aller de Paris à Lyon ?
6. Pourquoi faut-il peser les bagages pour un voyage en avion ?
7. À quoi une ceinture de sécurité sert-elle ?
8. Quels documents doit-on présenter à la douane ?
9. Pourquoi un douanier fouille-t-il les valises ?
10. En quoi la contrebande consiste-t-elle ?

II. Imaginez des réponses convenables aux questions suivantes. Puis, refaites vos réponses en vous servant de l'expression **aussitôt que.**

> **Exemples :** Qu'est-ce que vous avez fait après avoir demandé des renseignements ?
>
> **Après avoir demandé des renseignements, j'ai payé mon billet. Aussitôt que j'avais demandé des renseignements, j'ai payé mon billet.**

Qu'est-ce que vous avez fait...

1. après avoir fait la valise ?
2. après avoir fait enregistrer les bagages ?
3. après avoir cherché la salle d'attente ?
4. après avoir atterri à Nice ?
5. après avoir montré votre passeport au douanier ?
6. après être passé(e) à la douane ?
7. après avoir pris un aller simple ?

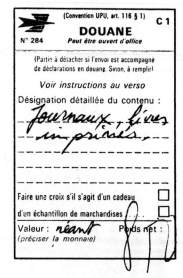

EXERCICES

I. Expliquez la différence entre les mots suivants et puis employez-les dans des phrases originales.

1. un conducteur et un voyageur
2. le trottoir et la chaussée
3. un avion et un avion à réaction
4. démarrer et dépasser
5. la circulation et l'embouteillage
6. un billet de première classe et un billet de seconde classe
7. une panne et un accident

II.

1. Quel est votre moyen de transport préféré ? Expliquez votre réponse.
2. Quand vous allez en vacances, quel moyen de transport employez-vous (ou préférez-vous employer) ?
3. Que pensez-vous du système des transports publics où vous habitez en ce moment ? Est-il bien développé, bon marché, efficace, etc. ?
4. Quels sont les avantages d'une petite voiture ? Est-elle facile à conduire, économique, etc. ? Quels sont les désavantages d'une petite voiture ?
5. Si une voiture roule devant vous à la même vitesse (ou plus vite encore), vous croyez-vous obligé de la doubler ? Expliquez.
6. Décrivez votre voiture. Est-ce qu'on peut dire qui vous êtes à cause de la voiture que vous possédez ? Expliquez.

III. Regardez les photos des deux types de voitures à la page 88. Laquelle préférez-vous et pourquoi ? Discutez le style, le confort, le prix, la valeur, etc.

IV. Avec un(e) camarade de classe, imaginez une conversation entre

1. un conducteur ou une conductrice et un agent de police
2. un douanier et un voyageur ou une voyageuse
3. un(e) Américain(e) et un(e) Français(e) qui partagent une couchette

V. À vous les proverbes

En employant le vocabulaire de l'Essentiel et les proverbes 12 à 17 dans l'Appendice C (page 239) inventez une histoire ou une conversation par écrit pour la présenter à vos camarades de classe.

À VOUS L'ÉCOUTE

D'abord, étudiez les listes de vocabulaire. Puis, écoutez plusieurs fois les trois conversations du Chapitre 5. Essayez d'identifier les personnes qui parlent et les sujets de leurs conversations. Ensuite, essayez de répondre aux questions suivantes.

Vocabulaire	Questions	DIALOGUE A

une carte eurorail Eurail pass

se tromper to make a mistake

1. Que demande le contrôleur ?
2. Quelles erreurs certains des voyageurs ont-ils faites ?
3. Quelle suggestion le contrôleur fait-il à l'étudiant ?

Sens d'introduction de la carte dans le lecteur automatique.

Votre lettre d'appel dans la salle d'embarquement.

Caractéristiques du vol.

1 Vous embarquez à l'appel de la lettre figurant sur votre carte.

2 Vous introduisez votre carte dans le lecteur automatique (une seule carte à la fois). Merci de respecter le sens d'introduction et de ne pas plier la carte.

3 Vous récupérez votre carte à sa sortie du lecteur automatique.

4 A bord, vous présentez votre carte au Personnel Navigant Commercial et vous la conservez pendant tout le voyage.

DIALOGUE B

1. Décrivez étape par étape ce qu'un passager doit faire quand il débarque en France.
2. Quelles sont les marchandises soumises au contrôle ? Est-ce différent aux États-Unis ?

---

le motard   motorcycle cop
se rattraper sur   to have revenge on

DIALOGUE C

1. Pourquoi la dame a-t-elle été arrêtée par le gendarme ?
2. Quelles sont les réactions des deux motards ?
3. Comment s'est-elle sortie de cette situation ?

Accident au cours de l'examen du permis de conduire

Le 10 février, une jeune fille de vingt ans subissait l'examen du permis de conduire *à bord de* la voiture de son moniteur. L'inspecteur examinateur, qui était à son côté, avait eu la mauvaise idée de *déposer*, sur le tableau de bord, le volumineux dossier contenant les *fiches* de tous les candidats du jour. Au démarrage, après un stop, le dossier glissa et tomba sur les genoux de la jeune candidate qui *lâcha* la pédale ! La voiture alla s'écraser contre un mur.

Le moniteur, estimant que la faute initiale *incombait* à l'examinateur, demanda réparation au ministère de l'Équipement qui mit quatre mois pour lui répondre. Le moniteur déposa une *requête* au tribunal administratif de Poitiers pour réclamer la somme de 5 598 F, *montant* des réparations effectuées sur la voiture. Le tribunal a admis l'entière responsabilité de l'examinateur, qui n'avait pas à déposer le dossier sur le tableau de bord. La chute était bien à l'origine de l'accident.

Sur les circonstances mêmes de l'accident, le tribunal estime, en plus, que l'examinateur, qui *disposait* de la *double commande*, aurait pu stopper la voiture avant le choc, *alors qu'*il admet l'inexpérience de la candidate. L'État est condamné à payer les *dégâts*. L'élève a tout de même obtenu le permis avec le même examinateur, mais au cours d'un autre examen.

Extrait d'un article du Figaro.

(marges de droite)

dans
mettre
cards
laissa échapper

appartenait

demande par écrit
prix total

avait à sa disposition / dual controls
pendant qu'
détériorations, dommages

 QUESTIONS

1.   Décrivez ce qui s'est passé pendant l'examen du permis de conduire de cette jeune fille.
2.   Pourquoi le moniteur a-t-il demandé réparation ?
3.   Qu'est-ce que le tribunal de Poitiers a décidé ?
4.   Selon le tribunal, qu'est-ce que l'examinateur aurait pu faire ?
5.   La jeune fille, a-t-elle eu son permis de conduire ?

 À VOUS LA PAROLE

1.   Si vous aviez été la fille, quels sentiments auriez-vous éprouvés au cours du deuxième examen ? Expliquez votre réponse.
2.   Décrivez votre examen du permis de conduire.
3.   Décrivez un accident dont vous avez été témoin.

Pour prendre l'habitude de bien conduire

Pour vous aider à prendre l'habitude de bien conduire, il suffit de vous poser souvent les six questions suivantes.

1. Suis-je en forme ?
2. Ma voiture est-elle en bon état ?
3. Est-ce que je roule à la vitesse convenable ?
4. Est-ce que je suis bien placé(e) sur la chaussée ?
5. Est-ce que je ne risque pas d'être surpris(e) par un autre conducteur, ou un piéton ?
6. Est-ce que je ne risque pas de surprendre un piéton ou un autre conducteur ?

En prenant l'habitude de bien conduire, vous diminuerez les risques d'accident et vous profiterez mieux de tous les avantages et du plaisir qu'une voiture peut vous offrir.

Par contre, si vous ne conduisez pas bien, vous risquez la suspension de votre permis de conduire. Il faut connaître les principaux cas de suspension du permis de conduire. Votre permis peut être retiré

1. si vous roulez à gauche sans raison sur une *chaussée à double sens* — two-way street
2. si vous *franchissez* une ligne blanche (ou jaune) infranchissable — **traversez**
3. si vous changez de direction sans précaution et sans avertir avec le *clignotant* — turn signal
4. si vous roulez à une vitesse excessive ou supérieure aux limites obligatoires
5. si vous dépassez sans précaution
6. si vous accélérez quand vous êtes dépassé(e)
7. si vous vous arrêtez ou stationnez de façon dangereuse
8. si vous ne marquez pas l'arrêt au « stop » ou si vous ne vous arrêtez pas au *feu rouge* — stoplight
9. si vous ne cédez pas le passage à un conducteur prioritaire[1]
10. si vous refusez de vous arrêter quand un gendarme ou un agent le demande

[1] En France, on laisse la priorité aux conducteurs qui viennent de la droite dans un carrefour.

11. si vous ne vous arrêtez pas après un accident
12. si vous conduisez avec une alcoolémie[2] trop élevée

Si vous faites de votre mieux pour tenir compte de ces six questions et aussi des douze cas de suspension du permis de conduire, vous allez prendre les habitudes qui font le vrai bon conducteur.

Adapté du Permis de conduire et du Code de la route (1974).

QUESTIONS

1. Expliquez ce que veut dire une voiture en bon état.
2. Quels sont les cas de suspension du permis de conduire en France ?
3. Qu'est-ce que c'est que l'alcoolémie ?
4. Pourquoi est-il important de bien conduire ?
5. Comment peut-on être surpris par un autre conducteur ? Par un piéton ?
6. Quels sont les habitudes qui font le bon conducteur ?

À VOUS LA PAROLE

1. À votre avis, qu'est-ce qu'il faut faire pour être bon conducteur ?
2. À votre avis, qu'est-ce qu'une vitesse excessive ? Est-il nécessaire de contrôler la vitesse ?
3. Pourquoi un conducteur refuserait-il de s'arrêter si un agent de police le lui demandait ?
4. En voyageant, vous avez perdu le contrôle de votre voiture à cause du mauvais état de la chaussée. En fait, ce qui est arrivé c'est que _____.
5. Une jeune fille a entrepris un voyage pour aller de Caroline du nord en Floride (d'Oregon en Californie ; du Minnesota au Texas) sans avoir fait réviser sa voiture et _____.
6. Comment pourrait-on persuader un(e) ami(e) qui a trop bu de ne pas conduire ?

[2] L'analyse du sang permet de savoir exactement combien le sang contient d'alcool. Le nombre de grammes d'alcool pur contenus dans 1000 grammes de sang est appelé le **taux d'alcoolémie.**

La Vitesse, c'est dépasser

En cette année, un *fléau* va tuer au moins treize mille hommes, femmes et enfants dans notre pays, peut-être *davantage*. Il frappera *en outre* quelque trois cent cinquante mille personnes, dont cinquante mille resteront handicapées pour le reste de leurs jours. Il s'agit des accidents de la route que la belle saison et les vacances remettent à l'ordre du jour.

Faut-il *accuser la fatalité ?* Certainement pas. Les moyens de réduire le nombre des morts et des blessés de moitié au moins existent. Il est clair que le remède principal concerne la limitation de vitesse.

Toutes les statistiques produites montrent d'une part que la limitation de la vitesse *entraîne* une diminution quasi proportionnelle du nombre et de la gravité

catastrophe

plus / de plus

attribuer la responsabilité au destin

a pour conséquence

des accidents. Si l'on considère que l'excès de vitesse est responsable directement d'un accident sur quatre, et les fautes de conduite d'un sur deux, *force est* d'admettre que l'inattention, l'erreur d'évaluation, le mauvais réflexe (et toute autre forme de déficience du conducteur) *comportent* des conséquences d'autant moins graves que le véhicule roule moins vite. À la limite, la vitesse peut être aussi rendue responsable, sinon de trois accidents sur quatre, du moins de près de trois morts sur quatre.

    Ce sont des conclusions exprimées dans un rapport fait pour le Conseil économique, qui n'ont pas été reprises dans l'avis du Conseil malgré l'*appui* des *syndicats ouvriers* et des associations familiales. La Sécurité Routière continuera donc de *clamer* dans le désert son slogan — « La vitesse, *c'est dépassé* » — si provocateur, si extraordinairement maladroit d'ailleurs dans sa formulation qu'il *confine* au sabotage pur et simple : *si l'on n'a pas trop d'orthographe*, on lit évidemment : « La vitesse, c'est dépasser », et qui, sur la route, n'a pas plus envie de dépasser que d'être dépassé ?

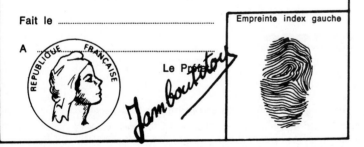

CARTE NATIONALE D'IDENTITÉ
DE CHAUFFARD

NOM ....

Prénom ....

Domicile ....

....

SIGNES PARTICULIERS

— Fournisseur attitré des hôpitaux municipaux.
— Est la terreur des piétons de son quartier.
— Confond les feux verts et les feux rouges.
— Prend les agents de police pour des lapins de garenne.
— A quelques troubles de circulation.
— Confond code de la route et jeu de loto.

Fait le ....

A ....

Le P............

Empreinte index gauche

QUESTIONS

1. De quel fléau parle-t-on dans cet article ?
2. Pourquoi est-ce qu'on ne peut pas attribuer la responsabilité de ce fléau au destin ?
3. À quoi la limitation de vitesse sert-elle ?

4. Quel rapport existe entre la vitesse et le nombre des accidents ? Et le nombre des morts ?
5. Que veut dire l'expression « clamer dans le désert » ?
6. Quel est le slogan de la Sécurité Routière ? Que veut dire ce slogan ?
7. Comment les gens peuvent-ils interpréter ce slogan ? Pourquoi ?

À VOUS LA PAROLE

1. Dépasser ou être dépassé — que préférez-vous ? Expliquez votre réponse.
2. Croyez-vous que la vitesse soit dépassée ? Expliquez.
3. À votre avis, quel devrait être le slogan de la Sécurité Routière ?

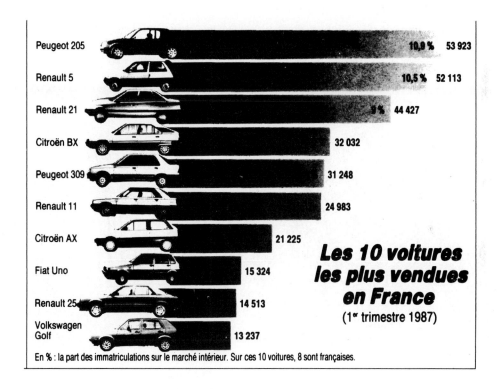

Peugeot 205	10,9 %	53 923
Renault 5	10,5 %	52 113
Renault 21	9 %	44 427
Citroën BX		32 032
Peugeot 309		31 248
Renault 11		24 983
Citroën AX		21 225
Fiat Uno		15 324
Renault 25		14 513
Volkswagen Golf		13 237

Les 10 voitures les plus vendues en France
(1er trimestre 1987)

En % : la part des immatriculations sur le marché intérieur. Sur ces 10 voitures, 8 sont françaises.

La Course Paris–Lyon–Paris

Trois journalistes ont essayé de faire le meilleur temps possible pour un voyage aller et retour Paris–Lyon en se servant de trois modes de transport. Voilà les résultats de cette *course*.

race

En train

7 h 10 : Cinq minutes de marche dans le matin froid pour atteindre la station de métro Georges-V. Je réussis à prendre mon train, gare de Lyon.

7 h 45 : Les premiers tours de roue. Bien *calée* dans un compartiment de 1ère, j'ai devant moi la perspective de quatre heures de voyage. Je vais au wagon-restaurant prendre un petit déjeuner qui constituera, avec un arrêt de deux minutes en gare de Dijon, le seul *fait marquant* de mon voyage.

11 h 45 : Entrée en gare de Lyon. Le temps de sauter dans un taxi et je débarque à 12 heures exactement au *12 de la rue Malesherbes*. Durée de l'aller Paris-Lyon : 4 h 50.

15 h 30 : Fin du déjeuner. Un taxi me mène à la gare, où j'attrape *de justesse* le train de...

15 h 43 : Le rapide venant de Grenoble me reconduit, en 512 *km*, à mon point de départ. Voyage monotone. Quelques cigarettes fumées dans le couloir *font office* de récréation.

20 h 10 : Arrivée en gare de Lyon avec dix minutes de retard sur l'horaire prévu. Les lenteurs du *piétinement* parisien me font perdre dix minutes avant d'atteindre le métro.

20 h 20 : Encore neuf minutes de patience avant son passage, et me voici enfin, à 20 h 44 à Georges-V.

20 h 50 : Je suis à *L'Express*. Le retour m'aura coûté 5 h 20. Temps total : 10 h 10.

installée (fam.)

épisode mémorable

bureau de L'Express à Lyon

avec très peu de marge

km = ⅝ mile
servent

de la foule qui marche lentement

En voiture

8 h 30 : Départ de *L'Express*. Circulation assez fluide puisque vingt et une minutes suffisent pour parcourir les 14 km qui nous séparent de l'autoroute du Sud, où voitures et camions roulent *pare-chocs contre pare-chocs*.

10 h 30 : Premier véritable arrêt à 2 km du *péage* de Pouilly-en-Auxois. Dix minutes pour refaire le plein d'essence et boire une tasse de café. Vingt francs remis au *guichetier* pour poursuivre la route. Malgré la réapparition des feux rouges, l'entrée à Lyon se fait dans de bonnes conditions.

12 h 35 : Arrivée devant le 12 de la rue Malesherbes. Il y a une place pour stationner. Le compteur marque 476 km. Parcours en 4 h 5.

15 h 48 : Après le déjeuner, je reprends la route. La sortie de Lyon *s'effectue* sans problèmes.

17 h 30 : Après avoir consacré cinq minutes au remplissage du réservoir, j'*avale* les kilomètres avec une régularité de métronome. Mais, à partir de Fontainebleau, la circulation se fait progressivement plus dense. Elle me permet cependant de *rallier L'Express* à 19 h 43, soit en trois heures cinquante-cinq minutes. Temps total : 8 h pour 952 km, soit une moyenne de 119 km-h.

bumper to bumper

toll booth

personne qui reçoit la taxe de l'autoroute

s'accomplit, est faite

cover (*fig.*)

regagner, arriver à

LIAISONS PARIS ←→ AÉROGARES

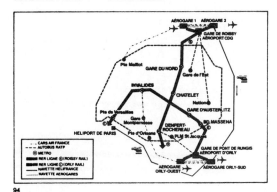

94

En avion

10 heures : C'est le départ. J'extrais ma voiture du parking de l'immeuble de *L'Express*. Dix longues minutes à suivre un dialogue entre bus mal engagé et camion de *livraison* mal garé. — delivery

10 h 40 : *Orly* en vue. Où se garer ? Je parcours les deux *sous-sols* du *P 1 : tout est complet*. En surface, plusieurs automobilistes tournent, eux aussi, en vain. Au troisième tour, un monsieur compatissant finit par me céder la place qu'il allait occuper. — un des trois aéroports de Paris / underground levels / Parking Lot No. 1 / pas de places

Le temps de traverser l'aéroport et d'*escalader* la *passerelle* du Boeing 707 d'Air France, il est 11 heures. — monter / boarding ramp

11 h 15 : Nous décollons. Voyage bref consacré à une bataille avec les pages d'un *quotidien* difficile à *manier* dans l'espace réservé au voyageur. — journal qui paraît chaque jour / manipuler

12 h 10 : Nous atterrissons à Lyon-Bron. Taxi et, vingt minutes après (un record : il faut quelquefois plus d'une heure entre l'aéroport et Lyon), je suis au rendez-vous.

15 h 30 : Taxi et départ pour Bron. Une dizaine de personnes *piétinent* en liste d'attente. La Caravelle d'*Air Inter* est pleine. — attendent impatiemment / compagnie aérienne française

17 h 30 : Orly. J'ai laissé la voiture sous un lampadaire, mais lequel ? En un quart d'heure de recherches, je n'ai jamais tant vu de Fiat 500 ni de *réverbères*. Traversée de Paris difficile : tous les bureaux de Montparnasse semblent *se vider* en même temps. — lampadaires / perdre leur contenu de gens

18 h 40 : *Je m'engouffre* dans le garage de *L'Express*. Temps total : 5 h 50. — j'entre rapidement *(fig.)*

Extrait d'un article de *L'Express*.

 QUESTIONS

1. Combien de temps le voyage Paris–Lyon (et Paris–Lyon–Paris) prend-il par le train ? En voiture ? En avion ?
2. Quels autres modes de transport fallait-il employer ? Pour quelles raisons ?
3. Décrivez l'aspect le moins plaisant de chaque voyage.
4. Qu'est-ce qu'un guichetier ? Un wagon-restaurant ?
5. Le voyage de Paris à Lyon (427 km) par le T.G.V. prend deux heures. Quelles seraient les modifications d'heure dans le déroulement du voyage par le T.G.V. ?
6. Lequel de ces trois voyages était le plus commode ? Le plus tranquille ? Le plus énervant ?

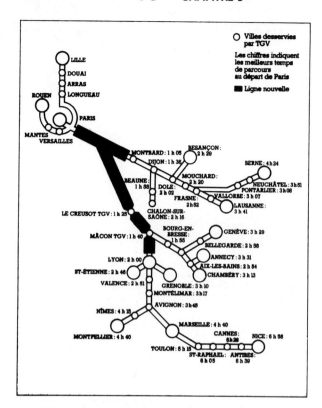

ATTENTION
Dans les TGV, la réservation
est obligatoire.

○ Villes desservies
par TGV

Les chiffres indiquent
les meilleurs temps
de parcours
au départ de Paris

■ Ligne nouvelle

🐚 À VOUS LA PAROLE

1. À votre avis, quel est le moyen de transport le plus efficace ? Expliquez votre réponse.
2. S'il vous fallait faire un voyage Paris–Lyon–Paris, quel moyen de transport employeriez-vous ? Donnez les raisons de votre choix.
3. Croyez-vous que la course Paris–Lyon–Paris ait prouvé quelque chose ?
4. Quels sont les avantages et les désavantages de voyager en voiture ? Par le train ? En avion ? En auto-stop ?

SUJETS DE DISCUSSIONS

1. Comment considérez-vous la voiture ? (comme un objet utile ; essentiel ; indispensable ; un objet de luxe ?) Expliquez votre réponse.
2. Croyez-vous que les Américains gaspillent *(waste)* l'essence ? Expliquez votre réponse en donnant des détails précis.
3. « La voiture permet à une personne d'exprimer et d'exercer son esprit d'individualisme. » Êtes-vous d'accord ? Pourquoi oui ou pourquoi non ?
4. Persuadez quelqu'un de vendre sa voiture et de ne se servir que des transports publics.
5. Persuadez vos camarades de classe que les femmes (les hommes) conduisent mieux que les hommes (les femmes).
6. La cause de la plupart des accidents de voiture est la mauvaise condition physique du conducteur. (pour ou contre)
7. La limitation de vitesse sur les autoroutes est-elle stupide ? Expliquez votre réponse.
8. Il y a deux heures que vous attendez vos bagages à l'aéroport et quelqu'un vient vous expliquer qu'ils sont perdus. Expliquez quels sentiments vous éprouvez à ce moment et ce que vous allez faire pour les retrouver.

Les Vacances : le logement et la nourriture

L'ESSENTIEL

À l'hôtel

le client, la cliente	réserver	une chambre (double / simple)
	s'installer (dans)	avec un grand lit
	loger (dans)	avec une salle de bains
		avec des toilettes
		avec une douche
		à demi-pension
	demander	la clé de la chambre
	se plaindre (de)	le service
		le chauffage
		le climatiseur
		le bruit
		le matelas (dur / mou)
le gérant, la gérante	accueillir	les clients (à la réception)
le (la) propriétaire	faire monter	les bagages (m. pl.)
la femme de chambre	descendre	les valises (f.)

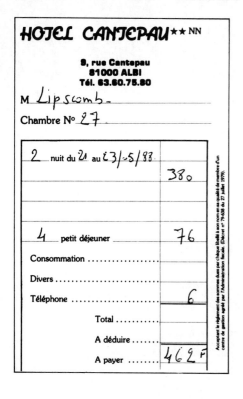

HOTEL CANTEPAU ★★ NN

9, rue Cantepau
81000 ALBI
Tél. 63.60.75.80

M Lipscomb.

Chambre N° 27

2 nuit du 21 au 23/-5/83	
	380
4 petit déjeuner	76
Consommation	
Divers	
Téléphone	6
Total	
A déduire	
A payer	462 F

Acceptant le règlement des sommes dues par chèque libellé à son nom en sa qualité de membre d'un centre de gestion agréé par l'Administration fiscale. (Décret n° 79-638 du 27 juillet 1979).

CATALOGUE GRATUIT

TARN ET GARONNE 1968

POUR RESERVER VOTRE PROCHAIN SEJOUR DANS LE TARN & GARONNE demandez le au

COMITE DEPARTEMENTAL DU TOURISME DE TARN & GARONNE
Hôtel des Intendants - Place du Maréchal Foch
82000 MONTAUBAN
Tél. 63.63.31.40 - Télex 531705F CCITGAR

hotel montfleury

novotel évasion

181 chambres climatisées.
Au restaurant « LE JARDIN », tous les dimanches midi : son buffet campagnard 160 F, café, vin et service 15 % compris. Enfants jusqu'à 12 ans 1/2 tarif.
Restaurant « LA CASCADE » ouvert de mai à septembre.
Auditorium 350 places, piscine, pratique de golf, centre de remise en forme.
Attenant à l'Hôtel : 10 courts de tennis, 1 piscine couverte chauffée.
Mariages, banquets, séminaires.

25, av. Beauséjour - CANNES
Tél. 93 68 91 50 - Télex 470 039 F

Hotels
CENTRE VILLE

Etoile
Invalides
Elysées

TELEX
TELECOPIE
MINITEL DANS LES CHAMBRES
TV SATELLITE

Centre Ville Etoile★★★
(restaurant LE COUGAR)
6, rue des Acacias 17e - Tél. : (1) 43.80.56.18
SAINT DOMINIQUE★★
62, rue St-Dominique 7e - Tél. : (1) 47.05.51.44
Centre Ville MATIGNON★★★
3, rue de Ponthieu 8e - Ouverture prévue 1.9.83
RESERVATION CENTRALE : Télex 206.968
Tarifs préférentiels sociétés
PARKING A PROXIMITE

Vocabulaire supplémentaire

le service (compris / non compris) ; la taxe ; le petit déjeuner

I. Pour chaque réponse donnée, indiquez (a) les personnes qui parlent et (b) la situation dans laquelle ils se trouvent.

Exemple : Vous auriez dû me dire l'heure exacte de votre arrivée.
(a) **Le gérant à la réception parle à un client.**
(b) **Quand le client n'est pas arrivé à l'heure, le gérant a donné sa chambre à un autre client.**

1. Vous auriez dû réserver une chambre avec toilettes.
2. Le gérant aurait dû accueillir les nouveaux clients de l'hôtel.
3. La femme de chambre aurait dû faire les lits.
4. Les clients auraient dû demander la clé de leur chambre.
5. Il aurait dû payer la note de son séjour à l'hôtel.
6. Le propriétaire aurait dû faire descendre les bagages.
7. Vous auriez dû vous plaindre du bruit.
8. La cliente aurait dû s'installer dans une chambre avec un grand lit.

Au restaurant

un garçon, une serveuse	présenter offrir	la carte[1] le menu[2] le plat
	servir attendre	le repas un pourboire
le client, la cliente	avoir mourir (de)	faim

[1] Carte = prix individuel de chaque plat présenté.
[2] Menu = l'ensemble à prix fixe des plats.

le client, la cliente	réserver	une table
		de quatre couverts
		pour quatre
		personnes
	demander	la carte des vins
	commander	la nourriture
	manger	
	prendre	une boisson
		un apéritif
	payer	l'addition *(f.)*

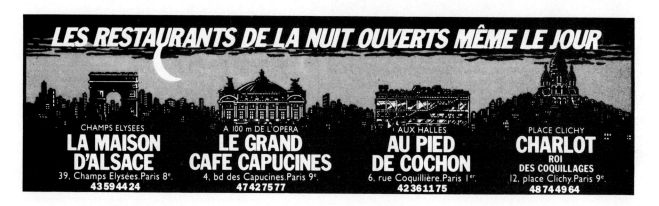

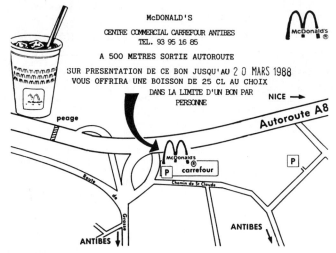

Les repas en France

Le petit déjeuner (vers 8 heures)	**Le déjeuner (entre 12 et 14 heures)**	**Le dîner (entre 19 et 20 heures)**
du café au lait, un grand crème du chocolat chaud des croissants, du pain du beurre de la confiture	les hors-d'œuvre ou l'entrée un plat garni un rôti de porc du rosbif /mouton / veau un poulet rôti une salade verte (de saison) ou des fromages *(m.)* un dessert	un potage, une soupe de la viande, de la charcuterie ou une omelette un légume des fromages un dessert

VACANCES TOUS LES JOURS DE MIDI A 14H15 ET DE 19H A MINUIT - FERMETURE 1H DU MATIN... VACANCES TOUS LES JOURS DE MIDI A 14H

APERITIFS

LA -BULLE- .. 15,30 F
(10 cl)
C'est l'apéritif maison

Pastis 2.5 cl	13,30 F
Martini rouge 5 cl	13,20 F
Martini blanc 5 cl	13,20 F
Vin doux de Muscat 5 cl	13,10 F
Whisky 4 cl	22,60 F
-Baby - Whisky 2 cl	12,50 F
Porto 5 cl	15,20 F
Marsala 5 cl	13,20 F

SALADES

LA SALADE VERTE	16,30 F
LA SALADE AUX NOIX ET GORGONZOLA	20,40 F
LA SALADE PIEMONTAISE	25,40 F

PIZZAS

FROMAGE	28,10 F
MARGHERITTA	29,40 F
SICILIANNA	30,70 F
PASTA -PRESTIGIOSA-	32,30 F
VESUVIO	33,50 F
REGINA	34,30 F
VIRGINIA	35,20 F
PIZZAPAPA	35,90 F
QUATRE SAISONS	36,40 F
FLORIDA	38,00 F
PIZZA AU SAUMON FUME	44,50 F

L'ESCALE PIZZA .... 48,50 F
SALADE AUX NOIX ET GORGONZOLA
PIZZA REGINA

PATES FRAICHES MAISON

TAGLIATELLES DU PIZZAIOLO	28,00 F
TAGLIATELLES AU GORGONZOLA	31,90 F
TAGLIATELLES A LA MILANAISE	36,40 F
TAGLIATELLES AU SAUMON FUME	44,50 F

GRILLADES A L'ITALIENNE

LES STEACKS
POUR FAIRE LE BREAK vos grillades
Elles sont toutes accompagnées
de pâtes fraîches et de
la sauce -PIZZAPAPA-

L'ONGLET (200 g)	57,80 F
L'ONGLET SAUCE GORGONZOLA (200 g)	62,40 F
L'ENTRECOTE (200 g)	59,00 F
L'ENTRECOTE SAUCE GORGONZOLA (200 g)	63,60 F
LA SUPER BROCHETTE VACANCES (200 g)	59,20 F
LA SUPER BROCHETTE VACANCES SAUCE GORGONZOLA (200 g)	63,90 F

L'ESCALE GRILLADE .... 67,90 F
SALADE AUX NOIX ET GORGONZOLA
L'ONGLET GRILLE A L'ITALIENNE
ET SES PÂTES FRAÎCHES MAISON

NOS PRIX SONT VACANCES COMPRISES - PRIX NETS - SERVICE 15% COMPRIS... NOS PRIX SONT VACANCES COMPRISES - PRIX NETS - SERVICE

ISARDROME

26140 ST-RAMBERT-D'ALBON

Tél. 75 31 07 01

Restaurant
Cafétéria
Self Service
Shopping
Artisanat
Change
Tourisme
Tabac

ISARDROME

Autoroute du Soleil

**Conditions spéciales
pour groupes et clubs sportifs**

La direction et le personnel vous
remercient de votre confiance.

BONNE AUTOROUTE

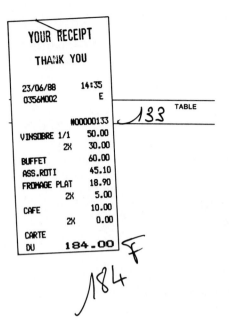

YOUR RECEIPT

THANK YOU

23/06/88   14:35
0356M002   E

          WOO000133   *133* TABLE

VIN SOBRE 1/1   50.00
           2X   30.00
BUFFET   60.00
ASS.ROTI   45.10
FROMAGE PLAT   18.90
           2X   5.00
CAFE   10.00
           2X   0.00
CARTE
DU   184.00   *184*

PRIX NET - FIXED PRICE - FESTE PREISE

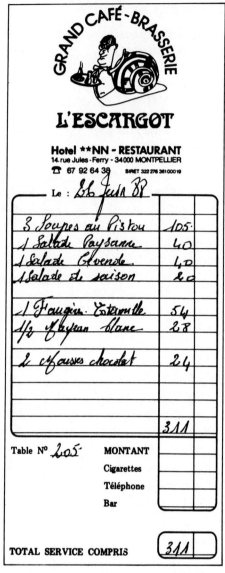

GRAND CAFÉ - BRASSERIE

L'ESCARGOT

Hotel **NN - RESTAURANT
14 rue Jules - Ferry - 34000 MONTPELLIER
☎ 67 92 64 38   SIRET 322 276 36100019

Le : *26 Juin 88*

3 Soupes au Pistou	105.
1 Salade Paysanne	40
1 Salade Cévenole	40
1 Salade de saison	20
1 Faugères Estemelle	54
1/2 Myzan Blanc	28
2 Mousses chocolat	24
	311

Table N° *205*

MONTANT

Cigarettes

Téléphone

Bar

TOTAL SERVICE COMPRIS   *311*

I.

1. En France qu'est-ce qu'on prend pour le petit déjeuner ? Et aux États-Unis ? Et qu'est-ce que vous prenez pour le petit déjeuner ?
2. Quelle viande préférez-vous ? Quels légumes ? Quels fruits ?
3. Qu'est-ce que c'est qu'un plat garni ?
4. Qu'est-ce que vous prenez comme boisson avec votre déjeuner ? Et avec votre dîner ?
5. Que veut dire l'expression « mourir de faim » ?
6. Pour quelles occasions allez-vous au restaurant ? Qui paie l'addition ?

EXERCICES

I. Employez les expressions ci-dessous et les expressions de l'Appendice A à la page 167 pour réagir aux situations données. Expliquez ce que vous diriez et ce que vous feriez pour résoudre chaque problème.

EXPRESSIONS À EMPLOYER POUR PORTER PLAINTE

Excusez-moi de vous déranger mais _____.

J'ai un petit problème et j'espère que vous pourrez m'aider _____.

J'ai un problème à résoudre. Il s'agit de _____.

Excusez-moi, Monsieur, mais il n'y a pas _____. Pourriez-vous _____ tout de suite ?

On n'est pas très content (satisfait) de _____.

EXPRESSIONS À EMPLOYER POUR S'EXCUSER

Mon dieu, je le regrette énormément !
Pas possible ! Je m'en occupe immédiatement.
Je ne sais quoi dire.
Je regrette de ne pas m'en être aperçu.
Je suis désolé(e), mais c'est comme ça.

A. En arrivant à l'hôtel vous découvrez que la chambre que vous avez réservée
  1. est occupée par une autre personne
  2. n'a pas de salle de bains
  3. exige une demi-pension

B. En entrant dans votre chambre, vous remarquez
  1. qu'il n'y a ni savon ni serviettes dans la salle de bains
  2. qu'elle donne sur une rue pleine de bruit
  3. qu'il n'y a pas de chauffage et qu'il fait froid

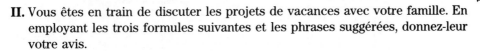

C. Dans un restaurant :
  1. ça fait une heure que vous attendez une table
  2. vous ne pouvez pas lire le menu écrit à la main
  3. vous n'avez pas assez d'argent pour payer l'addition

II. Vous êtes en train de discuter les projets de vacances avec votre famille. En employant les trois formules suivantes et les phrases suggérées, donnez-leur votre avis.

Les formules

  a. Nous ne devrions pas _____.
  b. Il vaudrait mieux _____.
  c. Dans ce cas-là on pourrait _____.

Phrases suggérées

  a. prendre des vacances au mois de février
  b. voyager en juillet quand il fera plus chaud
  c. faire du camping

  Exemples : a. **Nous ne devrions pas *prendre des vacances au mois de février.***
  b. **Il vaudrait mieux *voyager en juillet quand il fera plus chaud.***
  c. **Dans ce cas-là on pourrait *faire du camping.***

A. 1. voyager en Europe par le train
  2. prendre l'autoroute
  3. manger dans les restaurants
  4. rester longtemps dans les grandes villes

B. 1. louer une voiture
  2. suivre de petits chemins
  3. faire des pique-niques
  4. nous installer dans de petits villages

C. 1. s'arrêter où l'on veut
  2. mieux voir le paysage

3. faire des économies
4. rencontrer plus facilement les habitants

III. SITUATION 1

On vous a invité au restaurant. Vous venez de consulter le menu et vous ne trouvez rien de bon à manger. Vous voudriez aller manger ailleurs. Qu'allez-vous dire si vous avez été invité(e) par...

1. votre petit(e) ami(e) ?
2. votre chef de bureau ?
3. votre professeur ?
4. votre oncle préféré ?

SITUATION 2

Vous venez de goûter quelque chose qui n'a pas l'air très bon. En voyant votre expression la personne qui vous a invité(e) (ou le garçon qui vous sert) s'inquiète et vous demande ce qui ne va pas. Que dites-vous si cette personne est votre meilleur(e) ami(e) ? Un garçon qui a l'air grincheux *(grumpy disposition) ?* Le propriétaire du restaurant ? Le chef de cuisine ?

IV. Imaginez. En employant le vocabulaire de l'Essentiel, inventez et préparez un dialogue auquel l'un(e) de vos camarades devra participer de façon impromptue.

À VOUS L'ÉCOUTE

D'abord, étudiez les listes de vocabulaire. Puis, écoutez plusieurs fois les deux conversations du Chapitre 6. Essayez d'identifier les personnes qui parlent et les sujets de leurs conversations. Ensuite, essayez de répondre aux questions suivantes.

Vocabulaire	Questions	DIALOGUE A

Gare de Lyon one of six railroad stations in Paris

1. À quel moment et pourquoi la dame vient-elle à Paris ?
2. Quel type de logement veut-elle et pour combien de temps ?
3. Quel prix doit-elle payer ?
4. Qui l'accueillera à l'hôtel ?

le foie gras truffé   goose liver with truffles
un loup grillé   grilled sea bass
un feuilleté de saumon   salmon baked in pastry

1. Comment est le restaurant où ces personnes vont dîner ?
2. Qu'est-ce que Monsieur Lejean avait fait avant d'aller au restaurant ?
3. Décrivez le personnel du restaurant. Quel est le rôle de chacun ?

DIALOGUE B

La Fringale des congés

Quelle est cette *fringale* des congés qui saisit soudain les Français ? Ne travailleraient-ils désormais que pour les vacances ? Leur job serait-il devenu si ennuyeux ou si *pénible* que la moindre perspective de temps libre les jette sur les routes ?

    C'était en 1936 que la *Chambre des députés* et le Front populaire[1] ont voté la loi qui a accordé, pour la première fois, deux semaines de vacances aux salariés. Quarante ans ont passé. Les quinze jours sont devenus trois semaines en 1956 et un mois en 1969.[2] Auquel s'ajoutent les quelques dix fêtes légales dispersées au cours de l'année. Telle est donc la règle générale. Le problème est qu'en France la réalité ne correspond pas nécessairement à la légalité. Oh ! la loi, elle, est respectée. Elle est même plus que respectée. Si bien que les Français dans leur

un appétit ou un désir ardent d'une chose

dur

House of Representatives

[1]   Le Front populaire est le premier gouvernement socialiste à exercer le pouvoir en France. Son chef était Léon Blum. Ce gouvernement a voté beaucoup de réformes sociales en faveur des travailleurs. travailleurs.
[2]   De nos jours, 5 semaines de vacances.

grande majorité arrivent à des congés qui dépassent parfois très largement ceux *prévus* par la loi.

L'été reste, bien sûr, la période *bénie* des Français pour leurs congés. Mais il y a depuis quelques années une double nouveauté : les vacances d'hiver avec ses foules *hérissées* de skis et de *bâtons*. Et surtout les week-ends de deux, trois ou quatre jours. Ce n'est pas sans raison que les agences de voyages ont multiplié leurs propositions de courts séjours.

Mais pourquoi les Français sont-ils saisis depuis quelque temps par cette fringale des congés ? Il reste que ce goût du loisir, du temps libre, de la détente, est assez impressionnant. De l'urbanisation à la *dureté* des *tâches*, les raisons ne manquent pas pour expliquer le phénomène. Mais il en est une, toute simple, qui résume peut-être toutes les autres — c'est que les Français travaillent beaucoup. Plus en règle que les Allemands ou les Américains, les Italiens ou les Britanniques.

En outre, et on l'oublie souvent, le temps de travail ne rend pas compte de ce que les spécialistes appellent l'amplitude de la journée de travail, c'est-à-dire les heures comprises entre le départ du domicile et le retour chez soi. Or cette amplitude est d'environ onze heures.

Enfin, et cela encore on ne le compte guère, tous les Français, au cours de leur vie, ne travaillent pas le même temps. Ils ne travaillent pas non plus de la même manière ; selon l'âge, le sexe, la profession, le temps de travail et de loisir n'a pas la même signification. Mais cela est une autre histoire.

Extrait d'un article du *Point* par Claude Sales.

admis, permis

glorifiée

armées d'objets menaçants (*fig.*) / ski poles

difficulté, sévérité / travaux à faire

de plus

QUESTIONS

1. Qu'est-ce que la fringale des congés ?
2. Pourquoi est-ce que l'auteur dit que la loi sur les vacances est même plus que respectée ?
3. Combien d'heures par jour les Français travaillent-ils ?
4. Que veut dire l'expression « l'amplitude de la journée de travail » ?
5. Pourquoi les Français sont-ils saisis par cette fringale des congés ?

À VOUS LA PAROLE

1. Avez-vous jamais eu une fringale des congés ? Quand est-ce que cela vous est arrivé ?
2. Quelle est la différence entre la durée des vacances en France et aux États-Unis ?
3. Si vous étiez salarié(e), quel système de vacances préféreriez-vous ? Pourquoi ?
4. Décrivez vos vacances idéales.

La Confession d'un portier d'hôtel

Le portier d'hôtel est depuis longtemps, au cinéma, un mythe. Un mythe qu'il est bien difficile de rencontrer dans la vie quotidienne. Mais l'on en a trouvé un — Pierre Porte, qui travaille au Sheraton de Paris.

Irréprochable, Monsieur Porte. Chaussures noires, pantalon noir, chemise blanche, gilet de piqué blanc, redingote noire au col *brodé* de clefs d'or croisées. « J'ai un profond respect pour mon uniforme. Les jeunes, même les plus ambitieux, en ont honte. Quand je suis entré au Sheraton, j'ai demandé à porter l'habit traditionnel de ma profession. Ça peut sembler anachronique, dans ce *cadre*, mais les clients sont ravis de constater qu'une certaine qualité n'a pas disparu. »

Il est entré dans l'hôtellerie comme la plupart de ses *pairs :* par hasard. Il y est resté, par goût de l'argent agréablement gagné, par fascination pour un univers séduisant, cocktail subtil de futilité et de sérieux, d'*insouciance* et de puissance.

Les clients *ignorent* la plupart du temps qu'un concierge est un chef d'équipe. « En basse saison, je dirige trente-cinq personnes : les assistants concierges, les messagistes, les voituriers, les bagagistes. De quarante-cinq à cinquante en haute saison. »

Le concierge *veille à* tout, supervise un très grand nombre d'activités : faire porter fleurs ou fruits aux V.i.p. ; renvoyer aux États-Unis la *mallette* oubliée par une charmante Américaine ; répondre aux vœux de l'ambassadeur du Sénégal ; orchestrer le travail dans la salle des bagages.

Dans un hôtel de luxe, le concierge est irremplaçable et indispensable. Il est le seul à pouvoir satisfaire toutes les demandes d'une clientèle exigeante, capricieuse, *farfelue*, *imprévisible*. Le concierge est une création du *palace* traditionnel. L'intérêt d'un grand hôtel moderne et américanisé est d'en posséder un aussi.

« Dites-moi, Porte. (Le client attire le concierge *à l'écart*.) Je voudrais faire monter des roses rouges au 1021. Très vite. C'est urgent. » Le billet de cinq cents francs passe comme l'*éclair* d'une main à l'autre. « Vous garderez la différence, bien sûr... » Cinq minutes plus tard, les fleurs seront *déposées* dans le vase du 1021.

« Dites-moi, Porte. J'avais besoin d'une table de douze *couverts* au *Lido*. Un *marché* important à conclure. Votre assistant m'a dit que c'était complet. Vous arrangez ça ? » Ce sera arrangé.

« Dites-moi, Porte. J'ai absolument besoin d'une Peugeot 505, demain matin. Boîte automatique, toit ouvrant. Je n'ai pas le temps de m'en occuper. Je vous fais confiance. » Confiance justifiée : la voiture sera là.

Monsieur Porte sourit : « Il faut être psychologue pour exercer cette profession. Et diplomate. C'est un long travail. Car il ne suffit pas d'avoir une attitude correcte et plaisante. Les gens que nous fréquentons sont en général assez cultivés, informés en tout cas. Donc, il faut que nous le soyons aussi. »

Extrait d'un article de *L'Express*.

impeccable
orné, **embelli**
environnement
égaux
freedom from care
ne savent pas
s'occupe de
petite valise
à l'esprit bizarre, un peu fou /
dont on ne peut pas prévoir
les réactions / hôtel luxueux
loin des autres
lightning
mises
places / **boîte de nuit parisienne**
affaire de commerce

✍ QUESTIONS

1. Qu'est-ce qu'un portier d'hôtel ?
2. Comment est l'uniforme de Monsieur Porte ?
3. Pourquoi préfère-t-il le porter ?
4. Pourquoi les jeunes portiers auraient-ils honte de porter cet uniforme ?
5. Pour quelles raisons Monsieur Porte est-il resté dans son métier ? Comment y est-il entré ?
6. Décrivez en détails précis le métier d'un portier au Sheraton de Paris.
7. Comment est la clientèle du Sheraton ?
8. Quels types de commissions Monsieur Porte fait-il pour ses clients ?
9. Selon Monsieur Porte, qu'est-ce qu'il faut pour exercer la profession d'un portier d'hôtel ?

✍ À VOUS LA PAROLE

1. Racontez ce qui vous est arrivé quand vous avez cherché une chambre dans un hôtel.
2. Racontez une expérience intéressante que vous avez vécue quand vous travailliez comme garçon, serveuse, portier, etc.
3. Racontez la vraie histoire
   a. des roses rouges pour la chambre 1021 au Sheraton de Paris
   b. de la table de douze couverts au Lido
   c. de la Peugeot 505, toit ouvrant, boîte automatique
   N'oubliez pas de vous servir de votre imagination !
4. Voudriez-vous être portier d'hôtel ? Expliquez votre réponse.

Français, mettez-vous au régime !

Le gouvernement est inquiet : de plus en plus de Français sont victimes de l'obésité (un Français sur cinq est obèse). Quelles sont les principales erreurs *alimentaires ?* **de nourriture**
Selon une *enquête effectuée* dans toute la France, elles sont au nombre de sept : **sondage / réalisée, accomplie**

   1. Le Français absorbe trop de *corps gras,* sous forme de charcuteries, de **fats**
sauces et de corps gras d'*assaisonnement.* **épices, condiments**

   2. Il boit trop d'alcool et de vin qui lui apportent des calories *excédentaires* **supplémentaires**
(un *litre* de vin représente 700 calories). **35 fluid ounces**

   3. Il consomme souvent trop de *farineux* et de produits sucrés, en regard de **produits des plantes qui fournissent de la farine**
ses besoins nutritionnels réels.

   4. Dans l'équilibre de ses *apports* en protéines animales, il favorise trop la **quantité qu'on consomme**
viande au détriment des produits laitiers et des poissons.

   5. Il se contente d'un apport limité de calcium, surtout chez les jeunes qui ne consomment pas assez de lait et de fromage.

   6. Il n'absorbe pas assez de légumes et de fruits, ce qui se traduit par une insuffisance en vitamine C.

   7. Ses *prises alimentaires* sont mal *réparties,* insuffisantes au petit déjeuner, **repas** *(fig.)* **/ distribuées**
trop importantes au déjeuner et au dîner.

   Qu'appelle-t-on être suralimenté ? C'est manger davantage que les besoins
physiologiques ne le commandent. Cela revient à dire qu'il faut manger lorsqu'on
a faim et non pas lorsqu'on a envie. Si l'on cède à la simple envie, on arrive très
vite à la prise de poids excédentaire, parce que le nombre de calories normal (de
2200 à 2500 par jour) est dépassé, tandis qu'en même temps, le sujet ne *dépense* **consomme**

pas assez cet excès d'apport par des dépenses d'énergie — par exemple, l'exercice physique.

Comment répartir l'alimentation ? En trois repas presque égaux. En France, on minimise beaucoup le petit déjeuner. Or il a lieu après douze heures de *jeûne*   **abstinence d'alimentation** environ et il sera suivi d'une longue matinée de travail ; 30 pour cent des écoliers partent en classe sans avoir rien pris, les autres ayant simplement absorbé une tasse de liquide. Quant aux adultes, ils se contentent souvent d'un « *petit noir* ».   **une tasse de café** (*fig.*) Œufs, viande froide, fromage, lait, sont nécessaires. On diminuera alors les deux autres repas. Le Français absorbe au déjeuner et souvent au dîner : hors-d'œuvre, plat garni, fromage, dessert. Le repas qui comporte de la viande peut négliger le fromage, mais le repas constitué de produits céréaliers doit être complété avec lait ou fromage. Du vin sagement : un demi-litre par jour au plus. Un peu moins pour les sédentaires et les femmes. Il faut préparer une nourriture correspondant aux besoins réels. Si la bonne cuisine se fait avec une *balance*[1] et une montre,   **scales** l'alimentation équilibrée ne requiert qu'une balance et du bon sens.

Extrait d'un article de *Paris-Match*.

[1] En France on pèse les produits dont on se sert pour faire la cuisine. On ne mesure pas par tasse.

QUESTIONS

1. Que veut dire l'expression « mettez-vous au régime » ? « Être suralimenté » ? « Être sous-alimenté » ?
2. Pourquoi les Français sont-ils victimes de l'obésité ?
3. Comment se fait-il qu'on gagne du poids ? Et qu'on perde du poids ?
4. Quel rôle l'exercice physique joue-t-il en ce qui concerne l'alimentation ?
5. Comment doit-on répartir l'alimentation ?

À VOUS LA PAROLE

1. De quoi a-t-on besoin pour bien faire la cuisine ? Pour avoir une alimentation équilibrée ?
2. Est-ce qu'on peut changer le titre de cet article en « Américains, mettez-vous au régime ! » ? Expliquez votre réponse.
3. Êtes-vous suralimenté(e) ou sous-alimenté(e) ? Expliquez votre réponse.
4. Avez-vous déjà suivi un régime ? Décrivez votre expérience.

SUPERMARCHE
QUERCY
MONTPELLIER
ST.CLEMENT

FAITES-NOUS
VOS SUGGESTIONS

12-05-87   №0003

EPICER   F8.75
EVIAN
          2X F2.80
      1   F5.60
PERRIER 1L
      1   F3.85
CREME.   F12.10
FRAISE   F14.55
STOTAL   F44.85

TOTAL F44.85

RECU   F100.00
RENDU   F55.15
    6ARTC
8755№ 002NC10:33TM

5. On conseille aux Français de prendre sagement du vin — c'est-à-dire un demi-litre par jour. Croyez-vous qu'un demi-litre soit une quantité « sage » ? Expliquez votre réponse.

La France vue par les touristes étrangers

Portant chemisettes à fleurs et shorts au château de Chambord ; remerciant — « very nice » — au restaurant Troisgros de Roanne ; regrettant de trouver le café Le Flore fermé parce que le guide *Europe on 20 Dollars a Day* leur raconte que Jean-Paul Sartre habite Saint-Germain-des-Prés ; *alors qu'*il a déménagé depuis trente ans ; 3,7 millions d'étrangers passent, cette année, leurs vacances en France. Et cela fait 3,7 millions d'idées de la France.

    « Chez vous, les gens sont *grincheux* et considèrent souvent l'étranger comme un pigeon à plumer », estime M. Francis Jackson, Britannique de 42 ans. Mais M. Jackson vient tous les ans, de façon irrationnelle, se faire « plumer » sur la Côte d'Azur. Pourquoi ? « J'aime les sites, la douceur de vivre, une certaine manière d'être des Français. Quand je suis reparti, cela me manque. »

    Pour la nourriture, peu de problème. L'image de la France à l'étranger est d'abord celle d'un restaurant aux tables bien garnies. Un Suisse commente : « La France, c'est la *grande bouffe*, mais dans le calme et l'intelligence. »

    La culture vient aussitôt après la cuisine — et avant le cœur — dans les préoccupations des visiteurs. Notre-Dame, l'Arc de Triomphe battent toujours les records de fréquentation.

en dépit du fait, malgré le fait qu'

de mauvaise humeur

bonne cuisine (fam.)

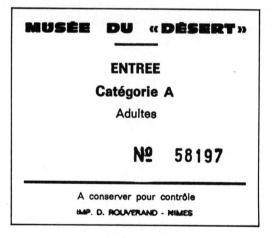

```
┌─────────────────────────────────────────┐
│                                           │
│     ACADÉMIE  DES  BEAUX  ARTS            │
│                ─────                      │
│                                           │
│       Jardin  Claude  MONET               │
│                ─────                      │
│                                           │
│       ENTRÉE  —  15 F.                    │
│                                           │
│                                           │
│     No 979433                             │
│                                           │
└─────────────────────────────────────────┘
```

```
┌──────────────────────┐
│  172481              │
│  VAUX le VICOMTE     │
│  CHATEAU             │
│  ÉQUIPAGES           │
│  JARDINS             │
│  40 F                │
│  Dont Domaine V. le V. : 31 F │
│      SEG V. le V. :   7 F │
└──────────────────────┘
```

Pour les touristes qui ne viennent pas d'un pays à monnaie forte, c'est lutter contre le coût de la vie en France. Beaucoup d'Anglais et de Belges ne font, au restaurant, qu'un repas par jour. « Vos prix sont incompréhensibles. Et, au café, une bière ou un soda revient *tout de suite* à douze francs. »

Notre réputation de peuple peu accueillant décourage *d'emblée*. Un groupe *néerlandais* explique : « Nous ne sommes pas venus en France pour voir les Français. Nous vivons entre nous. Cela nous suffit. Nous ne *fuyons* pas les gens du pays, mais nous ne les recherchons pas. »

Ceux qui les recherchent *sont* souvent *déçus*. Pour un monsieur de Vienne, « les gens du Nord vous reçoivent chez eux, les gens du Sud dans la rue. À Paris, on ne vous reçoit *nulle part* ». Manque de chaleur humaine ? On parle volontiers des chauffeurs de taxi *butés*, des passants nerveux, des serveurs *goguenards*. « Les garçons de café *ironisent sur* mon accent ou mon français insuffisant. Les provinciaux sont plus tolérants. Ils commencent à admettre qu'un étranger peut ne pas parler comme un académicien. »

La barrière de la langue reste *redoutable* pour les non-francophones. Selon les Américains, « la France est le seul pays du monde à ne pas vouloir comprendre l'anglais ».

Malgré les critiques et les restrictions, les guides sont formels : Paris reste le haut lieu de l'aventure, de la beauté, de la jeunesse d'esprit. Et Brigitte Bardot, dans un film publicitaire *susurre :* « Pour moi, la France, c'est du bon vin et de la nourriture délicieuse. C'est l'été sur la Côte d'Azur et l'hiver dans les Alpes, ce sont les petits bistrots, les châteaux, les robes des grands couturiers, Paris et son peuple. » Ce sont ces petits clichés qui font les grands voyages.

Extrait d'un article de *L'Express* par André Bercoff et Alain de Penanster.

tout de suite

gens qui habitent la Hollande

évitons

éprouvent une déception

en aucun lieu

fermés, peu ouverts à d'autres gens / moqueurs, insolents / se moquent de

terrible, effrayante

murmure doucement

✎ QUESTIONS

1. Pourquoi les touristes viennent-ils en France ?
2. Les étrangers, que pensent-ils des Français ? Et du coût de la vie en France ? Et des contacts avec les Français ?
3. Les Français, que pensent-ils des touristes ?

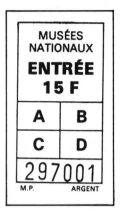

```
002637
VILLE D'ALBI
—
MUSÉE
Henri de
TOULOUSE-LAUTREC
Entrée Générale
C
```

```
MUSÉES
NATIONAUX
ENTRÉE
15 F
A   B
C   D
297001
M.P.    ARGENT
```

```
VILLE DE MONTPELLIER

MUSEE  FABRE

Entrée : Tarif normal

№ 042542
```

4. Comment est-ce que les Français du Nord accueillent les touristes ? Les gens du Sud ? Les commerçants ? Les garçons de café ? Les chauffeurs de taxi ? Les provinciaux ?
5. Que veut dire la phrase « un pays à monnaie forte » ?
6. Pourquoi les touristes sont-ils attirés par Paris ?
7. Que veut dire la phrase « les petits clichés font les grands voyages » ?

À VOUS LA PAROLE

1. Pour quelles raisons voudriez-vous (ou ne voudriez-vous pas) prendre vos vacances en France ?
2. La France a, à peu près, la même superficie que le Texas. Imaginez-vous l'époque des vacances — l'été — avec à peu près 4 millions d'étrangers traversant votre état : Comment les routes seraient-elles ? Les campings ? Les parcs ? Les restaurants ? Les magasins ? Les cinémas ? Les stations-service ? À la fin d'un tel été quelle serait votre attitude envers les étrangers ? Quelle serait votre humeur ?

3. Quelle est votre attitude envers les gens qui ne veulent pas apprendre une langue étrangère ?
4. Quelle est votre opinion personnelle sur les Français ? Si vous avez été en France, avez-vous changé d'opinion ? Croyez-vous que ces touristes interrogés aient raison ?

SUJETS DE DISCUSSIONS

1. Expliquez les raisons de la suralimentation en Amérique et en France.
2. Commentez cette phrase de Molière (de *l'Avare*) : « Il faut manger pour vivre et non pas vivre pour manger. »
3. Imaginez être un(e) Français(e) faisant un premier voyage aux États-Unis. Donnez vos opinions sur les Américains et sur leur vie.
4. Vous êtes touriste arrogant(e) et désagréable qui n'a rien de bon à dire sur le pays et sur les gens qui l'habitent et vous parlez avec un des indigènes qui est sympathique, agréable et aime que les touristes visitent son pays. Quelle sorte de conversation auriez-vous avec lui ?
5. « Puisque les films nous permettent de voir tous les pays du monde, il n'est pas nécessaire de voyager à l'étranger. » Êtes-vous d'accord ou non ?
6. Est-ce vrai qu'un touriste n'arrive jamais à connaître bien un pays et sa culture parce que tout ce qu'il voit est superficiel ? Expliquez votre réponse.

Les Français sont aussi comme ça

L'ESSENTIEL

une personne	respecter	quelqu'un
	se moquer (de)	
	se disputer (avec)	
	haïr, détester	
	mépriser	
	maltraiter	
	énerver	
	gêner	
	tracasser	
	insulter	
	injurier	
	blesser	
	infliger	un affront (à quelqu'un)
un beau parleur	bavarder, converser, causer	d'une façon impolie / poliment
	papoter	
	faire raconter	des commérages (m. pl.)
une personne	se taire	
	se tromper	
	râler (fam.)	
	maugréer, grogner	
	pleurnicher	
	ricaner	

une personne	chuchoter
	balbutier
	mentir
	jurer (à la cour)
	blasphémer
	s'excuser

I.

1. De quoi (qui) vous moquez-vous ?
2. Avec qui vous disputez-vous ?
3. Par qui les étudiants sont-ils maltraités ? Tracassés ?
4. Qu'est-ce qui vous énerve ?
5. Dans quelles circonstances est-ce qu'on injurie quelqu'un ?
6. Qu'est-ce qui vous gêne ?
7. Que pensez-vous des gens qui papotent ? Qui racontent toujours des plaisanteries ?
8. Dans quelles circonstances est-ce que vous balbutiez ? Ricanez ? Ralez ?
9. Que demandez-vous à une personne qui parle trop ?
10. Que savez-vous quand vous voyez une personne (un enfant) qui pleurniche ?

le ton (du langage)	pouvoir être	vif
		amer
		doux
		grossier
		vulgaire
		éloquent
		déplacé

Il est possible de traiter une personne avec		respect (m.)
		gentillesse (f.)
		brusquerie (f.)
		impolitesse (f.)
		malhonnêteté (f.)

| un interlocuteur, une interlocutrice | réagir (avec) | étonnement (m.) |
| | | surprise (f.) |

un auditeur, une
   auditrice

une personne   pouvoir être

incrédulité *(f.)*
plaisir *(m.)*
colère *(f.)*

maladroite / adroite
indolente / énergique
timide / sûre de soi
réservée / ouverte
étourdie / organisée
négligente / soigneuse
froussarde / courageuse
rusée / candide
facile à vivre / tyrannique
détendue / anxieuse
intelligente / bête,
   stupide
sotte / intelligente

I.

1. Comment une personne réagit-elle quand elle entend une mauvaise nouvelle ? Un commentaire grossier ? Un compliment ? Une plaisanterie grossière ?
2. Pourquoi est-ce qu'on parle avec un ton éloquent, amer, doux, grossier ?
3. Décrivez une personne qui est maladroite (indolente, ouverte, étourdie, froussarde).
4. Pourquoi préférez-vous les personnes qui sont faciles à vivre (soigneuses, énergiques, détendues) ?

II. Un Test : Êtes-vous sûr(e) de ne pas avoir de préjugés ?

1. Nous n'avons pas toujours conscience de certains jugements qui ont l'apparence de la vérité et ne sont en réalité que des préjugés tenaces. Le test suivant vous permettra de redresser certaines erreurs. Regardez les réponses et commentaires à la page 229 et comparez-les avec les résultats de vos camarades de classe.

VRAI	FAUX	
		1. Les filles sont plus obéissantes que les garçons.
		2. Les filles sont plus maternelles et altruistes.
		3. Les filles sont plus vulnérables aux atteintes (chocs) de l'extérieur.
		4. Les filles s'expriment plus facilement.
		5. Les filles sont plus passives.
		6. Les filles sont plus sociables.
		7. Les filles ont une sensibilité tactile plus développée.
		8. Les filles sont plus influençables.
		9. Les filles sont plus peureuses.
		10. Les filles ont un complexe d'infériorité.
		11. Les filles sont moins compétitives.
		12. Les garçons sont meilleurs analystes.
		13. Les garçons sont plus ambitieux.
		14. Les garçons sont plus doués (ont des aptitudes) pour les maths.
		15. Les garçons sont plus agressifs.
		16. Les garçons s'orientent plus facilement dans l'espace.
		17. Les garçons sont plus actifs.
		18. Les garçons sont plus dominateurs.
		19. Les garçons sont plus visuels ; les filles plus auditives.
		20. Les garçons sont plus inventifs, alors que les filles sont plus à l'aise dans les tâches (travaux à faire) répétitives.

2. Inventez un test du même genre en employant le vocabulaire de l'Essentiel pour le faire passer à vos camarades de classe. Faites l'analyse des résultats et présentez-les à vos camarades de classe.

EXERCICES

I. Répondez aux questions.

1. Dans quelles circonstances seriez-vous obligé(e) de jurer (mentir, pleurnicher, raconter des plaisanteries, chuchoter, vous excuser) ?

2. Dans quelles circonstances seriez-vous obligé(e) d'être courageux (-euse) ? D'être détendu(e) ? D'être anxieux(-se) ? D'être sûr(e) de vous ? D'être impoli(e) ?

3. Décrivez votre réaction si quelqu'un vous insulte dans la rue (si quelqu'un vous fait un compliment ; vous raconte un commérage ; vous blesse).

4. Avez-vous jamais infligé un affront à quelqu'un ? Expliquez.

5. Comment réagissez-vous quand vous savez que quelqu'un vous a menti (vous a maltraité ; s'est moqué de vous ; vous a traité avec gentillesse) ?

II. Décrivez les réactions d'un(e) ami(e) qui se trouve dans les situations suivantes et puis essayez de trouver de bonnes phrases pour l'encourager. (Consultez l'Appendice A à la page 167.)

Votre ami(e)...

1. vient de perdre tout son argent
2. a très mal aux dents et mal à la tête et les pharmacies sont fermées
3. a la grippe et croit qu'il (elle) va mourir
4. vient de renverser un verre de vin sur son plus joli pantalon (sa plus jolie jupe)
5. vient d'apprendre que les réparations de sa voiture coûteront plus de 200 dollars et n'a pas assez d'argent pour les payer
6. vient d'échouer à son examen de permis de conduire pour la deuxième fois
7. vient d'être injurié(e) par quelqu'un
8. vient de se disputer avec son (sa) meilleur(e) ami(e)

III. Décrivez votre caractère ; celui de votre mère, père, frère, sœur ; celui d'une personne difficile ; celui des Américains ; celui des Américaines ; celui de votre petit(e) ami(e).

IV. Les réactions à la couleur étant individuelles, les psychologues ont établi des corrélations entre le caractère d'une personne et ses couleurs préférées. Choisissez votre couleur ou vos couleurs préférée(s). (Voir page 129 pour les corrélations établies par les psychologues.)

rouge	vert	pourpre	gris
orange	bleu vert	brun	noir
jaune	bleu	blanc	

Commentez la phrase : « Dites-moi quelle couleur vous aimez et je vous dirai qui vous êtes. » En ce qui vous concerne, est-ce que les psychologues ont raison ?

V. Préparez une description d'une des personnes suivantes : un(e) camarade de classe ; un professeur ; une personne célèbre ; un beau parleur ; un râleur ; un(e) étourdi(e) ; un menteur ; un pleurnicheur. Après l'avoir présentée à vos camarades de classe, demandez-leur de deviner qui c'est.

VI. Imaginez. En employant le vocabulaire de l'Essentiel, inventez et préparez par écrit un dialogue auquel l'un de vos camarades devra participer de façon impromptue.

⌒ À VOUS L'ÉCOUTE

D'abord, étudiez les listes de vocabulaire. Puis, écoutez plusieurs fois les deux conversations du Chapitre 7. Essayez d'identifier les personnes qui parlent et les sujets de leurs conversations. Ensuite, essayez de répondre aux questions suivantes.

Vocabulaire	**Questions**	**DIALOGUE A**

un râleur complainer
un quotidien daily newspaper
le T G V train à grande vitesse
touché you've got me there

1. Qu'est-ce que le journaliste améri-cain reproche aux Français ?
2. Qu'est-ce que le journaliste français reproche aux Américains ?
3. De quoi le Français aimerait-il que l'on parle ?
4. Quel ton emploient les deux jour-nalistes à la fin de la conversation ?

---

les gars [ga] guys
en faire une tête to pull a long face
crevé exhausted, beat
la manif (manifestation) student pro-test march
faillir se faire qqch to just miss doing something.
mordre to bite
emmener au poste to take to the police station
la déveine bad luck

1. Qu'est-ce qui est arrivé à Laurent et à Patrick ?
2. Pourquoi Hélène a-t-elle été arrêtée par les agents ?

DIALOGUE B

La Galanterie : un attrape-nigaudes

ruse grossière qui ne trompe
que les sottes

La galanterie n'est pas morte, même si certains hommes qu'*irrite* le désir d'autonomie des femmes en ont *fait* joyeusement *leur deuil*. Elle n'est pas morte, mais elle est réduite à quelques gestes rituels, parfois agréables ou touchants, mais souvent ridicules et *gênants*.

exaspère

se résignent à en être privés

ennuyeux
délicat

Il faut se faire à cette évidence : la galanterie, présentée comme l'*exquis* privilège de la condition féminine, n'est en réalité qu'une manifestation déguisée de l'instinct sexuel. Elle est directement proportionnelle au charme de l'intéressée et *décroît* *inexorablement* avec son âge. Ce n'est pas qu'il soit désagréable d'être un plus ou moins obscur objet du désir. Il s'agit seulement de ne pas se faire trop d'illusions sur le message.

diminue
fatalement

D'ailleurs, il suffit d'observer les comportements virils de plus près pour s'apercevoir que galanterie n'est pas le moins du monde synonyme de courtoisie. C'est le monsieur qui vient vous *faire une queue de poisson* pour vous *choper* la dernière place du parking qui, quelques minutes plus tard, *s'effacera* pour vous laisser entrer la première au restaurant.

doubler un véhicule et se rabattre brusquement devant lui / attraper, prendre vivement / se mettra de côté

La galanterie n'est pas morte, c'est vrai. Mais elle ne représente qu'un rituel *vide de sens*, maintenant que les femmes ne portent plus de corset et peuvent se baisser, ne sont plus *engoncées* dans des *robes à tournures* et peuvent monter seules en voiture, font du sport et sont capables de porter leur valise.

sans signification

serrées, coincées / dresses with bustles

On ne baise pas la main d'une dame en bottes et blue-jeans. On ne porte pas le sac à dos de la fille avec qui on part en vacances. La vraie galanterie est aujourd'hui à réinventer.

Échanger quelques attitudes stéréotypées, quelques gestes *dérisoires*, quelques comportements sans réelle signification (se sentir obligé de payer pour une femme au restaurant ou au cinéma par exemple), contre le naturel, la camaraderie ou l'amitié, quel *profit* pour les relations humaines ! « Tu as des ennuis d'argent, Hubert ? Je t'invite, ce soir. »

ridicules

avantage

Et pourquoi ne lui enverrions-nous pas des fleurs, à Hubert, si nous en avons envie ? Il n'apprécierait pas ? Tout s'apprend, et surtout les bonnes choses.

Extrait d'un article de F Magazine par Odile Lacombe.

 QUESTIONS

1. Selon l'auteur, qu'est-ce que la galanterie ?
2. Quelle relation y a-t-il entre l'âge et la galanterie ?
3. Pourquoi l'auteur croit-elle que la galanterie n'est pas le synonyme de courtoisie ? Pourquoi ce rituel est-il vide de sens ?
4. Quelle solution l'auteur offre-t-elle ?

À VOUS LA PAROLE

1. Pourriez-vous citer ce que vous considérez comme des gestes de galanterie ?
2. Est-ce que la galanterie existe toujours ? Quelle preuve pouvez-vous donner pour votre réponse ?
3. Expliquez votre concept de la galanterie.
4. Expliquez la différence entre la galanterie et la courtoisie.
5. Est-ce que ce serait possible que les comportements virils et les comportements féminins se ressemblent dans les mêmes situations — comme, par exemple, celle du parking ? Expliquez votre réponse.
6. Avez-vous votre propre solution ? Laquelle ?

Et maintenant elles volent

Lundi soir : aéroport de Nîmes-Garon. La salle d'embarquement est remplie de messieurs cravatés, attaché-case à la main. Les femmes, en minorité, ont toutes deux ou trois paquets à la main. « Embarquement immédiat », annonce l'hôtesse. Les passagers s'élancent sur la piste. La *Caravelle* se remplit lentement. Chacun a trouvé sa place. L'avion décolle. Tout va bien. Les passagers défont leur ceinture de sécurité. Quand soudain du micro un steward annonce « Le commandant de bord, Madame Isabelle Camus, et son équipage vous souhaitent la bienvenue à bord. Nous atteindrons Paris dans 55 minutes ». Un passager *sursaute, interpelle* un steward : « C'est vraiment une femme qui pilote cet avion ? » « Mais oui, Monsieur. » « Mais est-ce que c'est son premier vol ? Est-ce qu'elle connaît la Caravelle ? »

« Mais oui, Monsieur. Ne *vous en faites* pas. Elle a déjà fait des milliers d'heures de vol et fait Paris-Nîmes depuis six mois. » Le steward *éclate de rire* et *poursuit :* « Il faut *vous y faire*, Monsieur. Aujourd'hui, nous les hommes faisons le service de cabine et les femmes *tiennent le manche...* » Le passager se tait. Et il ne se détendit qu'à Paris. « Alors, convaincu ? » Il *haussa* les épaules et maugréa : « Toutes les mêmes... Elles veulent être partout aujourd'hui. »

avion français

bouge brusquement / appelle

vous inquiétez
rit soudain / continue
vous y habituer
contrôlent les commandes de l'avion (fam.) / souleva

Extrait d'un article de *Marie-Claire.*

 **QUESTIONS**

1. Pourquoi le passager s'inquiète-t-il ? De quoi a-t-il peur ?
2. Quelle a été la réaction du steward ?
3. Le passager a-t-il été vraiment convaincu ?

 **À VOUS LA PAROLE**

1. Croyez-vous que cet homme ait des préjugés ? Lesquels ?
2. Est-ce que le service de cabine devrait rester le domaine des femmes et le manche le domaine des hommes ? Expliquez votre réponse.

Les Français et leur police

Y a-t-il donc aujourd'hui un divorce entre les Français et leur police ? On pourrait le croire, à additionner les irritations, les *bavures* qu'on lit dans les journaux.

Alors, pourrait-on se demander, la police, service public, accomplit-elle sa mission ? Et le divorce est-il *consommé* entre les simples citoyens et ceux qui assurent leur sécurité ? Eh bien, non ! Un *sondage* récent montre que l'image de la police reste excellente mais sur des questions précises les critiques trouvent le recrutement pas assez sévère et que la police en *tenue* s'attache davantage à *réprimer* les *peccadilles* qu'à poursuivre les criminels et restent partagés sur le respect des droits des citoyens.

Comment alors concilier ce climat *tendu*, ces accusations mutuelles et le certificat de bonne *conduite* délivré par l'opinion ?

La première réponse tient en trois mots : grandes villes–province. Ce n'est pas un hasard si les ruraux et les habitants de villes moyennes expriment le plus volontiers leur satisfaction. C'est que, dans une petite ville le policier en tenue a

brutalités ou crimes commis par des policiers (fam.)

réalisé
recherche des opinions

uniforme
punir / fautes sans gravité

crispé
behavior

képi

environnement

habitants des villes / très
grandes villes

rate

donnent

brutalisés, maltraités / de
mauvaise humeur

réalisé

un prénom, sa femme connaît les commerçants. Il est intégré et souvent estimé. Le policier ne peut ni ne veut commettre d'excès de pouvoir. Mais, dans les grandes cités, l'image du « gardien de la paix » change comme change le *décor* de la ville. L'agressivité monte sous les *képis* comme elle monte à la tête des autres *citadins* exaspérés des *mégalopoles*. Grande cause de conflits urbains, plus importante que les bavures dans l'esprit des Français, c'est l'auto. Le mal est aggravé par certains chefs, qui *notent* les agents au nombre de contraventions qu'ils *dressent*. Les mauvaises relations avec la population viennent presque toujours d'histoires de stationnement et de circulation.

La police découvre un changement radical de mentalité. Les jeunes ne supportent plus les attitudes qu'ils estiment stupides ou injustes. De leur côté, beaucoup de citoyens se plaignent d'être mal reçus, *rudoyés* par les agents *mal embouchés* ou, ce qui est grave, violents.

Lorsqu'un effort pour une meilleure formation sera *mené à bien*, lorsque les agents logeront en ville, lorsque chacun sera convaincu que l'évolution de notre société exige chez les hommes investis de l'autorité plus d'intelligence, plus d'ouverture d'esprit, et donc sans doute plus d'argent qu'autrefois, la police jouera alors complètement le rôle qui est le sien : garantir la sécurité. Ce que souhaitent la plupart des Français.

Extrait d'un article du *Point* par Jean-Marie Pontaut et Jean Schmitt.

 QUESTIONS

1. Pourquoi l'auteur parle-t-il d'un divorce entre les Français et leur police ?
2. Qu'est-ce qu'une « bavure » ? Est-ce que des bavures peuvent se produire aux USA ? Expliquez votre « oui » ou « non ».
3. Selon le sondage cité dans le texte, quelle est l'image de la police française ? Quelles sont les critiques que ce sondage exprime ?
4. Qu'est-ce qui peut expliquer les divergences de l'opinion publique en ce qui concerne la police française ?
5. De quelle façon les opinions des gens des grandes villes diffèrent-elles de celles des habitants des petites villes ?
6. Quel rôle l'auto joue-t-elle dans le conflit urbain entre la police et les citoyens ?
7. De quoi les citadins en général, et les jeunes en particulier, se plaignent-ils ?
8. Selon l'auteur, quel est le rôle de la police ? Quelles doivent être les qualités d'un bon policier ?

À VOUS LA PAROLE

1. Comment décririez-vous la police de la ville où vous habitez ? Y a-t-il des problèmes ? Y a-t-il des différences entre la police française et la police américaine ?
2. Que faut-il faire pour éviter des conflits entre la police et les citoyens ?
3. Pour quelles raisons respectez-vous votre police ?
4. À votre avis, quel doit être le rôle de la police ? Expliquez votre réponse.

La Jeunesse devant l'alcool

Les Français ont une réputation bien établie de grands buveurs. Du vin à tous les repas, de la bière pour se *désaltérer*, le *pastis* à l'heure de l'apéritif. Sans oublier les alcools après le café. La France *détient* le record des décès par cirrhose du foie : 18 000 par an ; et le record de la consommation d'alcool pur : 8 400 400 *hectolitres*.

faire cesser sa soif / liqueur anisée / a

1 hectolitre = 100 litres

Tous les Français savent qu'il ne faut pas abuser de l'alcool, qu'il est très dangereux et très mal de boire. La propagande antialcoolique, qui a commencé à l'école primaire dès 1894, qui a inspiré on ne sait combien de slogans et d'affiches, qui *alimente* encore aujourd'hui une campagne de publicité à la télévision, a porté ses fruits.

fournit

Le témoignage de la jeunesse est particulièrement éloquent. Elle condamne sans appel l'alcoolisme. Elle voit en lui *une tare* d'adultes, un signe de *déchéance*. Souvent, les jeunes refusent de participer aux *libations* de la table familiale. Pourtant, ils avouent qu'entre eux ils boivent. « Pour *surmonter* leur timidité, pour faciliter les échanges. »

la preuve que donne

un vice / dégradation

le fait de boire

vaincre

Le monde paraît dur, hostile. L'alcool le rend confortable. Les autres vous jugent ou *vous ignorent*. L'alcool les rend amicaux. On boit comme on se drogue.

ne vous connaissent pas

On est initié à l'alcool comme à la drogue. Dans tous les cas et quel que soit l'âge, les autres jouent un rôle déterminant. On s'est mis à boire pour faire comme

les grands. Ou comme les hommes, quand on est une femme. Ou comme les collègues. Très souvent cette initiation correspond à un changement d'existence. Le passage à la vie adulte. Un déménagement. Un nouveau métier. Une promotion professionnelle. Un nouvel amour. Une solitude *imprévue*. Comme si l'on avait peur de ne pas savoir tenir un rôle pour lequel on ne se sent pas préparé.

inattendue

Ensuite, quand on a découvert l'effet bénéfique de l'alcool, on continue. On le *déguste*. On est fier d'être connaisseur. Avoir le verre facile prouve qu'on est un *bon vivant*. Tandis que les buveurs d'eau sont des méchants, dit un proverbe. L'alcool donne des forces.

boit en l'appréciant
personne qui aime la vie

Interdire l'alcool, le *pourchasser* comme on *traque* la morphine ? Il n'y faut pas songer. L'expérience de la prohibition aux États-Unis a montré où mène cette politique. Il faut bien se rendre compte qu'aucune culture, aucune société, jamais, n'a pu subsister sans laisser ses membres *recourir*, dans certaines limites, à une drogue quelconque. Pour l'excellente raison qu'il n'existe pas de société idéale dans laquelle les individus pourraient se sentir, tous et à tout moment, totalement *épanouis*.

poursuivre / poursuit

faire appel

détendus, heureux

Là est la clef. Dans l'*épanouissement* de l'individu. On ne vaincra pas l'alcool en en dénonçant les méfaits. Mais en proposant aux Français d'aujourd'hui d'autres manières de se réaliser, qui excluent l'alcool.

développement *(fig.)*

Extrait d'un article de *L'Express* par Gerard Bonnot.

QUESTIONS

1. Pourquoi les Français ont-ils la réputation d'être de grands buveurs ? Est-ce vrai ?
2. Comment est-ce que les Français savent que l'alcool n'est pas bon pour la santé ?
3. Et la jeunesse française, quelle est son attitude devant l'alcool ?
4. Citez les raisons pour lesquelles on commence à boire et pourquoi on continue à boire.
5. Pourquoi compare-t-on l'alcool à la drogue ?
6. Comment est-ce qu'on peut vaincre l'alcool ?

À VOUS LA PAROLE

1. À votre avis, pourquoi est-ce qu'on boit ?
2. Quel rôle l'alcool joue-t-il dans la vie des étudiants de votre université ? Dans la vie de vos parents ?
3. Que suggéreriez-vous pour que les gens s'épanouissent sans alcool ?

La Liberté sexuelle

La liberté sexuelle est entrée dans nos *mœurs*. Elle *atteint* même les enfants et les adolescents. Mais si ceux-ci trouvent de plus en plus souvent l'occasion de *faire*, ils ont moins fréquemment la possibilité de parler de ces problèmes, spécialement en famille. Cette absence de dialogue est *néfaste*, car les chemins de la liberté passent par la réflexion, l'expression et le dialogue.

habitudes morales / réussit à toucher

faire l'amour (sous-entendu)
dangereuse

Pour la culture de masse, la chose est claire : sexualité libérée, plaisir précoce et répété en dehors de toute notion de faute ou de *péché*. En un mot : « Il est interdit d'*interdire*. La publicité *n'est* plus *allusive*, mais *incitative*. Les films, même les meilleurs, rendent sympathiques l'adultère ou l'homosexualité et tournent en ridicule le conjoint ou la famille nombreuse.

faute contre la loi divine

to forbid / qui procède par sous-entendus / qui pousse à faire quelque chose

Je connais bien les livres d'éducation sexuelle pour en avoir étudié cent quatre-vingt-sept. On est passé, en moins de dix ans, d'une *pudeur* excessive, d'un rigorisme moral à une permissivité totale. D'ailleurs plusieurs auteurs affirment que tous les problèmes d'échecs scolaires, d'incompréhension familiale, de désordres pubertaires ou de difficultés psychologiques seront résolus par la libération sexuelle.

décence, modestie

Quant aux parents leur immobilisme est encore plus marqué. Ils savent pourtant que le monde a changé, que, autour d'eux, les jeunes « sortent » plus tôt, prennent la pilule, « vivent avec » (le verbe a remplacé le substantif ; « concubinage » ou « flirt » ne se disent plus). Mais leur enfant, lui, est ouvert, confiant : s'il avait des problèmes, il en parlerait sûrement ; il est trop jeune, ça ne l'intéresse pas, c'est pour les autres. Si bien que, en dix ans, les vingt mille parents que j'ai interrogés n'ont pratiquement pas évolué.

De toute façon, beaucoup de parents pensent qu'*aborder* ces sujets — eux-mêmes ou à l'école — c'est prendre le risque d'un passage à l'acte. D'autres estiment, *en outre*, qu'ils sont mal placés pour donner des conseils dans un domaine qu'ils maîtrisent mal, *tant* du point de vue linguistique que personnel. *[parler de / de plus / autant]*

Voici donc nos enfants perplexes entre une société qui leur dit : « Vas-y, profite de ta jeunesse, prends ton plaisir ! », et des parents méfiants, restrictifs et plus encore *muets*. Ont-ils changé ces enfants et à quelle *allure* : celle, supersonique des « mass media » ou celle, *sénatoriale*, des parents ? *[silencieux / vitesse / lente et grave (fig.)]*

Comment faire entendre la voix des enfants qui parlent avec confiance à l'adulte ? Nous avons tous trop d'autres choses à faire. Si, oubliant leur courrier ou affaires en retard, quelques pères et mères prenaient le temps d'écouter leur garçon ou fille, peut-être ce dernier aurait-il enfin l'occasion de verbaliser en famille ce qui reste à l'état d'images, d'*impulsions*, de rêves, de désirs, d'interrogations habituellement *informulées* ou même *refoulées*. *[tendances, instincts / non exprimées ou exposées / contenues, étouffées]*

Extrait d'un article du *Monde* par Denise Stagnara.

QUESTIONS

1. Qu'est-ce que la liberté sexuelle ?
2. Quels changements d'attitude dans les livres d'éducation sexuelle ont eu lieu en moins de dix ans ?
3. Quelle influence les films et la publicité ont-ils sur les mœurs ?
4. Que pensent les parents de tous ces changements ?
5. Pourquoi les parents hésitent-ils à aborder le sujet de la vie sexuelle avec leurs enfants ? Et l'école ?
6. Quel problème reste important pour les enfants ?
7. Selon l'auteur, comment les parents peuvent-ils résoudre le problème ?

À VOUS LA PAROLE

1. Que pensez-vous de l'éducation sexuelle ?
2. Quel rôle les parents devraient-ils jouer dans l'éducation sexuelle de leurs enfants ? Et l'école ?
3. Est-ce possible que les parents n'évoluent pas en face de ces questions parce qu'ils souffrent d'une pudeur excessive ?

4. À votre avis, est-ce qu'il y a un renouvellement du rigorisme moral de nos jours ?
5. Quelles sont les raisons du changement d'attitude de notre société aujourd'hui envers la liberté sexuelle ?

Les Jeunes croient-ils en Dieu ?

Les jeunes sont de moins en moins nombreux à croire en Dieu. Selon un sondage de l'*I.F.O.P.*, 30 pour cent des quinze à trente ans n'ont pas de croyance religieuse (contre 17 pour cent en 1967). Ceux qui croient en Dieu ne sont plus que 62 pour cent (contre 81 pour cent en 1967) ; 17 pour cent se disent même « sans religion » : dix ans plus tôt, ils n'étaient que 6 pour cent.

    Les filles sont, semble-t-il, plus croyantes que les garçons (68 pour cent contre 57 pour cent). La foi demeure solide parmi les jeunes agriculteurs. *En revanche,* elle diminue avec l'élévation du niveau d'instruction. Les jeunes se disant « *de gauche* » sont nettement plus incroyants.

    Les discussions religieuses intéressent peu les jeunes : 73 pour cent des quinze à trente ans reconnaissent ne « discuter de religion » que « rarement » ou « jamais ».

    Comment entendre cette *baisse* de Dieu chez les jeunes ? Elle est sans doute très *liée* à ce qu'ils sont. Un *aumônier* de lycée qui a vécu vingt-cinq ans avec eux, risque ce diagnostic : « Pour les jeunes, *l'Absolu* se construit au jour le jour. Car on ne peut *parier* sur l'avenir, il est trop incertain. Inutile donc de vouloir bâtir toute son existence autour d'une grande théorie *métaphysique*, d'un vaste système philosophique ou d'un ensemble de valeurs religieuses. Les jeunes *visent le coup par coup*. Ils *ne vivent pas dans la durée*, mais dans le *ponctuel*. Scepticisme, ou réalisme ? Le fait est là : pour la majorité des jeunes, rien ne peut être, une fois pour toutes, définitif et absolu. »

Extrait d'un article de *La Vie* par Jean-Claude Petit et Philippe Genet.

Institut français d'opinion publique

par contre

favorables à la politique de la gauche

diminution

attachée / prêtre

le grand idéal (fig.)

to bet

recherche philosophique des causes et principes premiers

vivent au jour le jour (fig.) / ne sont pas concernés par les choses permanentes / au jour le jour

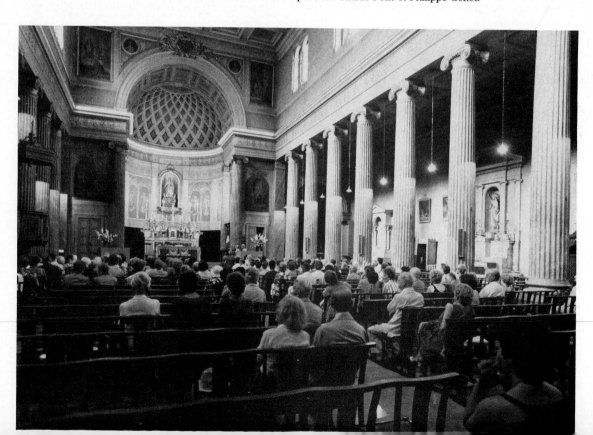

✑ QUESTIONS

1. De quelle façon le nombre de jeunes croyants a-t-il changé en dix ans ?
2. Parmi les jeunes, qui sont les plus croyants ? Les plus incroyants ?
3. Comment l'aumônier explique-t-il cette baisse de Dieu chez les jeunes ?
4. Êtes-vous d'accord avec l'aumônier ? Expliquez votre réponse.

✑ À VOUS LA PAROLE

1. Pourquoi croyez-vous que les filles sont plus croyantes que les garçons ? Que les agriculteurs sont plus croyants que les gens qui habitent les villes ?
2. Est-ce que les discussions religieuses vous intéressent ? Pourquoi ou pourquoi pas ?
3. Croyez-vous que les jeunes vivent au jour le jour ? Expliquez.
4. Quand il s'agit de la religion, est-ce que les jeunes gens sont plus sceptiques que réalistes ?
5. Croyez-vous qu'il soit nécessaire de renouveler les valeurs religieuses ? Expliquez votre réponse.

SUJETS DE DISCUSSIONS

1. La galanterie n'a jamais été autre chose qu'un rituel de l'instinct sexuel et réservée pour de belles jeunes filles. Est-ce vrai ?
2. Inventez votre propre histoire suivant le modèle « Et maintenant elles volent » pour raconter à la classe et puis discuter.
3. Expliquez pourquoi vous croyez que nous avons tous nos préjugés.
4. Présentez et discutez les pressions sociales et l'alcool (la liberté sexuelle).
5. Les femmes n'ont pas la capacité d'être de bons pilotes. (pour ou contre)
6. Est-ce vrai que la galanterie soit le meilleur hommage qu'un homme puisse offrir à une femme ? Ou est-ce que la galanterie fait sentir aux femmes qu'elles ne sont que des objets faits pour le plaisir des hommes ?
7. C'est le monde et l'exemple des parents qui font naître le scepticisme de la jeunesse. (pour ou contre)
8. Choisiriez-vous la police comme carrière ? Expliquez les raisons de votre choix.

HOROSCOPE

| **BÉLIER** Du 21 Mars au 20 Avril | **BALANCE** Du 24 Sept. au 23 Oct. |
Une question d'argent vous laisse perplexe ? Ne refusez pas les conseils avisés d'un expert. Vous serez inattaquable. | De joyeux projets sont dans l'air et vous voilà en pleine forme pour préparer ce week-end.

| **TAUREAU** Du 21 Avril au 21 Mai | **SCORPION** Du 24 Oct au 22 Nov |
Une belle semaine : joli mois de mai. Vous aurez envie d'aller cueillir le muguet pour voir la feuille à l'envers. | Rien ne va plus si tout va bien : vous cherchez vraiment les complications vous allez être gâté.

| **GÉMEAUX** Du 22 Mai au 21 Juin | **SAGITTAIRE** Du 23 Nov au 21 Déc |
Affichez vos multiples talents vous êtes un créateur dans l'âme et jamais pris de court, la journée du 8 vous sera favorable. | Soyez généreux, les autres ont besoin de toute votre amitié de toute votre attention. de votre amour aussi.

| **CANCER** Du 22 Juin au 22 Juillet | **CAPRICORNE** Du 22 Déc au 20 Janv. |
Relaxez vous ce soir, vos nerfs en ont besoin. après cette dure journée. Mais la soirée est prometteuse. | Votre persuasion ne se révèlera pas très efficace mais aux alentours du 7 vous trouverez les mots ou le 'mot'.

| **LION** Du 23 Juillet au 23 Août | **VERSEAU** Du 21 Janv. au 18 Févr. |
Ce n'est pas en roulant trop vite que vos profiterez du paysage. n'en traînant pas trouvez votre vitesse de croisière. | Téléphonez à des amis que vous n'avez pas vu depuis longtemps, vous ne pourrez que vous féliciter de cette initiative.

| **VIERGE** Du 24 Août au 23 Sept. | **POISSONS** Du 19 Févr. au 20 Mars |
Si vous vous retrouvez seul à qui la faute ? Il est temps d'élargir vos connaissances. | Ne faites pas de compromis avec la morale. on va essayer de vous entraîner dans des chemins tortueux.

Corrélations entre le caractère d'une personne et ses couleurs préférées

rouge   vigoureux, impulsif, actif, sympathique
orange   sociable, aimable
jaune   intellectuel, idéaliste, philosophe
vert   compréhensif, tolérant, confiant (*trusting*), sensitif (particulièrement sensible)
bleu vert   sensitif, artiste
bleu   conservateur, sensitif, sérieux, consciencieux
pourpre   bizarre, mystérieux, artiste, satisfait, malin (habile, rusé)
brun   calme, sensible, conservateur
blanc   gentil, poli
gris   calme, sensible, conservateur
noir   léger (peu sérieux), sophistiqué

Adapté d'un article de *Marie France* par Jacques Thomas.

8

Les Sports

L'ESSENTIEL

un(e) athlète   s'entraîner

        faire   de l'exercice *(m.)*

        se consacrer (à)   l'entraînement *(m.)*

        s'imposer   de la discipline

        courir   la course de fond
                                la course à pied

        participer (à)   la compétition
        jouer (à)   le football
                                 le golf
                                 le tennis
                                 le rugby

un joueur, une joueuse   respecter   les règles *(f. pl.)*, les
                                 lois *(f. pl.)* de la partie

        se disputer (avec)   les membres *(m. pl.)*
        s'entendre (avec)   de l'équipe *(f.)*
                                 l'entraîneur *(m.)*
                                 l'adversaire *(m., f.)*
                                 l'arbitre *(m.)*

        marquer   un but
        gagner   un point
        perdre   la partie

le score   être   à égalité

un spectateur, une
   spectatrice
le (la) fanatique
l'amateur *(m.)*

regarder
parier (sur)

un match de basket-ball
   (m.)
   de base-ball *(m.)*
   de boxe *(f.)*
le score
la course de chevaux

Un match de tennis

un joueur

avoir besoin (de)

un(e) partenaire
un court de tennis, un
   terrain de tennis
une raquette
des balles *(f. pl.)*

Vocabulaire supplémentaire

un set
le service
un simple
un double
être vaincu(e)

le scoring
zéro
15 à (15 partout)
30
40
jeu
avantage dehors
avantage dedans
avantage détruit

Le Ski de fond
Le ski de fond dont le mouvement de base est... le pas, ne nécessite pas l'audace qu'exige le ski alpin, et c'est quand même un sport très bénéfique sur le plan de la santé, ne serait-ce d'abord que parce qu'il se pratique en altitude et que l'air y est plus pur qu'en plaine, mais son bénéfice ne s'arrête pas à l'environnement dans lequel il se pratique. Il met en jeu pratiquement tous les groupes musculaires, il favorise l'oxygénation du sang et il augmente à la fois la souplesse, la résistance physique et la coordination des mouvements.

Mais attention, malgré son apparente facilité il est très contraignant, à cause de la considérable énergie qu'il fait dépenser.

L'Equipement
Les skis utilisés par le ski de fond sont beaucoup moins onéreux que ceux qu'exige le ski alpin. Plusieurs types sont disponibles sur le marché : en bois, métallo-plastique, en matière synthétique. Préférer ces derniers — légèrement plus chers, ils sont cependant légers, pratiquement incassables et très glissants.

Les chaussures n'ont elles non plus rien à voir avec celles de skieurs alpins. Les prendre parfaitement adaptées à son pied, et ne jamais oublier de les essayer avec de grosses chaussettes.

Les bâtons doivent être légers, souples et résistants. Préférez ceux en alliage léger.

Pour les premières séances sur la neige, un survêtement de sport ordinaire (avec, dessous, une ou plusieurs épaisseurs de laine ou coton), un bonnet de laine et des gants légers suffisent.

La natation

un nageur, une nageuse	se baigner (dans)	une piscine
	nager (dans)	la mer
	plonger (dans)	l'océan *(m.)*
		une rivière
		un lac
	flotter (sur)	l'eau *(f.)*

un spectateur, une spectatrice	regarder	un match de basket-ball (m.)
le (la) fanatique	parier (sur)	de base-ball (m.)
l'amateur (m.)		de boxe (f.)
		le score
		la course de chevaux

Un match de tennis

un joueur	avoir besoin (de)	un(e) partenaire
		un court de tennis, un terrain de tennis
		une raquette
		des balles (f. pl.)

Vocabulaire supplémentaire

un set	le scoring
le service	zéro
un simple	15 à (15 partout)
un double	30
être vaincu(e)	40
	jeu
	avantage dehors
	avantage dedans
	avantage détruit

Le Ski de fond

Le ski de fond dont le mouvement de base est... le pas, ne nécessite pas l'audace qu'exige le ski alpin, et c'est quand même un sport très bénéfique sur le plan de la santé, ne serait-ce d'abord que parce qu'il se pratique en altitude et que l'air y est plus pur qu'en plaine, mais son bénéfice ne s'arrête pas à l'environnement dans lequel il se pratique. Il met en jeu pratiquement tous les groupes musculaires, il favorise l'oxygénation du sang et il augmente à la fois la souplesse, la résistance physique et la coordination des mouvements.

Mais attention, malgré son apparente facilité il est très contraignant, à cause de la considérable énergie qu'il fait dépenser.

L'Equipement

Les skis utilisés par le ski de fond sont beaucoup moins onéreux que ceux qu'exige le ski alpin. Plusieurs types sont disponibles sur le marché : en bois, métallo-plastique, en matière synthétique. Préférer ces derniers — légèrement plus chers, ils sont cependant légers, pratiquement incassables et très glissants.

Les chaussures n'ont elles non plus rien à voir avec celles de skieurs alpins. Les prendre parfaitement adaptées à son pied, et ne jamais oublier de les essayer avec de grosses chaussettes.

Les bâtons doivent être légers, souples et résistants. Préférez ceux en alliage léger.

Pour les premières séances sur la neige, un survêtement de sport ordinaire (avec, dessous, une ou plusieurs épaisseurs de laine ou coton), un bonnet de laine et des gants légers suffisent.

La natation

un nageur, une nageuse	se baigner (dans) nager (dans) plonger (dans)	une piscine la mer l'océan *(m.)* une rivière un lac
	flotter (sur)	l'eau *(f.)*

Club Olympe

● **Cadre :** dans une superbe salle de 200 m², peintures décoratives aux murs et plantes vertes, Mireille Simon vous muscle de la tête aux pieds grâce à un travail de culture physique sur appareils, bancs, espalier et tapis de sol. *« Pour le ski, il faut bien sûr privilégier les lombaires, les abdominaux, les quadriceps, les ischios (arrière-cuisse) et les aducteurs (intérieur-cuisse).*

Sans oublier le souffle qui est d'une importance capitale.

Les mouvements à la barre ou aux haltères sont très efficaces pour les muscles dorsaux. »

Ici, le bodybuilding est conçu comme un excellent outil de préparation à toutes sortes d'activités physiques et non comme une fin en soi. Cours collectifs d'aérobic et de streching.

● **Notre avis :** large gamme d'appareillages. Pas de séances de relaxation après l'effort, absence d'un coin détente-bar.

● **Forfait :** 200 F/mois ou 1500 F/an, fréquence illimitée.

● **Adresse :** 372, av. Joseph-Gasquet, Saint-Jean-du-Var, 83000 Toulon. Tél. : 94.03.14.28.

Ouvert du lundi au vendredi, de 9 heures à 20 h 30 et le samedi matin de 9 heures à 12 heures.

Le ski

un skieur, une skieuse

acheter	des skis *(m. pl.)*
	les bâtons *(m. pl.)*
	les chaussures *(f. pl.)*
	les fixations *(f. pl.)*
	un ticket de remontée
faire	la queue
prendre	le télésiège
prendre, suivre	des leçons *(f. pl.)* (du moniteur)
apprendre	la technique
faire	la descente
skier (sur)	la piste
	la pente

Vocabulaire supplémentaire

la station de ski
le ski de fond (nordique)
le ski alpin
le monoski
le ski de randonnée

Liste des sports

la plongée sous-marine
le bateau à voiles, la voile
le windsurfing (la planche à voile)
le surfing
le canotage
l'équitation (f.), monter à cheval
l'alpinisme (m.)
la randonnée à pied
le footing
le jogging

la planche à roulette
la gymnastique
le cyclisme, le vélo
l'athlétisme (m.)
le squash
le patin à roulettes
le ping-pong
le patinage
le hockey

I. Complétez les phrases suivantes.

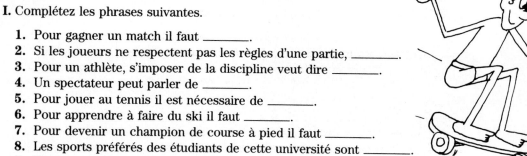

1. Pour gagner un match il faut _____.
2. Si les joueurs ne respectent pas les règles d'une partie, _____.
3. Pour un athlète, s'imposer de la discipline veut dire _____.
4. Un spectateur peut parler de _____.
5. Pour jouer au tennis il est nécessaire de _____.
6. Pour apprendre à faire du ski il faut _____.
7. Pour devenir un champion de course à pied il faut _____.
8. Les sports préférés des étudiants de cette université sont _____.
9. Un amateur de sport est quelqu'un qui _____.

II. De quoi a-t-on besoin pour (a) jouer au rugby (b) nager (c) jouer au tennis (d) faire du ski ? En employant le vocabulaire de l'Essentiel, essayez de dire autant de choses que possible. Ensuite, décrivez les avantages et inconvénients de chaque sport.

III. Que diriez-vous à un(e) ami(e) qui ne fait pas de sport pour le (la) persuader de changer d'avis ? Consultez l'Appendice A à la page 167.

IV. Voici un dessin qui montre quatre athlètes. Quel est celui qui exprime le mieux l'athlète que vous êtes ? Si vous pouviez choisir l'athlète qui vous conviendrait le mieux, quel athlète choisiriez-vous ? Expliquez votre choix.

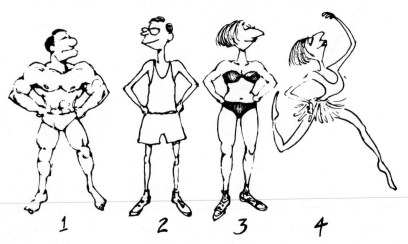

1   2   3   4

SPORT

Vélo tout terrain

Attention les vélos ! Pour ceux qui aiment sortir des sentiers battus, le Bicyclub organise désormais des week-ends « tout terrain ». Adieu la bicyclette classique, vive le vélo sportif, qui permet de s'enfoncer dans les sous-bois, de faire travailler ses muscles et de beaucoup s'amuser. La machine – avec laquelle vous vous familiariserez grâce aux conseils d'un accompagnateur – comprend 10 vitesses, un cadre et des roues renforcées, robustesse oblige ! La promenade, de 30 kilomètres environ, démarre de Dammarie-les-Lys et coûte 75 F, location du vélo compris (inscription au Bicyclub : 160 F). Sorties, en moyenne, 2 fois par mois ; la prochaine aura lieu le 31 mai. Pensez à apporter votre pique-nique ! M. F.
Bicyclub, 8, place de la Porte-Champerret, 75017 Paris. 47.66.55.92.

G **Vélo sport "Talbot"**, dame, réf. PR 2051, cadre mixte, roue Ø 700 x 28 c, 10 vitesses, garde-boue, porte-bagages, éclairage **943,00**

EXERCICES

I. Expliquez la différence entre les mots suivants et puis employez-les dans des phrases originales.

1. nager et flotter
2. un joueur et un spectateur
3. la mer et le lac
4. faire de l'exercice et s'entraîner
5. le ski de piste et le ski de fond
6. le bateau à voiles et la planche à voile

II. Répondez aux questions suivantes.

1. Comment une personne peut-elle s'entraîner pour un sport ?
2. Que fait un arbitre ? Un joueur de rugby ? Un entraîneur ? Un skieur ?
3. Comment joue-t-on au tennis ?
4. Comment un athlète s'impose-t-il de la discipline ?
5. Qu'est-ce qui arrive quand un joueur (un entraîneur) se dispute avec un arbitre ?
6. À quoi un télésiège sert-il ?
7. Si vous étiez un joueur, quels sentiments éprouveriez-vous si le score était à égalité ?
8. Comment le public traite-t-il un arbitre ? Un entraîneur ? Un joueur ?
9. Comment les étudiants de votre université traitent-ils l'entraîneur (les joueurs) quand l'équipe perd un match ? Gagne un match ?
10. Quel rôle les sports jouent-ils dans votre université ?

III. Expliquez ce qui vous amène aux sports (ou à un sport). Quels sont vos sports préférés et pourquoi ? Quelle place les sports ont-ils dans votre existence ? (Parmi les réponses possibles on peut trouver **chercher une détente, mener une vie sédentaire, dormir mal, rencontrer des amis, pouvoir jouer bien, se muscler.**)

IV. Quelles sont les qualités d'un entraîneur ou d'un moniteur de n'importe quel sport ? (Parmi les réponses possibles on peut trouver **apprendre à jouer correctement, stimuler et comprendre les joueurs, corriger les défauts, bâtir un club, faire des progrès rapides, avoir du talent et de la gentillesse.**)

V. a. Décrivez l'entraîneur idéal ; ensuite, décrivez les entraîneurs de votre université.
   b. Décrivez le joueur stéréotypé du football américain (du basket-ball, du tennis). Ensuite, décrivez les joueurs de ces sports dans votre université.

VI. Vous avez décidé de profiter de vos vacances pour faire du sport mais vous hésitez entre quatre possibilités. (Vous trouverez ci-dessus les publicités correspondantes.) Avant d'indiquer votre choix, décrivez les avantages et inconvénients de chaque possibilité (sport, intérêt, prix, temps, pays).

VII. Imaginez. En employant le vocabulaire de l'Essentiel, inventez et préparez par écrit un dialogue auquel l'un(e) de vos camarades devra participer de façon impromptue.

LES STATIONS FRANÇAISES BON MARCHÉ

● **Valloire** : une station jolie et sympathique, à mi-chemin entre le parc de la Vanoise et le parc des Ecrins, qui a su exploiter un double domaine de ski alpin et ski de fond. Les skieurs moyens, qui constituent la majorité des pratiquants, y trouveront des pistes honnêtes et diversifiées. **Office du tourisme**, tél. : 79.59.03.96.
● **La Toussuire et Le Corbier** : deux stations savoyardes sympathiques, un territoire dont l'altitude garantit l'enneigement, mais une architecture vraiment triste et sans charme sur fond de versant dénudé. Pour l'atmosphère, l'organisation et les prix. **Office du tourisme**, tél. : 79.56.70.75 et 79.64.28.58.
● **Les Orres** : après un lent démarrage il y a vingt ans, la station des Orres améliore ses infrastructures sportives pour les non-skieurs et poursuit l'équipement d'un domaine skiable qui peut offrir beaucoup. Un centre nouveau et familial dont l'architecture moderne est assez bien intégrée au site, balcon exposé au midi, au-dessus de la Durance. A surveiller pour une région plaisante et des tarifs raisonnables. **Office du tourisme**, tél. : 92.44.01.61.

● **Bonneval-sur-Arc** : un village de bois et lauze dans le parc de la Vanoise qui a les qualités d'une station de ski (ski de descente, de fond, hors-piste et ski d'été y sont pratiqués). Un domaine peu étendu mais une clientèle qui apprécie l'enneigement du territoire, les ruelles médiévales du village et le beaufort de la coopérative. **Office du tourisme**, tél. : 79.05.95.95.

🎧 À VOUS L'ÉCOUTE

D'abord, étudiez les listes de vocabulaire. Puis, écoutez plusieurs fois les deux conversations du Chapitre 8. Essayez d'identifier les personnes qui parlent et les sujets de leurs conversations. Ensuite, essayez de répondre aux questions suivantes.

DIALOGUE A

Vocabulaire

on a failli rater   we nearly missed
le foot (le football)   soccer
les phases du jeu   stages of the game
dingue *(fam.)*   crazy
faire un croche-pied   to trip someone
un carton rouge   red card, sign used by referee to expel a player from the game

Questions

1. Expliquez ce qui est arrivé au cours du match de football.
2. Quel est le sport que les trois amis opposent au football et pourquoi ?

un mec *(fam.)* a guy
flanquer un coup de poing to hit
    with one's fist
sur les gradins in the stands
un pétard firecracker
éteindre to turn off
débile *(fam.)* stupid, worthless, bad
injurier to swear
le voyou hooligan

---

classé première série classed in first
    rank of amateur players
filer *(fam.)* to leave
sotte foolish

1. Quelle sorte de garçon est Julien ?
2. Comment voit-il les femmes par rapport aux hommes ?
3. Quelle surprise a-t-il eue après le départ de Chantal ?

DIALOGUE B

Les Femmes rattrapent les hommes

rejoignent, atteignent

Un jour, peut-être, les femmes nageront aussi vite que les hommes. Un jour, peut-être, elles courront aussi vite. Cette prédiction aurait pu paraître *déplacée* il y a quelques années. Pas aujourd'hui. Les performances féminines ne cessent de progresser en athlétisme et en natation. Au point qu'un *scientifique*, à présent, doit la prendre au sérieux : il faut en finir avec les idées *reçues* sur la physiologie humaine et sur les différences biologiques entre homme et femme.

incorrecte

un savant
établies

    Un scientifique a étudié les meilleures performances des hommes et des femmes sur les stades et dans les piscines au cours des cinquantes dernières années. Le record du 100 mètres féminin a été enregistré pour la première fois en 1934. Les records mondiaux féminins n'ont été reconnus qu'en 1957 pour le 400 mètres, en 1967 pour le 1500 mètres, et en 1972 pour le 3000 mètres. Jusque-là, on pensait que les femmes étaient incapables de courir sur des distances aussi longues sans *s'essouffler*. Et, bien qu'aucune base scientifique ou médicale n'*étayât* cette conviction, on affirmait que c'était dangereux pour leur santé.

se mettre presque hors d'haleine
renforça, soutint

Pour chacune de ces distances le record mondial féminin *remonte* peu à peu le record masculin. Aujourd'hui, les femmes participent avec succès au 5000 mètres, aux marathons sur route, qui couvrent plus de 42 kilomètres.

gagne sur, revient vers

L'*écart* le plus frappant entre résultats masculins et féminins concerne les courses de fond, spécialité à laquelle, justement, les femmes viennent *d'accéder*. Plus longtemps elles ont pratiqué une discipline, plus elles se rapprochent des records masculins.

la distance, l'intervalle

parvenir

En natation également les femmes rattrapent les hommes. Le *taux* d'amélioration de leurs records est meilleur. *De surcroît*, le *fossé* entre performances féminines et masculines est plus étroit en natation qu'en athlétisme.

pourcentage

en plus / la différence (fig.)

Une analyse statistique des tendances en natation et en athlétisme laisse prévoir une égalité entre les sexes peut-être dans trois ou quatre *décennies*.

décades

L'égalité a déjà été atteinte dans une épreuve. Les femmes *détiennent* le record de la traversée de la *Manche* à la nage dans les deux *sens*. Dans chaque cas, la différence est d'environ quarante minutes sur les neuf heures nécessaires à la traversée.

ont

English Channel / directions

Dans d'autres épreuves, les femmes sont nettement capables de rivaliser avec succès, *voire* de gagner, au niveau de compétitions nationales et internationales. Il faudrait, après tout, de très fortes équipes masculines nationales pour battre les nageuses et coureuses est-allemandes. Dans ces deux sports, chaque épreuve est une expérience biologique dont le résultat est minuté au 100e de seconde dans des conditions contrôlées et définies avec précision. Dans le passé, des raisons biologiques ont été avancées pour expliquer que les femmes courent et nagent moins vite que les hommes. De toute évidence, ce sont des concepts sociaux, et non biologiques, qui ont interdit aux femmes de participer à tant d'épreuves jusqu'à une période récente.

et de même

Les différences dans les épreuves de course et de natation étaient considérées comme des signes certains d'inégalité biologique fondamentale. Certaines différences biologiques évidentes dans un domaine furent utilisées comme preuve de différences *innées* dans un autre domaine. Un processus similaire est utilisé par ceux qui affirment des différences innées concernant l'intelligence et le comportement entre les sexes, entre les races, entre les classes.

naturelles

C'est le devoir de la biologie sociale de *récuser* de telles « vérités évidentes ». Souvent, comme dans le cas du sport, elles peuvent être sérieusement trompeuses. Même si les femmes ne parviennent pas à égaler les hommes dans toutes les disciplines sportives, il est clair, à présent, que les raisons de leur retard sont plus sociales que biologiques.

refuser de reconnaître

Extrait d'un article de *L'Express* par Ken Dyer.

 QUESTIONS

1. Pourquoi dit-on qu'un jour les femmes pourront rattraper les hommes ?
2. Est-ce un but valable ? Pourquoi ?
3. Un scientifique a étudié les records mondiaux. Qu'est-ce qu'il a découvert ?
4. Où est-ce qu'on peut trouver les records les plus frappants ?
5. Comment sont les performances des femmes en natation ? En athlétisme ?
6. Quel processus a été employé pour expliquer les différences des performances sportives des femmes ?
7. Quelle est la raison proposée par l'auteur pour expliquer le retard des femmes dans les épreuves sportives ?

 À VOUS LA PAROLE

1. À votre avis, quelles sont les « vérités évidentes » dont parle l'auteur ?
2. Êtes-vous d'accord avec l'explication du retard des femmes dans les épreuves sportives proposée par l'auteur ? Expliquez votre réponse.

3. La traversée de la Manche à la nage n'est pas une épreuve de force mais d'endurance. Est-ce vrai ?
4. Il y a des gens qui croient que les femmes ne rattraperont jamais les hommes ni sur le plan sportif ni sur le plan intellectuel. Êtes-vous d'accord ?
5. Croyez-vous que les femmes qui pratiquent trop les sports perdent leur féminité ? Pourquoi ou pourquoi pas ?

La Violence, submerge-t-elle nos stades ?

Une étude française conduite par deux journalistes sportifs montre qu'en une saison de football professionnel de première division, plus de 10 000 journées sont perdues par accidents ou blessures. Les joueurs d'un club comme Nice totalisent à eux seuls plus de 1000 jours d'*indisponibilité*. Chaque match entre Nice et *Bastia* marque une *étape* nouvelle dans l'*escalade* des brutalités : le sport *s'efface* désormais devant la vendetta. On pourrait multiplier les exemples. Alors, *outrances ?* Problèmes inévitables *dès lors qu*'il y a compétition ? Ou évolution inquiétante d'un sport chaque jour davantage *rongé* par ce cancer des sociétés modernes — la violence ?

    « La violence n'est pas un état d'esprit du football français », dit un des joueurs du club de Nice, « mais l'état d'esprit de certains joueurs. Il y a des garçons qui ne sont plus les mêmes lorsqu'ils rentrent sur un terrain. Tout le monde le sait : ils feront tout pour arrêter le « *bonhomme* ». Il y a quelques types comme ça en France. Je ne veux pas citer de noms, mais tout le monde les connaît. Ce sont eux qui font le mal. »

    « Sur le terrain, c'est la guerre, affirme un entraîneur. Les défenseurs me paraissent aujourd'hui moins virils qu'à mon époque... ou que je l'étais moi-même. »

[glosses:] unavailability / **ville en Corse / phase / ascension / disparaît** / **choses excessives, exagérations / aussitôt que / attaqué** / **le type, le gars ; l'adversaire**

« Les joueurs sont pris dans l'*engrenage* infernal des contrats, de l'argent, des matchs à gagner à tout prix », estime un arbitre. Où est la vérité ? Le football français est-il plus violent que ses homologues anglais, allemands ou latins ? Nos joueurs sont-ils plus fragiles ? Nos arbitres moins compétents ? L'opinion d'un joueur : « Je ne considère pas le football français comme un football particulièrement violent. Mais le sport est toujours le miroir d'une société et le football tend à devenir de plus en plus impitoyable. Un joueur professionnel doit amasser un maximum d'argent dans une carrière relativement courte. Pour *empocher* la *prime*, il doit gagner. Pour gagner, il doit empêcher l'attaquant adverse de marquer. Certains *sont tentés* de le faire par tous les moyens. »

wrangling, negotiations (fig.)

mettre dans la poche
somme donnée en plus du salaire
ont grande envie

« Mais une frontière existe, celle qui passe entre l'anti-jeu et le jeu méchant. Mais qu'un joueur cherche *sciemment* à en blesser un autre : voilà qui est impardonnable. » Les sanctions, en France, sont insuffisamment sévères : le joueur coupable s'en tire couramment avec un seul match de suspension.

exprès

Le football français est trop hétérogène enfin. À côté des grandes équipes existent d'autres formations qui n'ont pas l'*envergure* d'équipes professionnelles et qui se battent pour leur *survie*. Il leur faut absolument gagner, et par tous les moyens. Surtout sur leur terrain. Car c'est là que se font les *recettes* qui assurent leur existence. Elles peuvent être tentées de se dire : « Tuons un tel joueur, au moins, ainsi, on sera sûr qu'il ne marquera pas de but. »

classe
vie future
l'argent gagné

Le public français n'est pas un public méchant. La France ne connaît pas encore les excès des foules en Grande-Bretagne où parfois les matches se terminent en combat de rues ; ou les matches d'Amérique du Sud où ce n'est pas la police qui assure l'ordre mais l'armée.

Mais on peut se demander également si, dans les sociétés modernes, le stade ne fait pas de plus en plus office de *défouloir* où on se libère de toute une agressivité *contenue au fil* des jours.

endroit où on peut laisser aller
ses émotions
réprimée, retenue / tout le long

Extrait d'un article de *Paris-Match* par Jean-Claude Halle.

VOLLEY-BALL

Terrain. 18 m × 9 m. *Poteaux* distants de 11 m. *Filet* : 1 m de large ; partie supérieure à 2,43 m (2,24 pour cadets et filles, 2,10 pour cadettes). **Ballon** : 250 à 280 g ; circ. 0,65 m à 0,685 m. **Equipes** : 12 joueurs, 6 sur le terrain. **Parties** : en sets de 15 points en 3 sets gagnants. L'écart d'1 set doit être de 2 points (si l'on arrive à 15/14, la partie continue jusqu'à ce qu'on obtienne 2 points d'écart). Il est interdit de tenir le ballon.

Principe. Faire passer le ballon dans le camp adverse de telle sorte que celui-ci ne puisse le renvoyer. Si l'adversaire laisse tomber le ballon à terre dans son camp, si, en le renvoyant, il fait sortir le ballon du terrain, ou s'il commet une autre faute (touche de filet, franchissement de la ligne centrale), il perd le coup. S'il était en train de servir, le service passe au gagnant ; si le gagnant avait déjà le service, il marque 1 point. Passes limitées à 3 ; le contre ou kloch ne comptant pas.

La Marche à Pied
Bien comprise, la marche à pied est le plus simple, le moins onéreux, le moins violent et le plus rééquilibrant des sports. Elle commence partout : en bas de chez soi, à la sortie de son bureau, dans les jardins publics, etc. Il suffit seulement d'avoir des chaussures confortables.
Pratiquée régulièrement, elle aide à se maintenir en forme et à garder son poids idéal.
Au début, faire de courtes promenades, en marchant au hasard des routes et des rues. Aborder ensuite les sentiers auto pédestres, balisés par le Comité National des Sentiers de grande randonnée.

Les contre-indications de la marche
En principe, la marche est une activité sans danger pour l'organisme.
Mais si vous souffrez d'un handicap, renseignez-vous auprès de votre médecin pour savoir si vous pouvez partir en randonnée.

FOOTBALL

PRINCIPALES REGLES

Terrain. *Longueur* 90 à 120 m ; *largeur* 45 à 90 m ; *surface de but* 5,50 m de chaque côté du but, *de réparation* 16,50 m. *But* : hauteur 2,44 m, largeur 7,32 m.

Ballon. Circonférence 68 à 71 cm, 396 à 452 g.

Joueurs. 2 équipes de 11 dont 1 gardien de but.

Partie. 2 mi-temps de 45 mn (40 mn pour les juniors) séparées par un arrêt de 15 mn au plus. 2 *juges de touche* assistent le directeur de jeu ; ils aident

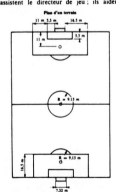
Plan d'un terrain

l'arbitre en lui signalant à l'aide d'un drapeau : les sorties en touche, l'équipe à laquelle revient le droit de tirer un corner, les hors-jeu.

Coup d'envoi. Choix du côté tiré au sort par l'arbitre, en présence des 2 capitaines, avec une pièce de monnaie. Au moment du coup d'envoi, les joueurs n'engageant pas devront se trouver à 9,15 m du ballon. Le jeu reprend ainsi après chaque but. Après la mi-temps, les joueurs changent de côté.

 **QUESTIONS**

1. Qu'est-ce que c'est que le football français ?
2. Comment se fait-il que les joueurs de football français deviennent indisponibles ?
3. Pourquoi est-ce qu'on parle d'une vendetta entre Nice et Bastia ?
4. Pourquoi certains joueurs changent-ils de personnalité sur un terrain de football ?
5. Qu'est-ce qui est cause du mal dans le football français ?
6. Quelles pressions jouent un rôle dans la vie d'un footballeur professionnel ?
7. Qu'est-ce qu'une prime ?
8. Pourquoi est-il nécessaire qu'un joueur professionnel amasse beaucoup d'argent en très peu de temps ?
9. Expliquez la différence entre « l'anti-jeu » et « le jeu méchant ».
10. Comment sont les sanctions en France ? Aux États-Unis ?

 **À VOUS LA PAROLE**

1. Est-ce que la vendetta existe entre des équipes universitaires américaines ? Entre les équipes professionnelles ? Expliquez.
2. Comment sanctionne-t-on les mauvais joueurs aux États-Unis ?
3. Croyez-vous que le football américain soit marqué par la brutalité et la violence ? Expliquez votre réponse.
4. Il y a des gens qui pensent que le sport n'existe plus. Êtes-vous du même avis ? Pourquoi ou pourquoi pas ?

Tout sur le tennis

Quel est votre classement ? Question inévitable si vous entrez sur un court de tennis. Question rituelle, magique, à laquelle vous *vous devez de* répondre si vous voulez faire partie des initiés. Sinon, tant pis pour vous ! Une obsession bien française. *Ailleurs*, on se contente de vous demander si vous jouez ou si vous ne jouez pas. Classé ou pas, vous êtes de plus en plus nombreux en France à jouer au tennis. {.gloss êtes forcé / Dans un autre endroit}

Pas un organisateur de vacances ne peut se permettre d'ignorer le tennis comme activité de loisir. On ne peut *nier* qu'un nombre impressionnant de téléspectateurs soient fascinés des nuits entières par le spectacle de la finale du Master's, par exemple. Chacun y va de son petit commentaire sur le tie-break du troisième set, les balles liftées, les balles coupées, les services *fulgurants* ou les smashs sans retour. Sans toujours savoir très bien de quoi il s'agit ! L'*engouement* atteint son *paroxysme* en France, au moment des Internationaux de Roland Garros.[1] Preuve indiscutable de la démocratisation de ce sport : les taxis et les terrasses de bistrots en parlent autant que des matchs de football ou de rugby !

Le tennis moderne commence son histoire sur les *pelouses* de Wimbledon, lors du premier championnat disputé en 1877. De nos jours, le tennis est maintenant un sport de professionnels. Parallèlement, les sommes d'argent mises en jeu sont astronomiques. Les sponsors ne se contentent pas de marquer leur nom sur et autour des courts de tennis, mais chaque joueur est aussi équipé, par les fabricants, depuis la chaussure jusqu'au bandeau de tête, sans oublier les raquettes de plus en plus sophistiquées.

dire que c'est faux

très rapides
l'intérêt très poussé
extrême intensité

grass courts

---

[1] Très grand stade de tennis près de Paris où a lieu le championnat de France *(French Open)*.

C'est en 1968 que les grandes compétitions de tennis sont devenues « open », c'est à dire ouvertes aux joueurs professionnels. Depuis, ce n'est plus la même chose. Pierre Barthès, le grand champion français se souvient : « Nous respections un certain nombre de traditions. Les joueurs étaient vêtus de blanc et les spectateurs, disciplinés, respectaient et le jeu et les joueurs. Aujourd'hui, les joueurs n'ont plus de traditions. Ils ne se regardent même plus, se cachent pour leur entraînement, passent douze mois de l'année sur les circuits des compétitions et ne peuvent prendre le temps de corriger leurs défauts. » À méditer pour tous les joueurs de tennis, classés ou non.

Les arbitres, un autre point délicat souligné par Pierre Barthès : « Il y a tellement d'argent en jeu que les arbitres deviennent les maîtres souverains. Ils ne veulent pas reconnaître une erreur, le public *s'en mêle* et c'est très mauvais pour les joueurs ».

intervient

Il est vrai que les champions, entre les compétitions et l'entraînement, jouent d'un bout à l'autre de l'année. Il se reposent rarement. Sélectionnés très jeunes, ils pratiquent un jeu souvent assez violent. Ils peuvent gagner beaucoup, beaucoup d'argent. C'est une tentation à laquelle il est difficile de résister.

Tiré d'un article de Véronique Buttin de *Marie France*.

QUESTIONS

1. Quelle est « l'obsession bien française » dont parle l'auteur ?
2. Qu'est-ce qui montre, dans le texte, l'intérêt des Français pour le tennis ?
3. Pourquoi peut-on parler de « démocratisation » du tennis ?
4. Quel semble être l'élément qui fait avancer le tennis aujourd'hui ? Expliquez votre réponse.
5. Pour quelles raisons les champions se reposent-ils rarement ?
6. Pourquoi les joueurs de tennis doivent-ils méditer les phrases de Pierre Barthès ?

 **À VOUS LA PAROLE**

1. Quelles différences constatez-vous entre le tennis en France et aux États-Unis ?
2. Que pensez-vous de la professionalisation des sports, et du rôle de l'argent dans cette professionalisation ?
3. Quelles différences trouvez-vous entre le sport universitaire et le sport professionnel ?
4. Les sports universitaires ne sont-ils qu'une préparation aux sports professionnels ? Discutez cette proposition.

SUJETS DE DISCUSSIONS

1. Expliquez pourquoi le football américain est plus (ou moins) dangereux que le rugby.
2. Expliquez les raisons pour lesquelles vous aimeriez (ou vous n'aimeriez pas) pratiquer un sport dangereux.
3. Citez les sports dangereux et expliquez pourquoi vous croyez qu'il faut (ou qu'il ne faut pas) les supprimer.
4. Mieux vaut la violence sur un terrain de sport que sur un champ de bataille. (pour ou contre)
5. Dans un match gagner c'est l'essentiel et par n'importe quel moyen! (pour ou contre)
6. Les équipes féminines (les athlètes féminines) n'atteindront jamais les records des équipes masculines (des athlètes masculins). (pour ou contre)

Les Loisirs

L'ESSENTIEL

une personne
                    s'amuser
                    se distraire
                    s'ennuyer

                    passer   son temps (à faire
                    perdre   qqch.)

une personne	avoir	le temps (de faire qqch.)
	aller (à)	un concert
	assister (à)	un opéra
		un ballet
	voir	un film
		une pièce (de théâtre)
		un spectacle
	jouer (à)	les cartes
		le bridge
		le poker
		un jeu de hasard

La télévision

un téléspectateur, une téléspectatrice	brancher allumer éteindre	un poste de télévision, un téléviseur, la télé (couleur) une radio, un transistor une chaîne hi-fi
	écouter	un disque
	changer (de)	chaîne (f.)
	régler	le son la couleur
	capter, prendre	la station
	augmenter / baisser	le volume
un speaker, une speakerine un(e) journaliste	présenter	une émission le journal télévisé, les informations (f. pl.), les nouvelles (f. pl.)
un animateur, une animatrice, un présentateur, une présentatrice	annoncer transmettre, émettre sélectionner	le bulletin météo les programmes (m. pl.) de sports (m. pl.) de musique (f.) de variétés (f. pl.) un spectacle

20.35 D'après Georges Simenon.
Téléfilm réalisé par Philippe Laik.

Maigret et l'inspecteur Malgracieux

Avec Jean Richard (Maigret), Henri Virlogeux (Malgracieux), Philippe Lemaire (le Commodore), Annick Tanguy (Mme Maigret), Dominique Blanc (Eva), Danièle Lebrun (Mathilde).

Maigret (Jean Richard), Malgracieux (Henri Virlogeux)

L'histoire : Dans son bureau du quai des Orfèvres, le commissaire Maigret attend un appel de Londres qui lui permettrait d'arrêter son ennemi de toujours, le Commodore. Il s'impatiente et décide de rejoindre son neveu qui travaille à police-secours. Mais, avant de partir, il demande au standard de lui passer toutes les communications dans le bureau de son neveu. A peine arrivé, il assiste à un appel téléphonique peu ordinaire : une voix crie dans l'appareil « m.... pour les flics ! », puis une détonation retentit. Maigret, n'obéissant qu'à sa curiosité, décide de se rendre sur les lieux du suicide.

20.00 Série américaine réalisée par Jay Sandrich. « Surprise-partie ».

Cosby show

Avec Bill Cosby (Cliff Huxtable), Phylicia Ayers-Allen (Clair), Lisa Bonet (Denise), Malcolm-Jamal Warner (Theodore), Tempestt Bledsoe (Vanessa).

Bill Cosby et Phylicia Ayers-Allen

L'histoire : Cliff et sa femme dansent le charleston dans le salon. Ils s'entraînent pour une soirée qu'ils vont passer avec des amis. Leur fille Denise intervient et explique que, de nos jours, il vaut mieux danser le hip-hop. Mais Cliff trouve que le charleston a un certain charme. Il invite alors un couple d'amis pour montrer aux jeunes comment le danser.

Vocabulaire supplémentaire

l'écran *(m.)*
le bouton
l'antenne *(f.)*
un feuilleton
un téléfilm
un metteur en scène
une vedette

un magnétophone
un magnétoscope
un disque compact

un comédien, une comédienne
tomber en panne
la panne
le réparateur
l'atelier *(m.)* de dépannage

un lecteur de cassettes
une platine laser

I.

1. Que fait un téléspectateur ? Une speakerine ? Un animateur ?
2. Quelles sont les parties d'un téléviseur ?
3. Qui annonce les nouvelles ?
4. Quelle est la différence entre *passer le temps* et *perdre son temps ?* *S'amuser* et *s'ennuyer ? Le journal télévisé* et *un documentaire ? Une speakerine* et *une présentatrice ? Un metteur en scène* et *une vedette ?*
5. Indiquez ce qu'il faut faire pour regarder la télé. Par exemple, d'abord il faut brancher le téléviseur.

Les journaux et les revues

un lecteur, une lectrice

feuilleter
lire

un journal
une revue, un magazine
un quotidien
un hebdomadaire
un exemplaire
un numéro

regarder

un article
la publicité
une bande dessinée, une B.D.

un éditeur

écrire

l'éditorial *(m.)*

un reporter
un correspondant

faire publier
rédiger

un article

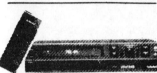

Vocabulaire supplémentaire

le (gros) titre
la première page, la « une »
s'abonner (à)
un abonnement
les petites annonces
  les demandes *(f. pl.)* d'emplois
  les offres *(f. pl.)* d'emplois
une annonce
une réclame
des illustrés *(m. pl.)*

Quelle est la différence entre...

1. un quotidien et un hebdomadaire ?
2. un journal et une revue ?
3. un éditeur et un lecteur ?
4. une annonce et un article ?
5. un reporter et un correspondant ?
6. une demande d'emploi et une offre d'emploi ?
7. un éditorial et un article ?
8. feuilleter et lire ?

*F*estivals

Jusqu'au 11
Paris Jazz Festival 1988 and Co. Palais des Sports, Porte de Versailles, XVe. Rens. : 48.28.40.90.
Jusqu'au 14
Festival de l'Ile-de-France. Concerts-promenades dans les monuments historiques de la région parisienne. Rens. : 47.39.28.26.
Tout le mois
Festivals de l'Art Vivant : Danse et Musique du Moyen Age et de la Renaissance. Musée de Cluny, 6, place Paul-Painlevé, Ve. Rens. : 42.51.07.73.
Du 15 juillet au 21 septembre
23e Festival estival de Paris, dans les grandes salles parisiennes et dans les monuments. Rens. : 48.04.98.01.

EXERCICES

I.

1. Pourquoi va-t-on à un opéra ? à un ballet ? à un concert ? au cinéma ?
2. Qu'est-ce que c'est qu'un jeu de hasard ?
3. Quels avantages (désavantages) la télévision a-t-elle sur la radio ?
4. Quel speaker (quelle speakerine) préférez-vous à la télé ? Pourquoi ?
5. Pourquoi les gens s'abonnent-ils à un magazine ?
6. Quel est votre magazine préféré ? Pourquoi ?
7. Quel est votre journal préféré ? Pourquoi ?
8. Quelle est votre bande dessinée préférée ? Pourquoi ?
9. À quoi les petites annonces servent-elles ?
10. Comment vous distrayez-vous ? Pendant votre temps libre quelles sont les activités que vous pratiquez ? Décrivez-les.

II.

1. Regardez le programme de télé pour jeudi le 3 septembre. Combien de chaînes y a-t-il ? À quelle heure commencent les programmes ?
2. Quelles sortes de programmes y a-t-il ? Quelles émissions vous intéressent ? Pourquoi ?
3. Comparez les programmes à la télé française et à la télé américaine.

III.
Pour être journaliste il faut savoir interviewer quelqu'un. Il faut savoir poser des questions pour obtenir une information et des réactions personnelles sur un thème, une idée, ou sur l'interviewé(e) lui(elle)-même. L'intervieweur ne doit pas suggérer de réponses ou influencer ou critiquer les réponses obtenues.

En divisant la classe en deux groupes, les journalistes poseront les questions et les autres prépareront les réponses. Essayez de simuler les rôles...

1. d'un acteur qui n'a pas d'emploi
2. d'un joueur de football sanctionné
3. d'un téléspectateur fanatique qui passe des heures devant le petit écran
4. d'un joueur de tennis battu par une femme
5. d'un metteur en scène mis à la porte

Les autres étudiants, ayant le rôle d'observateurs, pourraient juger si le journaliste a réussi à bien interroger son interlocuteur (interlocutrice).

JEUDI 3 SEPTEMBRE

TF1

8.15 **ANTIOPE 1**
8.45 **LA UNE CHEZ VOUS**
9.15 **CROQUE-VACANCES.** Jeunesse.
10. **PUISQUE VOUS ETES CHEZ VOUS.**
12. **TOURNEZ... MANEGE !** Jeux.
13. **JOURNAL**
13.50 **OPERATION TRAFICS.** Série.
14.45 **CROQUE-VACANCES.** Jeunesse.
15.15 **QUARTE A VINCENNES**
15.30 **CROQUE-VACANCES**
16.30 **DES CLIPS DANS MON 4 HEURES.** Variétés.
17.5 **MISS.** Série.
18. **MINI-JOURNAL**
18.15 **MANNIX.** Série.
19.10 **SANTA BARBARA.** Feuilleton.
19.35 **LA ROUE DE LA FORTUNE.** Jeu.
20. **JOURNAL**
20.35 **LE SOUFFLE DE LA GUERRE.** Feuilleton américain avec Robert MIT-CHUM et Ali McGRAW. La femme de "Pug" lui annonce qu'elle veut rompre alors qu'il embarque à bord d'un cuirassé.
22.15 **JANE BIRKIN AU BATACLAN**
23.40 **ATHLETISME.** Championnat du monde à Rome.
0. **JOURNAL**
0.20 **LE SIXIEME SENS.** Série.

A2

6.45 **TELEMATIN**
8.30 **RECRE A2 ETE.** Jeunesse.
9.30 **LE PRIVE.** Série.
10.30 **PEINTRES DE NOTRE TEMPS.** Kermarec.
10.55 **LA COURSE AUTOUR DU MONDE**
12. **L'ACADEMIE DES NEUF.** Jeux.
13. **JOURNAL**
13.45 **LACE. NUITS SECRETES.** Feuilleton.
15.20 **RUE CARNOT.** Feuilleton.
15.45 **SPORTS ETE.** Championnat du monde de cyclisme sur route. Cyclisme : Paris-Brest. Championnat du monde d'athlétisme.
19.5 **DES CHIFFRES ET DES LETTRES**
19.30 **QUOI DE NEUF DOCTEUR ?** Série.
20. **JOURNAL**
20.30 **L'ARMEE DES OMBRES.** Film.
22.50 **LIRE C'EST VIVRE.** Rabelais.
23.45 **LE CORPS VIVANT.** Vieillir.
0.15 **JOURNAL**

FR3

12. **JAZZ OFF**
12.30 **AMUSE 3.** Jeunesse.
12.45 **40° A L'OMBRE DE LA 3.** En direct de Nice.
17. **VIVE LA VIE.** Série.
17.30 **AMUSE 3.** Jeunesse.
18.35 **FORTUNE.** Feuilleton.
19. **19-20. INFORMATIONS.** Actualités régionales à **19.15.**
19.55 **INSPECTEUR GADGET**
20. **LA CLASSE.** Jeu.
20.30 **MADAME X.** Téléfilm de Robert E. MILLER. Avec Tuesday WELD et Eleanor PARKER. A la suite d'une tragique erreur, une femme est obligée de quitter son mari .
22.20 **JOURNAL**

22.50 **DECIBELS.** Spécial rock européen.
23.35 **PRELUDE A LA NUIT.** Fritz Kreisler.

CANAL +

7. **CBS EVENING NEWS**
7.25 **Programmes codés.**
12.30 **DIRECT.** Magazine.
14. **Programmes codés.**
18.15 **TOP 50.** Variétés.
18.45 **STARQUIZZ.** Jeu.
19.15 **MYTHOFOLIES.** Divertissement.
19.25 **C'EST NULLE PART AILLEURS.** Magazine.
20.30 **Programmes codés :**
LE RETOUR DE MIKE HAMMER. Téléfilm policier américain de Ray DANTON. Avec Stacy KEACH et Lindsay BLOOM.

LA 5

7. **Rediffusions :** Annette, Jeanne et Serge. Drôle de vie. Les Globe-Trotters. Marisol. Michel Strogoff.
10.10 **TENNIS.** Tournoi de Flushing Meadow.
13.25 **MISSION IMPOSSIBLE.** Série.
14.15 **VIDOCQ.** Série.
15.10 **MICHEL STROGOFF.** Feuilleton.
16.10 **LES GLOBE-TROTTERS.** Série.
16.35 **DROLE DE VIE.** Série.
17. **LES SCHTROUMPFS.** Dessin animé.
17.30 **EMI MAGIQUE.** Dessin animé.
17.55 **COSMOS 1999.** Série.
18.45 **SHERIF, FAIS-MOI PEUR.** Série.
19.35 **SUPERCOPTER.** Série.
20.25 **MAIGRET ET LE CORPS SANS TETE.** Téléfilm français de Marcel CRAVENNE. Avec Jean RICHARD et Suzanne FLON. Un cadavre sans tête est repêché dans la Seine.
21.50 **LE RENARD.** Série.
22.55 **TENNIS.** Tournoi de Flushing Meadow.
1.25 **Rediffusions :** Mission impossible. Supercopter. Les Globe-Trotters.

M6

11. **CLIP CŒUR.** Variétés.
11.35 **HIT HIT HIT HOURRA !** Variétés.
11.45 **GRAFFI'6.** Dessins animés.
12.45 **JOURNAL**
13. **CHER ONCLE BILL.** Série.
13.30 **DAKTARI.** Série.
14.20 **CLIP FREQUENCE FM.** Jeu.
15.20 **HIT HIT HIT HOURRA !** Variétés.
15.30 **MEGAVENTURE.** Jeu.
16.15 **CLIP COMBAT.** Variétés.
17.5 **MAITRES ET VALETS.** Série.
18. **JOURNAL**
18.20 **LA PETITE MAISON DANS LA PRAIRIE.** Série.
19.5 **CHER ONCLE BILL.** Série.
19.30 **DAKTARI.** Série.
20.24 **6 MINUTES** d'infos en images.
20.30 **LE LION EN HIVER.** Film d'Anthony HARVEY. Avec Peter O'TOOLE, Katharine HEPBURN. Le roi Henri II d'Angleterre cherche un successeur digne de son trône.
22.45 **LES ESPIONS.** Série.
23.35 **JOURNAL**
23.50 **BOULEVARD DES CLIPS.** Variétés.

IV. Imaginez. En employant le vocabulaire de l'Essentiel, inventez et préparez par écrit un dialogue auquel un(e) de vos camarades devra participer de façon impromptue.

V. À vous les proverbes

En employant le vocabulaire de l'Essentiel et les proverbes 47 à 54 dans l'Appendice C (page 240), inventez une histoire ou une conversation par écrit pour la présenter à vos camarades de classe.

À VOUS L'ÉCOUTE

D'abord, étudiez la liste de vocabulaire. Puis, écoutez plusieurs fois la conversation du Chapitre 9. Essayez d'identifier les personnes qui parlent et les sujets de leur conversation. Ensuite, essayez de répondre aux questions suivantes.

Vocabulaire	Questions	DIALOGUE A

se garer to park a car
faire la queue to stand in line
en quadriphonie in stereo
la bêtise stupid thing
infliger to inflict
débile moronic
la réalisation production

1. Pourquoi le mari ne veut-il pas sortir ?
2. Pourquoi la femme préfère-t-elle aller au cinéma plutôt que de regarder la télé ?

TV : La Révolution silencieuse

La télévision est devenue *un membre à part entière* de la famille française. C'est une véritable révolution, mais une révolution étrangement silencieuse. Dans une maison le poste est ouvert en permanence, même pendant le dîner. Les voix de la TV sont presque constamment couvertes par le *brouhaha* des conversations. On rit, on discute, les petits enfants jouent sous la table, tandis que *s'égrènent* les informations, que parle un ministre ou qu'une speakerine — « décolletée et maquillée comme au théâtre » — présente un *générique* de film.

De temps en temps, le silence se fait. Comme si un mystérieux signal s'allumait, l'attention est soudain *captée* : une affaire politique plus excitante qu'un film ou un horrible accident d'autocar ou les dernières statistiques de l'emploi, mais on n'en continue pas moins à bavarder.

Le téléviseur est un *bien* de consommation, un élément de confort, *au même titre* que le réfrigérateur ou le *lave-vaisselle*. Même si l'on n'a pas conscience de ce qu'il peut apporter dans la vie quotidienne, on sait qu'on ne pourra plus s'en séparer. La révolution silencieuse qui est en cours est irréversible.

Dans la plupart des cas, il n'y a qu'un *récepteur* par foyer. Il est *disposé* dans la salle de séjour ou dans la cuisine. Ce n'est quand même pas un meuble comme les autres. Il occupe la meilleure place, sa présence modifie l'*ordonnance* des sièges et l'*éclairage* de la pièce.

On a remarqué que le téléspectateur dans une situation de repos après le travail et la fatigue du transport, avalait tout. Tout, sauf l'absence d'images et de son. « On a l'impression, dit un réparateur, qu'un poste en panne, c'est plus grave qu'un décès dans la famille. Vivre sans télé, c'était comme être exclu de la communauté nationale. » Pourtant, les Français refusent d'admettre leur dépendance.

un vrai membre intégré

bruit
se présentent l'une après l'autre

les noms du producteur, des acteurs, du metteur en scène
attirée, gagnée

objet, possession / de la même façon / dishwasher

poste / installé

ordre
lumière

La famille P. *dispose* de trois récepteurs, dont deux en couleurs. « Le soir, dit Mme P., chacun peut sélectionner son programme, mais cela n'empêche pas les *accrochages*. »

ont l'usage

disputes

C'est la télé-drogue. Mais de plus en plus rares sont les spectateurs qui concentrent leur attention pendant une heure ou deux sur une émission. Souvent, ils s'endorment au milieu, ou font autre chose comme *coudre* ou *tricoter* en jetant de temps en temps un coup d'œil sur l'écran.

sewing / knitting

Que la télévision ne mobilise pas toutes les capacités d'attention, les instituteurs l'ont depuis longtemps constaté. L'un d'eux assure : « Si j'interroge mes élèves sur *un évènement d'actualité*, je remarque que ceux qui en ont pris connaissance par la presse ou par la radio en ont une idée plus complète que ceux qui l'ont vu à la télévision, et dont ils ne retiennent que les images. »

incident du moment présent

La télévision est le révélateur des problèmes de notre société. Il est plus facile de l'accuser de tous les maux que d'apprendre à en faire bon usage. Si les enfants subissent l'influence des films de violence, est-ce à la télévision qu'il faut *s'en prendre*, ou aux parents qui les laissent les regarder ? Si on ne lit pas, si on ne va plus au théâtre ou au cinéma, il est facile de *tirer sur* le téléviseur.

rendre responsable

blâmer

Aujourd'hui la télévision a pris une telle importance dans la vie française qu'elle est le miroir devenant souvent glace déformante où peu de gens se reconnaissent. Elle est, en tout cas, partie intégrante de notre vie. Elle échappe aux apprentis sorciers[1] qui, régulièrement, *tentent* de la *planifier*, jouant la *concurrence* ou la complémentarité entre les chaînes, *se gargarisant* d'un mot qui n'a plus de sens, ou en a trop : qualité.

essayent / organiser

rivalité / prenant un grand plaisir à

La télévision peut être la pire ou la meilleure des choses. Il faut l'*aborder* avec modestie et respect ; comme un être vivant.

approcher

Extrait d'un article de *L'Express* par Jean-Paul Aymon.

Chaînes Audiovisuelles

[1] **apprenti sorcier** = celui qui, par imprudence, est la cause d'événements dangereux dont il n'est plus le maître.

QUESTIONS

1. Quel rôle la télévision joue-t-elle chez les Français ? Citez des exemples précis pour appuyer vos idées.
2. La révolution silencieuse : de quoi s'agit-il ?
3. Qu'est-ce que la télé-drogue ?
4. Quelle preuve a été donnée pour montrer que la télévision ne mobilise pas toutes les capacités d'attention ? Essayez de faire votre propre expérience pour la soutenir ou pour soutenir le contraire.

À VOUS LA PAROLE

1. Que pensez-vous du rôle de la télévision dans la vie des Américains ? Et des Français ?
2. Croyez-vous que la télé soit une drogue ? Expliquez votre réponse.
3. Quel est votre programme préféré à la télé ? Racontez-le. Décrivez-le. Expliquez pourquoi vous l'aimez.
4. Comment est-ce qu'on peut apprendre à faire bon usage de la télévision ?
5. Que pensez-vous de la qualité des programmes sur les chaînes de TV ? Que pourriez-vous faire pour changer la qualité des programmes ?

Les Français et leurs distractions préférées

On a essayé de déterminer les causes principales de la désaffection des Français pour le cinéma par moyen d'un sondage. Répondez aux questions du sondage pour découvrir si vos camarades de classe sont du même avis que les Français en comparant vos réponses avec celles des Français.

1. Pour chacune des activités suivantes, pouvez-vous dire si cela vous intéresse beaucoup, si cela vous laisse indifférent, ou si cela vous ennuie ?

	Intéresse	Laisse indifférent	Ennuie	Sans opinion
Télévision	76%	17%	5%	2%
Cinéma	61	32	6	1
Musique	72	21	6	1
Littérature	56	31	12	1
Peinture	36	48	15	1

2. Voici une liste des choses que l'on peut faire pour occuper ses loisirs lorsqu'on sort le soir, par exemple. Quelle est celle que vous-même, personnellement, préférez faire ?

Aller chez des amis	51%
Aller au cinéma	14
Aller au théâtre	13
Aller au restaurant	9
Aller au concert	4
Aller au musée	2
Sans opinion	7

3. Si vous aviez à donner une définition du cinéma, d'après la liste suivante laquelle choisiriez-vous ?

La possibilité de s'évader de la vie de tous les jours	54%
Un moyen d'apprendre des choses nouvelles	31
La représentation de la vie telle qu'elle est	15

4. Vous paraît-il nécessaire qu'il y ait un contrôle des films, c'est-à-dire une censure ?

Oui 65%   Non 34%   Sans opinion 1%

5. Quelle est la principale raison qui vous incite à aller au cinéma ?

Le sujet du film	75%
La vedette du film	33
Les critiques de la presse	26
Le metteur en scène	18
Ce que m'ont dit amis ou parents	18
Le fait que ce soit un nouveau film	15

6. Quelle est la raison principale pour laquelle vous n'allez jamais au cinéma ?

Il y a suffisamment de films à la télévision.	46%
C'est une sortie très chère.	15
Il n'y a pas de bonne salle à proximité de chez moi.	11
Les films que l'on peut voir près de chez moi ne me tentent pas.	10
Sans opinion	18

7. En ce qui concerne les films que vous voyez à la télévision, ou au cinéma, pouvez-vous classer ces différents genres par ordre de préférence ?

Film comique	17%	
Documentaire	15	
Policier	14	
Comédie dramatique	14	
Western	11	
Film d'aventures	10	
Science-fiction	7	
Comédie musicale	7	
Dessin animé	1	cartoon
Film érotique	1	

Extrait d'un article de *L'Express* par Danièle Heymann.

Exposition

Jusqu'au 17
« Magnificence de l'Argenterie en Inde au temps des Moghols — XVIe-XIXe siècles ». Pavillon des Arts, 101, rue Rambuteau, Ier. Rens. : 42.33.82.50.
Jusqu'au 24
« Art pour l'Afrique ». Musée des Arts africains et océaniens, 293, av. Daumesnil, XIIe. Rens. : 43.43.14.54.
Jusqu'au 25
« Japon, la tentation de l'Occident ». Musée Guimet, 6, place d'Iéna, XVIe. Rens. : 47.23.61.65.
Tout le mois
● « Des teintes et des couleurs... ». Musée des Arts et des Traditions populaires, 6, av. du Mahatma-Gandhi, XVIe. Rens. : 40.67.90.00.
● « André Devambez. » Musée départemental de l'Oise, ancien Palais épiscopal, 60006 Beauvais. Rens. : 44.84.37.37.
● « Dodeigne ». Musée Rodin, Hôtel Biron, 77, rue de Varenne, VIIe. Rens. : 47.05.01.34.
● « Grands projets culturels en France ». Institut français d'Architecture, 6 bis, rue de Tournon, VIe. Rens. : 46.33.90.36.
● « Le Palais-Royal ». Musée Carnavalet, 23, rue de Sévigné, IIIe. Rens. : 42.72.21.13.
● « Costumes de ville, costumes de scène ». Musée des Arts de la Mode, 109, rue de Rivoli, Ier. Rens. : 42.60.32.14.
● « Pontoise du XVIIe à la fin du XIXe ». Musée Pissarro (17, rue du Château) et « Hans Steinbrenner ». Musée de Pontoise (4, rue Lemercier), 95300 Pontoise. Rens. : 30.38.02.40.

QUESTIONS

1. Quelles sont les activités préférées des Français ? Et les loisirs préférés ?
2. Quelle est la définition du cinéma donnée par la plupart des Français ? Que pensez-vous de cette définition ? ·
3. Pour les Français le sujet du film est beaucoup plus important que les vedettes. Pourquoi croyez-vous que ça soit vrai ?
4. Selon les résultats du sondage quelles sont les causes de la désaffection des Français pour le cinéma ?

 **À VOUS LA PAROLE**

1. Quelles sont vos distractions préférées ? Pourquoi les avez-vous choisies ?
2. Quelle est votre propre définition du cinéma ?
3. Pour vous, qui est le plus important — le metteur en scène ou les vedettes d'un film ? Expliquez votre réponse.
4. Quelles différences avez-vous trouvées entre vos réponses et celles des Français ? Pouvez-vous les expliquer ?

Un Acteur[1] parle des journalistes

Les journalistes posent des questions. Futiles, bien entendu. Je n'ai rien « d'intelligent » à dire sur le théâtre, moi : j'en vis. Le théâtre est ma chair, mon sang, mon humeur, mon oxygène ; il n'est ni mon étude, ni ma philosophie. Ce sont les critiques qui en font de la littérature. Je me demande si un peintre sait dire « des choses intelligentes » sur sa peinture, avant de les avoir lues sorties de la plume d'un monsieur qui n'a jamais peint ?

Un comédien est périodiquement prié de se raconter un peu, beaucoup, passionnément. Hélas ! ce qu'un comédien pense de lui-même est d'une telle monotonie ! Prenez-moi : j'ai adopté, une fois pour toutes, l'opinion très juste de l'excellent critique qui m'accorda un jour « du *génie* ». Je *ne tiens pas à* revenir là-dessus. Croyez-moi : un fleuve de jugements plus nuancés ne parviendra pas à

qualité exceptionnelle / n'ai pas grande envie de

---

[1] Robert Hirsch de la Comédie française.

effacer l'avis pertinent de ce bon journaliste-là ; les mauvaises critiques qu'il m'arrive d'avoir ne font de moi qu'un génie *méconnu* et furieux.

  Je suis souvent *de mauvais poil*, je sais, je sais. Et alors je réponds mal aux journalistes. Mal ou pas du tout ! Mais c'est que j'ai peur — moins de leurs questions que de mes réponses. J'ai peur de décevoir. Je me sens si pauvre par rapport à moi-même. J'ai été tant de beaux personnages pleins de mots si beaux ! Quand on a exprimé ses sentiments comme Shakespeare, Racine et Marivaux, qu'on a été drôle comme Molière,[2] bref, quand on a eu l'esprit de dix *spirituels* et la prompte *repartie* d'un bon dialoguiste... il est difficile de ne pas se déplaire en s'entendant parler comme soi-même pendant les entractes. Je ne me plais jamais dans le rôle de la vedette interviewée. On a beaucoup parlé du paradoxe du comédien. Il y a aussi un paradoxe du journaliste : c'est de venir chercher, chez un comédien, les mots qu'il veut mettre dans son journal. J'ai toujours envie de lui répondre : « Vous voulez dire des choses sur moi ? Dites-les. Dites-les avec *des fleurs*, si possible ! » Moi, je ne sais pas m'expliquer. Je suis un illusionniste né pour jongler avec les mots des autres.

*Extrait d'un article d'*Elle *par Fanny Deschamps.*

incompris

de mauvaise humeur

personnes qui manifestent une grande ingéniosité dans l'expression des idées et des mots / réponse vive

gentillesse

QUESTIONS

1. Que pense l'acteur de son métier ? Et du métier du journaliste ?
2. Qui fait de la littérature ? Êtes-vous d'accord à ce sujet ?
3. Qu'est-ce qu'un entracte ?
4. Selon Hirsch, quel est le paradoxe du comédien ?
5. Quel est le paradoxe du journaliste ?
6. Pourquoi cet acteur croit-il être illusionniste ?

GRAMMONT
VENDREDI 15, SAMEDI 16 JANVIER A 20 H 45
DIMANCHE 17 JANVIER A 17 H 00

LES MAINS SALES
DE JEAN-PAUL SARTRE

Mise en scène : Pierre-Etienne Heymann
Décors et costumes : Gilone Brun
Assistante à la mise en scène : Rosine Lefebvre
Collaboration artistique : Marc-Vincent Howlett
Avec : Fabienne Bargelli / Jacques Born / Stephane Boucherie
Jean-Marc Bourg / Jean-Claude Giraudon / Pierre-François Kettler
Philippe Laudenbach / Pierre Puy / Francine Walter

Co-production Théâtre de la Planchette
Atelier Théâtre National - Maison de la Culture de Bourges
Maison des Arts de Créteil - C.A.C. Corbeil-Essonnes,
avec l'aide du Jeune Théâtre National

Accueillie par de violentes polémiques à sa création en 1948, «interdite» par l'auteur pendant la guerre froide, rarement représentée, la pièce de Sartre se redécouvre aujourd'hui comme un classique. Hugo, l'intellectuel révolutionnaire déchiré de contradictions, avide de pureté et Hoederer, le dirigeant pragmatique, celui qui accepte de se salir les mains : entre eux l'affrontement est politique mais surtout humain. La dialectique limpide de Sartre se nourrit de la tragédie grecque et du mélo hugolien.
La mise en scène de Pierre-Etienne Heymann retrouve dans la pièce l'efficacité des romans noirs américains que Sartre admirait. Avec ses longs flashs back, ses rebondissements à suspense, son humour, et ses belles figures de femmes fatales, *Les Mains Sales* est une tragédie moderne en forme de thriller.

LA PRESSE :
Si la pièce de Sartre nous atteint aujourd'hui, c'est qu'elle est remarquablement bien faite. Elle rebondit de scène en scène comme un polar.
Guy Dumur - Nouvel Observateur

Force nous est de nous incliner devant une pièce limpide et passionnée, classique dans son essence et que tout ici (mise en scène et décors) rend à l'essentiel.
Patrick de Rosbo - Le Quotidien de Paris

Pierre-Etienne Heymann a dessiné une mise en scène dépouillée, toujours en action, avec des acteurs qui ne laissent jamais la vérité au vestiaire.
Gilles Costaz - Le Matin

CHAILLOT
THEATRE NATIONAL

LE SOULIER DE SATIN
PAUL CLAUDEL · ANTOINE VITEZ
GRAND THÉÂTRE   47. 27. 81. 15
Du 8 novembre au 20 décembre
Joué en semaine en 3 soirées. Le dimanche en continuité de 13h à minuit. Relâche lundi et mardi.

---

[2] Racine, Molière : auteurs français du 17e siècle ; Marivaux : du 18e siècle.

 ## À VOUS LA PAROLE

1. Croyez-vous que la modestie existe chez les acteurs ? Expliquez.
2. Avez-vous jamais été interviewé(e) ? Croyez-vous que les journalistes aient tendance à changer les réponses de leurs interviewés ?
3. À votre avis, quel est le rôle d'un acteur ?

SUJETS DE DISCUSSIONS

1. Quelle influence les films violents ont-ils sur notre vie ? Est-ce qu'on apprend la violence en la regardant ?
2. Expliquez le rôle d'un bon journaliste.
3. Essayez de persuader quelqu'un...
   a. que la télévision est la meilleure des choses
   b. qu'on peut accuser la télé de tous nos maux
   c. qu'il vaut mieux lire un livre que d'aller voir le film qu'on en a fait
   d. de ne pas perdre son temps en allant au cinéma
4. Expliquez pourquoi vous préférez le théâtre au cinéma (ou vice versa).
5. Il doit y avoir une censure des films (de la presse, des livres). (pour ou contre)
6. La désaffection pour la télévision (pour le cinéma) est en relation directe avec la qualité des programmes (films). Est-ce vrai ?

La Vie économique

L'ESSENTIEL

un employeur, une employeuse	juger	la formation les qualifications *(f. pl.)*
	embaucher, engager	un ouvrier, une ouvrière
un chef de personnel le chef de service	renvoyer	quelqu'un
le chef d'entreprise un cadre	gérer	une entreprise une affaire
un demandeur, une demandeuse d'emploi	chercher soumettre	un emploi une demande (d'emploi)
	poser	sa candidature
	accepter	le travail, le poste, le job

OFFRES EMPLOIS

● **Vous** êtes ambitieux(se). Vous voulez construire votre avenir. Vous méritez 400.000 F et plus. Notre groupe national, vous offre un produit performant et sans concurrence. Envoyez CV à G.C.I. 3 rue des boutins. 06300 Nice (SOn)

● **Doublez** vos revenus par activité agréable chez vous le soir ou plein temps demander rens. joignez enveloppe réponse à Marco 96 B1 av Arène Cimiez 06 Nice (ROe)

● **Soc. de production, recherche** amateurs H et F pour films vidéo. Tél. HB 66.67.97.87 ou 66.67.65.87 (PoX)

● **Vous cherchez un travail ! vite** votre minitel, le 36.15 puis tapez «TOPS» (P2T)

● **Argent** facile sans travailler diffusez des chemises des sweets des caleçons de très belle qualité dans votre entourage c'est simple et ça marche bien. Tél. 67.92.36.97 (MJN)

● **Cherche** bon ouvrier maçon pas sérieux s'abs. se présenter chez M. Vanel 15 Rue du Faubourg Grabels ap. 18H (RmL)

● **Restaurant** quartier des Aubes Montp. cherche apprentie en salle.Tél. de 9 H à 11 H 67.79.01.17 (RoO)

● **Magasin** chaussures recherche vendeuse tps partiel qualifiée. Envoyer CV + photo au journal 11 rue Maguelone 34 Montpellier N 324.33 (RoN)

● **Bar** Américain cherche 3 Hôtesses bonne présentation débutantes acceptées, Se présenter tous les jours à partir de 17 H 23 Faubourg de Nîmes ou Tél 67.72.57.74 (RmM)

● **Cher.** personnes sér. pour enquête sur Montpellier 15j env. véhicul. obligatoire Tél. souh. Top Hebdo 11 Rue Maguelone 34 Montpellier N 340/33 (RmN)

● **Urgent** propose emploi d'infirmier sur Montpellier 39 H par semaine 6.000 F mensuel repos très souples hommes uniquement car manipulation de malades lourds. Tél. HR 67.57.77.77 (RoM)

● **Artisan** maçon, cherche ouvrier qualifié sur région Sommières. Tél. 66.35.06.31 (PoW)

un employé, une employée	faire	des heures supplémentaires
un (une) fonctionnaire		un travail à plein temps à mi-temps
la direction	recycler	les chômeurs, les chômeuses
le directeur général	juger	le marché
un ouvrier	faire	la grève
un syndicaliste	se mettre	en grève

Vocabulaire supplémentaire

l'usine *(f.)*   le salaire
l'atelier *(m.)*   la rémunération
le syndicat

I. Complétez les phrases suivantes.

1. Pour avoir de bons travailleurs un employeur doit _____.
2. Un chef de personnel renvoie quelqu'un qui _____.
3. L'expression « faire des heures supplémentaires » veut dire _____.
4. Un fonctionnaire est quelqu'un qui _____.
5. Les ouvriers se mettent en grève quand _____.
6. « Travailler à plein temps » veut dire qu'un employé _____.

II.

1. Que doit faire un demandeur d'emploi ?
2. Quel est le rôle d'un ouvrier ? D'un cadre ? D'un chef d'entreprise ?
3. Pourquoi y a-t-il des chômeurs ?
4. À quoi un salaire sert-il ?
5. À quoi un syndicat sert-il ?
6. Qu'est-ce que c'est qu'un travail à mi-temps ?

À la banque

le client, la cliente	ouvrir	un compte
	fermer	un compte d'épargne
	tirer à découvert	
	être à	découvert
	économiser	
	faire	des économies *(f. pl.)*
	verser, déposer	un chèque
		les fonds *(m. pl.)*
	changer	les devises étrangères
	retirer	l'argent *(m.)*
	dépenser	
	être	fauché(e) *(fam.)*
	demander	un prêt
	obtenir	
	rembourser	
	libeller	un chèque (bancaire)
	endosser	sans provisions, en
	signer	bois *(fam.)*
	toucher	
	falsifier, contrefaire	

```
       SOGENAL   STRASBOURG
            GUTENBERG
         BORDEREAU DE CHANGE


   CODE GUICHET          100
   DATE          7. 5.1986
   N.BORDEREAU:          188

   DOL.ETATS-UNIS
   ACHATS TRAVELLERS

   Mtant DEV:        50.00
   COURS   :      6.75000
   Mtant FRF:       337.50

   NBRE CHEQUES           1


   NAR CAISSE :     337.50

   NUMEROS CH: 158825.678


   --------------------
         MERCI

      A BIENTOT
   --------------------
   --------------------
```

Joëlle L. est une future informaticienne. Comme elle a réussi ses deux premières années, elle a obtenu de sa BNP un crédit qui lui permet ainsi de poursuivre ses études sans l'aide de personne.
Joëlle demandait 20.000 F. Elle les a obtenus en bloc et ne commencera à les rembourser que dans 2 ans, avec des mensualités échelonnées sur 4 ans, ce qui lui laisse largement le temps de s'organiser. Elle connaît déjà le montant de ses mensualités (657,26 F). Dans 6 ans, son prêt lui aura coûté 31.548,48 F (au taux de 11,55 % en vigueur au 1.11.81).

**Vous êtes étudiant,
vous auriez vous aussi besoin d'un crédit ?**

Si vous avez suivi avec succès au moins 2 ans d'études supérieures, ou si vous êtes diplômé depuis moins de 6 mois, vous pouvez vous aussi obtenir un crédit.
Voyez votre conseiller BNP, il vous donnera la marche à suivre.

**Autofinancer
ses études.**

le banquier	demander	une caution
		une garantie
	accorder	un emprunt
	vérifier	un compte
		le solde
	percevoir	des intérêts *(m. pl.)*
	escroquer	
le caissier, la caissière	encaisser	un chèque
	payer	l'argent *(m.)*
	donner	un reçu

Vocabulaire supplémentaire

une carte de crédit
un carnet de chèques
la caisse

le guichet
le cours du change
tricher

I.

1. À quoi une carte de crédit sert-elle ?
2. Qu'est-ce qu'un carnet de chèques ?
3. Pourquoi un banquier voudrait-il demander une caution ? Vérifier le solde ?
   Percevoir des intérêts ?
4. Que fait un caissier ?
5. Pourquoi un client demande-t-il un reçu ? (Endosse-t-il un chèque ?)
6. Qu'est-ce qu'un chèque en bois ?

Comment remplir un chèque:
- vous écrivez la somme en chiffres
- vous la répétez en lettres
- vous inscrivez le nom de celui à qui vous destinez le chèque:
  c'est le bénéficiaire
- vous datez et vous signez.

LA BANQUE DU FUTUR
VOTRE FUTURE BANQUE

CREDIT LYONNAIS
VOTRE PARTENAIRE

EXERCICES

I. Expliquez la différence entre

1. libeller un chèque et endosser un chèque
2. un chèque et un chèque sans provisions
3. un atelier et une usine
4. un compte d'épargne et un compte bancaire
5. escroquer et rembourser
6. un demandeur d'emploi et un chef de personnel
7. un cadre et un employé
8. la grève et le chômage
9. engager et recycler
10. un directeur général et un chef d'entreprise

II. Suggérez des choses que vous diriez si vous vouliez

1. accuser quelqu'un (a) de falsifier un chèque ; (b) d'avoir libellé un chèque
   sans provision ; (c) d'avoir piqué votre carnet de chèques.
2. féliciter quelqu'un (a) de se mettre en grève ; (b) d'avoir accepté un poste ;
   (c) d'avoir acquis une entreprise.
3. faire des excuses pour quelqu'un qui (a) est fauché ; (b) fait la grève ; (c)
   est en train de renvoyer une employée.

4. complimenter quelqu'un parce qu'il (a) recycle les chômeurs ; (b) fait des heures supplémentaires ; (c) gère bien une affaire.
5. remercier quelqu'un de (a) vous avoir prêté de l'argent ; (b) ne pas avoir retiré son argent de votre banque ; (c) vous avoir engagé(e).

III. Expliquez, point par point, ce qu'il faut faire dans une banque pour obtenir de l'argent si vous êtes (a) un client (une cliente) avec un compte ; (2) un voleur (une voleuse) ; (3) un client (une cliente) qui n'a pas de compte et veut toucher un chèque bancaire ou un chèque de voyage.

IV.

1. Quels détails allez-vous inclure dans votre curriculum vitae ? (Vous pouvez préparer votre c.v. suivant le modèle et puis expliquer comment vous vous présenteriez à un futur employeur.)

SAVOIR SE VENDRE

Votre curriculum vitae est une carte maîtresse quand vous recherchez un emploi — n'oubliez jamais qu'il doit donner envie de vous connaître, et surtout de vous engager, à la personne qui le lira. Voici un modèle qui pourra éventuellement vous aider :

NOM :   PRÉNOM :

DATE ET LIEU DE NAISSANCE :

ADRESSE :

SITUATION DE FAMILLE (marié(e), célibataire, nombre d'enfants) :

NIVEAU DES ÉTUDES ET DIPLÔMES OBTENUS :

LANGUES ÉCRITES ET PARLÉES :

CONNAISSANCES TECHNIQUES (mettre en relief les aptitudes concernant l'emploi désiré) :

RÉFÉRENCES PROFESSIONNELLES (citer les emplois ou les stages (cycles de formation) antérieurs, éventuellement joindre des certificats (attestations) des employeurs précédents) :

Au curriculum vitae, vous devez joindre une simple lettre d'accompagnement. C'est dans cette lettre que vous annoncerez la rémunération mensuelle *(payée chaque mois)* que vous souhaitez, mais seulement dans le cas où l'annonce le précise.

---

2. Ce matin, en lisant le journal, une petite annonce vous a frappé(e). Elle décrivait le job à votre mesure. Rapidement vous jetez sur le papier quelques vagues renseignements, votre nom, adresse, téléphone, âge, etc., et vous allez vite à la poste. Dans quelques jours vous êtes étonné(e) de recevoir une réponse qui dit « Votre candidature ne correspond pas au profil *(traits désirés)* de l'emploi. » Quelle serait votre réaction ? Qu'est-ce que vous auriez dû faire pour obtenir l'emploi ?

V.

1. Si vous étiez un employeur voulant engager des travailleurs, quelle formation (quelles qualifications) rechercheriez-vous ?
2. Après avoir terminé vos études à l'université, quel emploi chercherez-vous ?
3. Quelles sont les qualifications que vous allez présenter à un futur employeur ?
   a. Comment décririez-vous votre formation à un futur employeur ?
   b. Quelle rémunération voudriez-vous obtenir ?
4. Avez-vous jamais cherché un job à mi-temps ? Racontez ce qui est arrivé.

DEMANDES EMPLOIS

● **JF** 20 ans, sér. niveau BTS secrét. direction, cherche emploi plein temps, même remplacement sur Montpellier. Tél. 67.52.34.74 (SOT)

● **Cuisinier** de Ceylan cherche place pour pratiquer la cuisine de son pays. Tél. 67.36.13.48 HR soir ap. 21 H (NuA)

● **Entreprise** ZI Nimes cherche 1 couple de retraités pour gardinnage. Tél. 66.64.06.88. (PvJ)

● **JH** 21 ans, dégagé des OM au 27 mai, cherche emploi. Etudierait toutes propositions. Tél. 66.88.21.91 ou 66.88.43.93 aux HR (SOU)

● **Dame** effectuerait heures ménage ou garde enfant vers av. de Toulouse. Tél soir 67.27.23.53 (SSR)

● **Pizzaiolo** ch. place. Tél 67.75.56.97 (SSS)

● **Etudiant** en fin de cycle sérieux appliqué cherche trav. étudierait ttes prop. libre de suite. Tél 67.72.49.58 (SST)

● **JF** ch. trav. saisonnier ou heures de ménage garde enfants Gde Motte. Tél 67.40.03.84 (SSU)

● **JF** ch. Qques heures entretien bureaux. Ecrire Top hebdo 11 Rue Maguelone Montpellier N 483/33, (SSV)

● **J.H.** 22 ans, 3 ans d'expériences, CAP d'agriculture, cherche emploi, vers St Mathieu, étudierait toutes propositions. Tél. 67.86.94.16 de 18 h à 20 h 30 tous les jours (Rvp)

● **Jeune** fille cherche faire ménage ou garde enfant. Tél. 67.40.27.50 (RoV)

5. Est-ce qu'un employeur vous a jamais renvoyé ? Voulez-vous bien raconter votre expérience à vos camarades de classe ?

6. Expliquez ce qui vous est arrivé quand vous cherchiez un job.

7. Si vous étiez banquier, que diriez-vous à un(e) étudiant(e) qui voudrait (a) ouvrir un compte ? (b) obtenir un prêt ? (c) encaisser un chèque sans avoir un compte à votre banque ? (d) retirer tout son argent de son compte ?

VI. Imaginez. En employant le vocabulaire de l'Essentiel, inventez et préparez par écrit un dialogue auquel l'un(e) de vos camarades devra participer de façon impromptue.

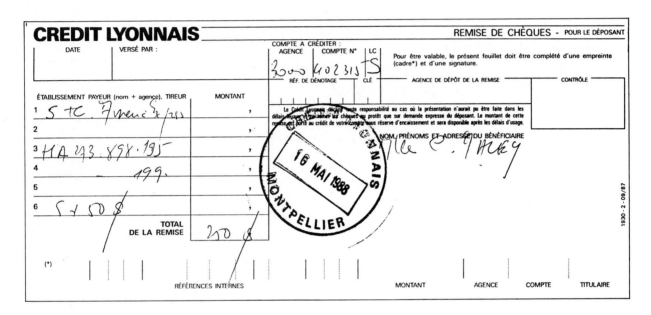

Voici comment, pour un couple ayant 2 revenus et 2 enfants :

Apport personnel 10%
(pouvant être constitué par :
Prêt employeur, P.E.L., prêt Batigaz
17.000 Frs. à 5% sur 5 ans). 62.000 F.

Pour un couple ayant 2 revenus et 2 enfants :	
Apport personnel 10% (peut - être constitué : Prêt employeur, P.E.L.	63.000 F
Revenu Imposable :	86.400 F
Revenu mensuel net :	12.000 F
Prix maison : (1)	630.000 F
Diminué de votre apport personnel (10%) -	63.000 F
+ Prêt BATIGAZ	17.000 F
Total à financer :	550.000 F
Remboursements mensuels : 550.000 F x 78 (2) H.A.(3) = 10.000	4.290 F
APL. déductible avec 2 enfants -	795 F
Remboursements mensuels :	**3.495 F**

(1) Prix au 25-01-88
(2) Prêt conventionné progressif 20 ans hors assurance, taux moyen 9,55% Crédit Agricole
(3) Au 25-01-88. Coût pour 10.000 F emprunté : 14.587,24 F. hors assurance.

À VOUS L'ÉCOUTE

D'abord, étudiez les listes de vocabulaire. Puis, écoutez plusieurs fois les deux conversations du Chapitre 10. Essayez d'identifier les personnes qui parlent et les sujets de leurs conversations. Ensuite, essayez de répondre aux questions suivantes.

Vocabulaire	Questions	DIALOGUE A

Vocabulaire

déranger   to bother
adresser   to speak to
une carte de séjour   official permit for foreigner's residence in France
des travellers   traveller's checks
une fiche   a form to be filled out
expédier   to send off
décréter   to decree

Questions

1. Décrivez ce qu'il faut faire pour ouvrir un compte bancaire en France si on èst étranger.
2. Quel est le règlement que cite l'employé de la banque ?

DIALOGUE A

mon vieux   buddy
des yeux pareils   such eyes
Don Juan   womanizer
se débrouiller   to manage, to get along
chouette *(fam.)*   great, super
emmener   to bring along
un sou   a cent
Je m'en fous. *(vulgaire)*   I don't give a damn.
sois chic   be a swell, good guy
pour une poire *(argot)*   for a sucker
le fric *(argot)*   dough, money
de côté   set aside, to your name
le salaud *(vulgaire)*   S.O.B.
le radin   tightwad

Questions

1. Que veut faire Paul ce soir et de quoi a-t-il besoin ?
2. Quelle est la réaction de son copain et pourquoi ?
3. Quel conseil son ami donne-t-il à Paul ?

DIALOGUE B

Emploi : l'impasse

Au-delà des difficultés économiques, les comportements des demandeurs et des employeurs expliquent pour une large part la *montée structurelle* du chômage.

Un directeur d'*agence pour l'emploi* a dit que pour la plupart de ses demandeurs quand on leur propose un emploi, il y a toujours quelque chose qui ne va pas. C'est qu'en général, en effet, les choses ne vont pas très bien. La jeune génération a des *exigences* nouvelles pour s'engager dans un travail définitif. Les formations sont de plus en plus *poussées* et les tâches proposées sont de plus en plus insignifiantes. *Aussi*, il y a de plus en plus de gens qui refusent le travail tel qu'on leur propose, qui travaillent trois mois dans l'électricité, la radio, le bâtiment, puis partent en voyage, et reviennent.

« On n'a plus un métier, on cherche un job », remarque un haut fonctionnaire. Les emplois *se sont désincarnés*. Passer du marketing textile au marketing automobile ne représentait, ces dernières années, qu'un simple rétablissement. Mais, lorsqu'on ne peut plus passer à aucun type de marketing parce que le marketing ne va plus, que faire ? Le jeune licencié qui passe un an à étudier *Baudelaire* ou à apprendre l'anglais, celui qui part *tenter* sa chance dans l'agriculture ou dans la poterie, sont-ils des phénomènes marginaux ? Ou bien sont-ils les précurseurs d'un mouvement plus profond ?

(glose en marge)
augmentation systématique
bureau du gouvernement

désirs
développées
donc

ont perdu tout sentiment d'humanité

poète du 19ᵉ siècle / essayer

Depuis quelque temps déjà, les spécialistes du recrutement ont noté que la rémunération n'était pas toujours le facteur déterminant dans le choix d'un emploi. Comptent aussi la distance du domicile, les conditions de travail et la sécurité.

Et de plus la sécurité est de plus en plus difficile à trouver. Car les employeurs, eux aussi, ont changé. « Je serais enclin à embaucher, mais les commandes vont-elles se maintenir ? » confie un chef d'entreprise. Dans le doute, il engage des travailleurs temporaires ou fait un contrat à durée limitée.

Le vrai problème est évidemment celui de la formation. Encore ne suffit-il pas de former, mais de savoir qui former et dans combien de temps. Or les employeurs ne veulent pas prendre position sur leurs propres besoins. Soit qu'ils ne les connaissent pas très bien, soit qu'ils *répugnent* à les dire, par peur de s'engager.   *sont peu disposés*

Il arrive donc que la formation se fasse *au petit bonheur la chance :* c'est   *au hasard*
l'État, par l'enseignement public, qui qualifie ; c'est l'employeur qui juge de la qualification et qui prend ou ne prend pas.

Extrait d'un article de *L'Express* par Claude Villeneuve.

QUESTIONS

1. Que veulent dire les mots « chômage » et « chômeurs » ?
2. Quelles sont les raisons données pour la montée du chômage ?
3. Selon un directeur d'agence pour l'emploi, quels sont les problèmes présentés par les jeunes qui cherchent un emploi et ceux auxquels ils doivent faire face ?
4. Quelle est la différence entre un métier et un job ?
5. Qu'est-ce qui détermine le choix d'un emploi d'après le texte ?
6. Quel cercle vicieux existe dans l'emploi en France ?
7. Est-ce que la même situation existe aux États-Unis ? Expliquez.

✏️ À VOUS LA PAROLE

1. Avez-vous jamais eu des difficultés à trouver un job ? Racontez-les.
2. Quel est (Quels sont), pour vous, le(s) facteur(s) déterminant(s) dans le choix d'un emploi ?
3. Que pensez-vous des gens qui préfèrent vivre des subsides du gouvernement ?
4. Quelles sont vos propres solutions au chômage ?
5. Croyez-vous que la jeunesse d'aujourd'hui ait perdu le goût du travail ? Expliquez.

Le Classement des métiers heureux

Est-on plus heureux en étant chirurgien ou ingénieur, *ébéniste* ou psychologue ? — cabinetmaker
Décidément, la hiérarchie des métiers change. Sous la pression de nouvelles
données économiques. Sous la pression des mentalités aussi. Quelle doit être la — **éléments, renseignements**
place du travail dans la vie ? Les relations de l'homme et de son métier sont en
train de se modifier.

On m'avait dit : « Tu verras. Tu vas aller dans un petit village, tu verras le
plombier, le boucher, *le notaire*, l'électricien ; on va sûrement te dire que ça a — notary
changé, que le plus heureux des métiers, c'est non plus celui de médecin ou de
notaire, comme avant, mais celui de plombier ou de réparateur de télé, parce
qu'*on se les arrache*, mais celui de *cantonnier*, parce qu'il vit en plein air. » — **tout le monde a besoin d'eux** *(fig.)* / road repairman

Je suis allée voir à Lyons-la-Forêt, chef-lieu de canton de huit cents habitants
au nord des Andelys, dans l'Eure à 100 km de Paris, et pour poser la question
« Vit-on heureux à Lyons-la-Forêt ? »

J'ai parlé au libraire, au boucher, au charcutier de leur profession. À aucun
moment, l'un d'entre eux ne *s'est plaint* de sa profession. Ni de travailler trop ni — complained
d'être *mal dans sa peau*. Tous, en revanche, m'ont parlé des relations *détendues* — **mal à l'aise, mécontent / calmes, sans problèmes**
avec les gens, du bonheur de vivre à la campagne.

Ils se font quand même une certaine idée du bonheur professionnel, les
habitants de Lyons. Chaque fois que j'ai demandé : « Qui est le plus heureux
ici ? », il m'a été répondu : « C'est le Dr. Collard. » Bien sûr, on envie un peu la
directrice d'école qui est logée dans une belle maison, qui est bien payée, et qui
fait de petites journées. On envie l'antiquaire aussi qui vit au milieu de beaux
objets. Mais, surtout, on cite le Dr. Collard.

Les valeurs traditionnelles restent décidément profondément *ancrées* dans les esprits, comme si rien n'avait changé depuis Flaubert et *Madame Bovary*.[1] C'est toujours la déférence inconditionnelle *à l'égard* des notables.

accrochées, enracinées

en ce qui concerne, vis-à-vis

Je suis allée voir le Dr. Collard dans son cabinet. « Il paraît que c'est vous, l'homme le plus heureux de Lyons ? » « C'est vrai », me répond-il *sans façon*. La situation d'un médecin de campagne est tout à fait privilégiée. » Il m'explique : « D'abord, c'est un métier *passionnant*, rien à voir avec les *généralistes* en ville, qui sont devenus des centres *d'aiguillage*. À la campagne, le médecin *exerce* toutes les disciplines, y compris la petite chirurgie ou la gynécologie. » Ensuite, la considération : « Le médecin fait partie des élites, comme le notaire ou le pharmacien. » Et encore : « C'est un métier qui permet des contacts avec toutes les *couches* de la société, qui offre des avantages matériels indiscutables. Je suis sûrement parmi ceux qui gagnent le mieux leur vie ici. »

très naturellement, sans manières

très intéressant / general practitioners / orientation destinée à diriger les malades vers des spécialistes / pratique

niveaux

Cela paraît trop idyllique. Je risque une objection : « Le téléphone sonne sans arrêt. Vous devez être tout le temps dérangé ? » « C'est vrai », me répond-il, « je travaille de douze à quatorze heures par jour, et, quand je suis *de garde*, c'est vingt-quatre heures. Mais le travail ne me fait pas peur, et puis, il y a les vacances. » Ses vacances ? Quinze jours l'hiver avec sa femme, dans leur chalet à la montagne. Quatre semaines l'été, dans leur maison du *Midi*. Il a gagné ! Je lui *décerne* les *palmes* du Bonheur professionnel. Et tant pis si cela bouleverse mes idées.

être prêt à répondre aux appels

sud de la France / accorde, donne
décoration, médaille

Extrait d'un article de *L'Express* par Sophie Décosse.

✐ QUESTIONS

1. Qu'est-ce qui peut changer la hiérarchie des métiers ?
2. Pour quelle raison l'auteur est-elle allée dans un petit village ?
3. Quelle idée compte-t-elle confirmer dans ce village ?
4. Quelles étaient les réponses des gens du village à sa question ?
5. De quoi les gens du village ont-ils parlé ?
6. Selon les habitants de ce village, quel métier représente le mieux le bonheur professionnel ?
7. Pourquoi le docteur pense-t-il être le plus heureux dans sa profession ?
8. Pourquoi l'auteur a-t-elle été étonnée par les réponses qu'elle a obtenues dans ce village ?

✐ À VOUS LA PAROLE

1. Quel métier choisiriez-vous pour avoir le plus de bonheur possible dans votre vie ? Expliquez votre choix.
2. Quelles qualités demandez-vous à votre métier pour vous sentir heureux professionnellement ?
3. Expliquez pourquoi vous voudriez (ou ne voudriez pas) devenir libraire, ébéniste, plombier ou médecin.

Quand un mécanicien devient patron

Avoir été toute sa vie ouvrier mécanicien et se retrouver brusquement directeur de son usine, c'est l'histoire extraordinaire qui est arrivée à Albert S. Il n'y a pas

---

[1] Écrivain français du 19e siècle dont l'œuvre principale est le roman *Madame Bovary*.

de miracle : après une longue grève de huit mois, il y eut dans l'usine, l'*autogestion*. Depuis, l'usine marche bien et Albert qui avait été le plus dur, le plus contestataire, Albert qui avait fini par occuper l'usine tout seul,... eh bien, Albert a été élu patron ! On lui a demandé qu'est-ce qui a changé depuis l'autogestion. Voilà sa réponse.

    Pour moi ? Je croyais que j'aurais des problèmes de travail, mais non. Il n'y a pas que le travail. On doit aussi prendre en compte les problèmes personnels des autres et, ça c'est ce qui m'a le plus étonné. J'y ai réfléchi. Avant, il y avait le travail à l'usine, et puis la vie dans la famille. Maintenant, non. Tout le monde se parle, de tout, des histoires de famille. C'est comme s'il n'y avait plus de barrière entre la vie professionnelle et la vie privée. C'est devenu complètement autre chose. Je ne sais pas si c'est un avantage ou un inconvénient. On se connaît trop. Quant aux relations des *gars* entre eux, au début, c'était formidable, et puis on est vite retombé dans les habitudes d'avant. Et là, ça ne va plus. Parce qu'avant, quand un type trichait, arrivait en retard, etc., les autres *s'en foutaient*. C'était l'affaire du patron. Mais, aujourd'hui, ils lui disent : « Dis donc, tu *fous toute la production en l'air !* » Pour éviter les histoires, on a décidé que tout le monde *pointerait*. Mais il n'y a pas de contrôle des *fiches*.

    Dans toutes les usines, il est dit que l'ouvrier ne doit jamais toucher à sa machine. Si ça *coince* ou ça ne va pas, il doit s'arrêter, appeler le chef d'atelier qui appelle la *fabrication*. Alors que l'ouvrier, le plus souvent, sait bien ce qu'il faudrait faire pour que la machine *reparte*. Chez nous, les ouvriers peuvent intervenir sur leurs machines. Ça change complètement le travail. On se sent son maître.

action des ouvriers d'administrer eux-mêmes une affaire

jeunes hommes

s'en moquaient

démolis

marquerait les heures de l'arrivée et du départ / cartes

se bloque

département chargé de vérifier la production / recommence à fonctionner

Je ne resterai pas longtemps le patron parce qu'on vote les postes tous les ans. Il faut absolument que le pouvoir tourne, qu'on laisse la place. J'y suis décidé. Ensuite, je redeviendrai mécanicien. Et j'aurai appris une chose : c'est difficile la démocratie. Il faut y penser tout le temps et la vouloir tout le temps. Mais, maintenant qu'on y a goûté, on ne pourra plus revenir en arrière. Le tout c'est de ne pas rester seuls, dans notre petit monde à nous.

Extrait d'un article du *Nouvel Observateur* par Josette Alia.

L'EMPLOI EN L'AN 2000

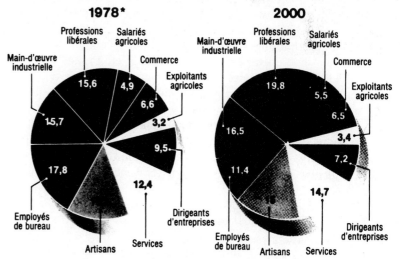

1978*

- Main-d'œuvre industrielle 15,7
- Professions libérales 15,6
- Salariés agricoles 4,9
- Commerce 6,6
- Exploitants agricoles 3,2
- Dirigeants d'entreprises 9,5
- Services 12,4
- Artisans
- Employés de bureau 17,8

2000

- Main-d'œuvre industrielle 16,5
- Professions libérales 19,8
- Salariés agricoles 5,5
- Commerce
- Exploitants agricoles 6,5
- Dirigeants d'entreprises 3,4
- Services 7,2
- 14,7
- Artisans
- Employés de bureau 11,4

*Les chiffres correspondent à la structure de l'emploi aux Etats-Unis   Source : Banque de France

ÉVOLUTION DE L'EMPLOI PAR CATÉGORIES PROFESSIONNELLES (EN POURCENTAGE)

 **QUESTIONS**

1. Qu'est-ce que l'autogestion ?
2. Quel rôle Albert a-t-il joué pendant la grève ?
3. Albert devient patron : quelles en sont les conséquences sur la vie à l'usine ?
4. Que pense Albert du manque de différentiation entre la vie privée et la vie professionnelle ?
5. Qu'est-ce qui est arrivé aux relations entre les ouvriers au début de l'autogestion ? Et après quelque temps ?
6. Qu'est-ce qu'Albert a appris pendant la période de gestion de son usine ?

📣 À VOUS LA PAROLE

1. Croyez-vous que l'autogestion soit une bonne idée ? Pourquoi ?
2. Croyez-vous que les ouvriers continuent à voter pour l'autogestion ? Expliquez votre réponse.
3. Expliquez pourquoi c'est difficile la démocratie.

Vendez français

Chauvin, le Français ? Bien sûr ! Sauf lorsqu'il s'agit de dépenser son argent. Rien, alors, ne vaut les machines à laver allemandes — c'est plus solide ; les costumes britanniques — c'est plus chic ; les bagages italiens — ça fait bien. Pour le *standing* de Monsieur le Français moyen, le « made in France » n'a pas bonne *cote*. Pour être « in », une seule solution : acheter étranger.

Le commerce extérieur français est tombé, pour les seuls biens de consommation et d'équipement de ménages, d'un *excédent* de 4,5 millards à un déficit de 4,1 milliards de francs. Neuf milliards de *chute*, dans lesquels le pétrole et la *sécheresse* ne sont pour rien. De quoi s'alarmer. Et justifier l'appel des *pouvoirs publics* à la solidarité nationale. « À qualité égale et à prix équivalent, achetez français », conseille un ministre. Et le Président de la République de rappeler : « Le choix d'un produit importé est un choix contre l'emploi. »

Aujourd'hui, sept chemises sur dix vendues en France sont fabriquées à l'étranger. Et l'on importe deux collants sur cinq, une paire de chaussettes sur trois, trois réfrigérateurs sur cinq. À qui la faute ? À vous, à moi, à notre ignorance, à notre snobisme ? Sans doute. « Pour vendre mes appareils, dit un fabricant français, j'ai dû leur inventer un nom américain. Sinon, ils ne partaient pas. » La plupart du temps, la préférence pour les produits étrangers ne peut en revanche se justifier par une qualité supérieure des produits. Mais essentiellement par l'attrait de leur *prix de revient*. Les industriels français le savent bien.

qui admire trop son pays

situation sociale et économique
appréciation

surplus
baisse
absence de pluie / le gouvernement

coût total d'un produit

Que faire, alors ? Nous ne voulons pas de protectionnisme. Nous voulons seulement des règles équitables de *concurrence*. La bonne vieille formule du nationalisme *cocardier*, une campagne de pression sur l'opinion publique, un moment *envisagée*, a finalement été *écartée* à cause de *ses relents* protectionnistes. D'ailleurs est-ce vraiment le client qu'il faut convaincre ? Pourquoi pas, d'abord, le commerçant ? « Achetez français » : personne ne croit plus à ce slogan *usé*. « Vendez français », *en revanche*...

Extrait d'un article de L'Express par Sophie Décosse.

compétition des prix

chauvin *(péjoratif)*

projetée / rejetée / mauvaise odeur *(fig.)*

qui a été rendu banal par l'usage trop fréquent / au contraire

QUESTIONS

1. Pourquoi le Français n'achète-t-il pas des produits français ?
2. Comment était la chute du commerce extérieur français dans les années soixante-dix ?
3. Pourquoi cette chute ? Et pourquoi le gouvernement ne voulait-il pas que ce déficit continue ?
4. Quel rôle le gouvernement a-t-il joué pour améliorer cette balance des paiements ?
5. Quelle est l'attitude des Français envers les produits étrangers ? Et des commerçants ?
6. Que pensent les industriels français de la qualité des produits étrangers ?
7. Qu'est-ce que le « nationalisme cocardier » ? Existe-t-il chez nous ?
8. Qu'est-ce qui est arrivé à la campagne « achetez français » et pourquoi ?
9. Quelle campagne suggère l'auteur de cet article ? Croyez-vous qu'elle ait du succès ? Expliquez.

À VOUS LA PAROLE

1. Expliquez pourquoi vous achèteriez (n'achèteriez pas) étranger.
2. Est-ce que nous les Américains avons une préférence pour les produits étrangers ? Justifiez votre réponse.
3. Croyez-vous que nous soyons tous trop conscients du standing ? Donnez des exemples.

SUJETS DE DISCUSSIONS

1. Présentez votre job idéal (le job à votre mesure).
2. Les jeunes d'aujourd'hui n'ont aucune envie de gagner leur propre vie. Est-ce vrai ?
3. Est-ce que la formation à l'université est réellement utile quand il s'agit de gagner votre vie ?
4. Demandez à un commerçant ce qu'il pense des produits étrangers pour en faire le rapport à votre classe.
5. Nos parents paient des impôts au gouvernement, lequel nous verse des indemnités de chômage — il faut en profiter. (pour ou contre)
6. De nos jours frauder le gouvernement semble être de rigueur. (vrai ou faux)

JACQUES FAIZANT

La Vie politique

===

L'ESSENTIEL

Le gouvernement

un régime	prendre	le pouvoir
une république	saisir	
une monarchie	préserver	
constitutionnelle	tenir	
absolue	maintenir	
une dictature		
un roi, une reine		
un dictateur		
un président		
une personne	démissionner (de)	
	céder	

Vocabulaire supplémentaire

le communisme	l'émeute *(f.)*
la démocratie	le manifestant
le socialisme	un ministre
la révolution	un premier ministre
la rébellion	un député
la crise	

La branche exécutive

un gouvernant	gouverner	le pays
	bien / mal	l'état
	habilement	la nation
	rassembler, réunir	le conseil (des ministres)

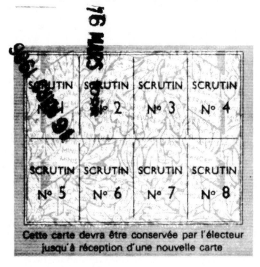

RECOMMANDATIONS IMPORTANTES

L'électeur ne sera admis à voter qu'après être passé par l'isoloir où il doit placer son bulletin dans l'enveloppe réglementaire mise à sa disposition à l'entrée de la salle de vote.

Quiconque aura voté, soit en vertu d'une inscription frauduleuse, soit en prenant faussement les nom et qualité d'un électeur inscrit sera puni d'un emprisonnement de six mois à deux ans et d'une amende de 720 F à 20 000 F.

Sera puni de la même peine tout citoyen qui aura profité d'une inscription multiple pour voter plus d'une fois.

| SCRUTIN No 1 | SCRUTIN No 2 | SCRUTIN No 3 | SCRUTIN No 4 |
| SCRUTIN No 5 | SCRUTIN No 6 | SCRUTIN No 7 | SCRUTIN No 8 |

Cette carte devra être conservée par l'électeur jusqu'à réception d'une nouvelle carte

RÉPUBLIQUE FRANÇAISE

LIBERTÉ · EGALITÉ · FRATERNITÉ

CARTE D'ÉLECTEUR

La présente carte remplace la carte précédemment délivrée qui devra être détruite

« Voter est un droit c'est aussi un devoir civique »

MINISTÈRE DE L'INTÉRIEUR ET DE LA DÉCENTRALISATION 3

un gouvernant   présider   le cabinet
    former

    nommer / faire
    démissionner   les ministres

Vocabulaire supplémentaire

le maire
la mairie
le préfet du département[1]

[1] Homme nommé par le gouvernement qui est responsable du maintien de l'ordre dans un département, renommé depuis 1981 le commissaire de la République.

La branche législative

le parlement	proclamer	les lois *(f. pl.)*
le congrès	discuter	les amendements *(m. pl.)*
l'Assemblée (nationale)	rejeter	
le Sénat		
la Chambre des députés		
le peuple	élire	le candidat, la candidate
	être représenté (par)	
un électeur, une électrice	voter (pour / contre)	
le candidat, la candidate	être	élu(e)
	faire	des promesses *(f. pl.)*
	tenir / manquer (à), ne pas tenir	
le parti (politique)	être d'accord (avec)	la politique
la droite (conservateur)	contester	
le centre	discuter	
la gauche (libéral)	défendre	
	attaquer	
un citoyen, une citoyenne	avoir	le droit de voter
		la liberté (de penser)

Vocabulaire supplémentaire

le conseil municipal
les conseillers municipaux
un sénateur
les élections *(f. pl.)*
la campagne (présidentielle) (électorale)
les suffrages *(m. pl.)*

I. Donnez le contraire des mots ou expressions suivants.

1. la droite
2. ouvrir une session du parlement
3. nommer un ministre
4. élire un candidat
5. être d'accord
6. la démocratie
7. attaquer une politique
8. gouverner avec habileté

EXERCICES

I. Expliquez la différence entre

1. un dictateur et un président
2. défendre et attaquer la politique d'un gouvernement
3. le pouvoir exécutif et le pouvoir législatif
4. un ministre et un député

II. Réagissez aux phrases avec des expressions appropriées. Faites référence à l'Appendice A à la page 205.

1. Le fils de l'ancien maire a été élu à une très large majorité.
2. La cousine du président a été nommée ambassadrice en France.
3. Le frère du président a gagné des milliards à cause des contrats obtenus auprès des bureaux gouvernementaux.
4. Cette dame veut être présidente et a annoncé sa candidature.
5. Cette ville a élu un maire communiste.
6. Le président a démissionné.
7. Le congrès a rejeté le droit de vote pour les jeunes de dix-huit ans.
8. Le sénateur a été assassiné par un terroriste.
9. Le maire de notre ville a été accusé de fraude électorale.
10. Le candidat démocrate a vaincu le républicain à la dernière élection.

III.

1. Combien de types de gouvernement connaissez-vous ?
2. À votre avis, quel est le type de gouvernement le plus répandu ?
3. Qui a le pouvoir exécutif en Amérique ? En France ?
4. Qui fait les lois fédérales aux États-Unis ?
5. Quelle relation existe entre un candidat et les électeurs ?
6. Que fait un candidat pour être élu ?
7. Quels sont les droits d'un citoyen ?
8. D'où vient le pouvoir d'un président ?
9. Qu'est-ce qu'une émeute ?
10. Pourquoi les citoyens se révolteraient-ils ?
11. Quelles sont les divisions d'un gouvernement d'un pays démocratique ?
12. Pourquoi les gens devraient-ils être des citoyens conscients et responsables ?
13. Pour quelles raisons un gouvernement pourrait-il tomber ?
14. Un ambassadeur, quel rôle joue-t-il dans un gouvernement ?
15. Comment présenteriez-vous vos opinions politiques ? Et celle(s) de votre (vos) professeur(s) ? De vos parents ?

IV. Imaginez. En employant le vocabulaire de l'Essentiel, inventez et préparez par écrit un dialogue auquel l'un(e) de vos camarades devra participer de façon impromptue.

V. Regardez les photos ci-dessous de trois candidats politiques qui se présentent aux prochaines élections. Qui voudriez-vous élire : maire de votre ville ? sénateur de votre état ? président de votre pays ? Expliquez vos choix.

VI. À vous les proverbes

En employant le vocabulaire de l'Essentiel et les proverbes 67 à 74 dans l'Appendice C (page 241) inventez une histoire ou une conversation par écrit pour la présenter à vos camarades de classe.

 ## À VOUS L'ÉCOUTE

D'abord, étudiez le vocabulaire de la liste suivante. Puis, écoutez plusieurs fois les deux conversations du Chapitre 11. Essayez d'identifier les personnes qui parlent et les sujets de leurs conversations. Ensuite, essayez de répondre aux questions suivantes.

Vocabulaire	Questions	
		DIALOGUE A

se moquer de   to make fun of
redouter   to fear
le Front National   extreme right wing political party
le cochon *(fig.)*   pig
les sales boulots *(argot)*   dirty, low-paying jobs

1. Quelle nouvelle le fils annonce-t-il à son père ?
2. Quelle est la réaction du père ?
3. Quelles sont les opinions politiques du père ?

DIALOGUE B

un marathon   a marathon race
TGV-ATLANTIQUE   fast train going to Atlantic coast of France
Aéroport de Roissy   airport located north of Paris—also called Charles de Gaulle (**C.D.G.**)
chilien   du Chili
le cyclisme   bicycling
le coureur   runner
l'entraînement   training

1. Que signifie l'expression « les titres du journal de 20 heures » ?
2. De quels sujets le journaliste parle-t-il ?
3. Pourquoi y avait-il des manifestations à Roissy ?
4. Qu'est-ce que les députés à l'Assemblée nationale ont rejeté ?

En Amérique, la contestation est démodée

J'ai connu l'Amérique des années cinquante, image triomphale de l'avenir aux yeux des Européens *exténués*. L'inoubliable apparition de New York. Les campus universitaires, leurs *pelouses* vertes et leurs troncs argentés.

Vingt ans plus tard, c'était une autre Amérique, toujours *fastueuse*, mais qui doutait d'elle-même et de son destin. La révolution des campus avait détruit l'image rassurante d'une société *acharnée* à se *dépasser*. Sur les belles pelouses *traînaient tracts* et *mégots*. Une odeur de drogue flottait dans les bibliothèques. À la tombée de la nuit les rues se vidaient. Dans les quartiers résidentiels que j'avais connus sans *clôture*, lorsque chacun mettait sa fierté à laisser la clé sur la porte, on s'enfermait maintenant à double tour. Le déclin de l'Occident devenait visible même ici.

Est-ce parce que la tempête de neige venait de cesser ? Toujours est-il que le spectacle, cette fois, m'a paru plus encourageant. Et d'abord, l'Amérique n'a rien perdu de cette force irrésistible qui la jette au-devant de l'avenir. La violence a cessé d'être au premier plan des préoccupations. On peut se promener à nouveau dans les rues quand le soir tombe, *trotter* dans Central Park *à l'instar de* ces milliers d'Américains qui, à toute heure du jour et même de la nuit, courent en *survêtement* et les coudes au corps. L'obsession de la réussite, la course à la plus belle voiture, à la plus belle maison, sont aussi démodées que la contestation. Plus profondément, le pari de la coexistence raciale est gagné. Plus de ségrégation nulle part. Les Noirs ont partout leur place et même un peu plus que leur place. On ose enseigner dans les écoles les langues *allogènes* à commencer par l'espagnol qui a pris la place du français. On voit *poindre* le *métissage*. L'Amérique du Nord deviendra-t-elle un autre Brésil ? Ce n'est plus impossible. Le laxisme universitaire

épuisés

terrains couverts d'herbe

somptueuse

attachée / faire mieux encore / se trouvaient partout / affiches de propagande / bouts de cigarettes

barrières, murs

marcher rapidement / comme

tenue de sport

des immigrés

sortir / croisement de sujets de races différentes

appartient au passé. Manifestants et *banderoles* ont disparu des campus. Le spectre du chômage aidant, une *concurrence acharnée* pour les diplômes et pour les jobs succède à la nonchalance d'hier.

banners

compétition / furieuse

Extrait d'un article du *Figaro* par Pierre de Boisdeffre.

QUESTIONS

1. Quels changements l'auteur trouve-t-il entre l'Amérique des années cinquante et l'Amérique vingt ans plus tard ?
2. Que dit-il de la violence dans les villes ?
3. Comment décrit-il la coexistence raciale ?
4. Qu'est-ce qu'une langue « allogène » ?
5. Que veut dire la phrase « L'Amérique du Nord deviendra-t-elle un autre Brésil » ?

À VOUS LA PAROLE

1. Croyez-vous que nous Américains ne cherchons plus la réussite dans la vie ? Expliquez votre réponse.
2. Comment décririez-vous la vie estudiantine de votre université ? Comparez-la avec la description faite par l'auteur de cet article.
3. Pensez-vous que cet auteur connaisse bien l'Amérique et les Américains ? Pourquoi ou pourquoi pas ?
4. À votre avis, est-ce que les campus devraient être des lieux de protestation ? Expliquez votre réponse.
5. Expliquez pourquoi vous croyez (ou vous ne croyez pas) que l'Amérique est toujours au-devant de l'avenir.

Commentaire sur les débats politiques

Nous trouvons les débats politiques des Américains un peu *plats*, et eux trouvent les nôtres un peu *creux*. L'incompréhension *provient* de ce que nos débats à nous sont à dominante idéologique et que les leurs portent principalement sur ce qu'ils appellent, non des idées, des théories, mais des « issues » : des « sujets », des thèmes concrets, l'environnement, la puissance excessive des grosses entreprises, les fonds électoraux, le *ramassage scolaire*, les *centrales* atomiques (et leur exportation), la détente, les villes géantes, etc.

    Nous aussi parlons, bien sûr, de ces problèmes, mais en les subordonnant à une option idéologique. Selon notre gauche, aucune *amélioration* profonde dans un domaine précis n'est réalisable tant qu'on n'aura pas « changé le système ». Selon notre droite, aucune amélioration profonde dans un domaine précis n'est acceptable, parce qu'elle risquerait de conduire au changement du système. C'est le triomphalisme idéologique dans le défaitisme pratique. En poussant l'antithèse à la limite, on peut dire que les Américains changent tout, sauf le système ; et que, nous autres Latins, ne changeons rien, à moins que, ou de peur que, le système ne soit détruit. *Aussi* les Américains nous considèrent-ils souvent comme *sclérosés*, *rétifs* au changement, tandis que nous les jugeons conservateurs. À nos yeux, ils ne « *remettent* pas *en cause* la société » (ce qui est beaucoup plus facile que de faire marcher le téléphone).

Extrait d'un article de L'Express par Jean-François Revel.

(glose en marge :)
banals
pauvres, vides, qui manquent de substance / vient
transport d'enfants à l'école / usine où se produit l'énergie
progrès
donc / figés, bloqués *(fig.)*
rebelles
mettent en question

QUESTIONS

1. Que pensent les Français de nos discours politiques ?
2. Et nous, que pensons-nous des débats politiques français ?
3. Comment les deux diffèrent-ils ?
4. Qu'est-ce que le défaitisme ?
5. Comment l'auteur décrit-il l'idéologie politique en France ? Et aux États-Unis ?

À VOUS LA PAROLE

1. Quel système de débats politiques préférez-vous ? Expliquez votre réponse.
2. Quand les hommes politiques nous parlent, croyez-vous qu'ils nous disent toujours la vérité ? Pourquoi ou pourquoi pas ?

Si vous voulez participer au vote

Tout Français ou naturalisé Français qui a dix-huit ans, *jouissant de* droits civils et politiques, peut partager aux élections municipales. Il suffit d'être inscrit sur les listes électorales.

    L'inscription n'est pas automatique — il faut en faire la demande à votre mairie. Vous pouvez vous inscrire par correspondance.

    D'une part une *pièce* justifiant votre identité, c'est-à-dire la carte nationale

(glose en marge :)
possédant les
document

d'identité, ou le livret de famille,[1] ou le permis de conduire, ou le permis de chasse, le livret militaire, un passeport. D'autre part, une pièce qui atteste que vous avez une attache avec *la commune* ou la circonscription du bureau de vote, soit parce que vous y avez votre domicile ou une résidence où vous *séjournez* plus de six mois par an, soit que vous y êtes inscrit au rôle d'une des *contributions directes communales*. Cette pièce peut donc être une *quittance* de gaz, de *loyer*, ou une pièce fiscale.

district
habitez
impôts locaux
reçu de paiement / rent

Extrait d'un article de *Paris-Match* par Liliane Gallifet.

QUESTIONS

1. Qu'est-ce qu'il faut faire pour voter en France ?
2. De quels documents peut-on se servir en France pour établir son identité ?

À VOUS LA PAROLE

1. Expliquez ce qu'il faut faire si l'on veut participer au vote aux États-Unis.
2. Faites un sondage de vos camarades de classe pour savoir qui est inscrit sur les listes électorales et combien parmi eux ont voté aux dernières élections.

Les femmes n'ont plus peur de la politique

Les femmes n'ont plus peur de la politique. Si, autour d'un bon dîner, le sujet divise les messieurs, la majorité d'entre elles se jettent *désormais* dans la mêlée. Elles sont de moins en moins nombreuses à voter comme leur mari. Et elles n'hésitent pas à rendre la *misogynie* des partis responsable de leur faible présence dans l'arène politique. Mieux encore : pour la première fois depuis qu'on se pose ce genre de questions, une majorité d'hommes leur donnent raison et un tiers d'entre eux pensent même que la France *tournerait plus rond* si le gouvernement comptait plus de femmes ! Tels sont quelques-uns des remarquables résultats *recueillis* par la Sofres.[1]

« La femme n'existe pas », *décrétait* un jour de 1974 Jacques Lacan, psychanalyste célèbre. « Eh bien ! il faut l'inventer », aurait pu lui répondre — à titre posthume — le général de Gaulle qui, toute sa vie politique durant, n'a eu qu'à se féliciter de la fidélité des femmes (dont il avait, il est vrai, fait des électrices

dès à présent

le fait de détester les femmes

fonctionnerait mieux

réunis, rassemblés
déclarait

---

[1] Remis aux époux pour recevoir les bénéfices de l'État pour une famille, allocations familiales, etc.
[1] Une des agences françaises de sondage.

en 1944). En 1965, c'est l'électorat féminin qui l'a maintenu à l'*Élysée*, alors que les hommes, eux, avaient voté en majorité pour François Mitterand.[2]

résidence du président de la République

À l'époque, tous les politologues le confirmeront, les choses étaient claires et *tenaient* en deux phrases : « Les femmes ne s'intéressent pas à la politique » et, quand par hasard elles y sont *contraintes*, « elles sont très conservatrices ». On vous expliquait alors que, prises par les *tâches* du foyer, elles n'avaient pas le temps de s'occuper des grands problèmes de l'heure.

se résumaient
obligés
le travail

Comme *en témoignent* les résultats de notre sondage, ces idées toutes faites *ne sont plus*, mais plus du tout, *de mise* aujourd'hui.

montrent
***ne sont... de mise* = ne sont plus acceptées**

Plus nombreuses à travailler, les femmes s'intéressent de plus en plus au monde extérieur. Et donc, à la politique. Prenant conscience de leur compétence, elles deviennent plus *exigeantes*, plus *revendicatrices*. Elles tolèrent moins qu'on leur dénie, au nom d'un « éternel féminin » mythique qui leur ressemble de moins en moins, les places ou les droits que d'autres, souvent moins qualifiés qu'elles, détiennent du seul fait de leur sexe. C'est la phase offensive, celle où l'on se bat pour l'égalité. Sur le terrain politique, elles interviennent de plus en plus, obtiennent des résultats concrets et, soudain, les politologues découvrent que leur absentionnisme légendaire n'est plus qu'un souvenir.

demandent plus de choses / exigent plus de choses

La phase de la revendication agressive passée, les femmes se sont simplement installées dans la légitimité des droits acquis. Et elles les exercent. Sans crier ni faire d'histoire. Mais pleinement — et, bien sûr, sans tolérer qu'ils soient remis *en cause*.

en question

Tiré d'un article de Nina Sutton de *Jours de France*.

QUESTIONS

1. Quelle est la nouvelle attitude des femmes envers la politique ?
2. Contre quelle attitude masculine ont-elles à lutter ?
3. Depuis quand, et grâce à qui, les femmes votent-elles en France ?
4. À présent, de quelles manières les femmes manifestent-elles leur intérêt pour la politique ?
5. Autrefois, qu'est-ce que désiraient les hommes pour expliquer le manque d'intérêt des femmes envers la politique ?

À VOUS LA PAROLE

1. Expliquez les raisons pour lesquelles vous avez choisi votre parti politique.
2. Par qui êtes-vous personnellement influencé(e) en politique ? Expliquez pourquoi.
3. Quel personnage politique cherchez-vous pour l'avenir ?
4. Parmi les groupes politiques de votre université, lequel est le plus capable de résoudre les problèmes des étudiants ? Expliquez votre réponse.
5. Quelles sont les priorités des jeunes Américains ?

L'Immigration... un problème ou pas ?

De toutes les nations, l'Amérique est par excellence celle de l'immigration. Elle n'est faite que de cela. C'est ainsi qu'elle s'est bâtie par *vagues* successives, chaque fois plus importantes.

ondes *(sens figuratif);* **les arrivés**

---

[2] Homme politique devenu ensuite président ; réélu en 1988.

Aujourd'hui, l'immigration américaine est essentiellement hispanique et asiatique, et deux tiers des immigrants du monde entier sont en définitive *accueillis* aux U.S.A.

acceptés

Cependant, *en dépit de* l'importance du nombre de ses nouveaux immigrants — un demi-million chaque année, compte non tenu de l'immigration clandestine — l'Amérique ne souffre pas des mêmes *maux* que la France.

malgré

pluriel de mal

Tout simplement parce que l'immigration ne s'y fait pas selon les mêmes critères : n'entre pas qui veut aux États-Unis. N'y entrent que ceux qui ont pour première ambition de s'y intégrer, d'y truover une nouvelle patrie, bref, et sans pour autant *renier* leurs origines et leurs coutumes, l'ambition de devenir américain.

désavouer

En outre, l'Amérique ne connaît pas de problèmes religieux. Quel que soit le nombre et la diversité des croyances importées, aucune ne manifeste *le souci* d'expansion, ni *n'engendre* le risque de *massification* — *voire* de fanatisation.

de plus

le besoin

ne crée / groupement / ou même

Enfin, l'intégration semble y être plus facile. Sans doute parce que le désir de la réussir y est plus fort. Car les obstacles ethniques ou raciaux sont les mêmes : chaque nouvelle vague d'immigrants les rencontre. Aujourd'hui encore, moins d'un tiers des Américains (27%) sont favorables à la politique de la porte ouverte : l'immigrant n'est pas forcément bienvenu. Mais plus des deux tiers (67%) des *sondés* n'en croient pas moins l'intégration possible : l'immigrant n'est pas sous-estimé.

les gens interrogés

À juste titre d'ailleurs. Car l'immigrant américain se singularise par une volonté de s'intégrer peu comparable avec l'état d'esprit de ses homologues européens. Il accepte de travailler dur — douze à quinze heures par jour en moyenne dans les dix premières années — il entreprend des études, il occupe n'importe quel emploi, y compris lorsque ses diplômes pourraient lui permettre de prétendre à d'autres *tâches*.

avec raison

travaux

Résultat : le *revenu* moyen des familles asiatiques installées aux U.S.A. dépassait déjà en 1980 le revenu moyen national (Blancs compris) avec 22 700 dollars. Quant aux Noirs *caraïbes*, il y a déjà longtemps que leur revenu moyen dépasse de 40% celui des familles noires américaines.

income

Caribbean

Un phénomène qui engendre évidemment bien des jalousies. D'autant que l'immigration U.S. *soulève* des questions tout aussi préoccupantes qu'en Europe :

pose

aggravation de la criminalité ; crise économique ; coût pour l'État.

Mais la différence essentielle est qu'on en parle. En Amérique, le débat est ouvert. La population est consultée. Ses avis écoutés, sans que *nul* ne s'autorise à les *ignorer*.

personne

ne pas connaître

Tiré d'un article de Véronique Grousset de *Figaro Magazine*, édition internationale.

QUESTIONS

1. Quelle sorte d'immigrants les États-Unis accueillent-ils le plus aujourd'hui ?
2. D'après quels critères l'immigration est-elle possible aux États-Unis ?
3. Que veut dire l'expression « la porte ouverte » ?
4. Pourquoi les immigrants sont-ils mieux intégrés aux États-Unis qu'en France ?
5. Quels sont les problèmes soulevés en France comme aux E.U. par l'immigration ?

À VOUS LA PAROLE

1. Les immigrants sont-ils vraiment bien intégrés aux États-Unis ? Expliquez votre réponse.
2. Êtes-vous d'accord avec la politique de « la porte ouverte » ? Expliquez votre réponse.

amnesty international

Un espoir pour les prisonniers d'opinion dans le monde

CAMPUS

Transformer les chômeurs en entrepreneurs

METTRE bénévolement à la disposition de jeunes créateurs d'entreprise sans argent des compétences commerciales ou juridiques de haut niveau : tel est le but de l'Association de conseil à la création d'entreprises pour le développement de l'emploi (ACCEDE), fondée en août 1987 par un groupe d'élèves d'HEC, de l'ESSEC, de l'ESCP et de Dauphine.

Véritable cabinet de conseil à but non lucratif et à vocation sociale, ACCEDE aide les jeunes chômeurs à monter une affaire : elle définit leur marché, choisit la structure juridique appropriée, trouve un réseau de distribution et cherche des fonds, n'exigeant en retour que le remboursement de ses frais de gestion. L'association a ainsi permis à un jeune Maghrébin au chômage de créer une entreprise de distribution de prospectus. Elle a aidé un concepteur publicitaire à commercialiser un jeu éducatif pour enfants. Elle conseille actuellement une réfugiée sud-africaine qui veut ouvrir une entreprise de prêt-à-porter africain.

SUJETS DE DISCUSSIONS

1. Expliquez ce que veulent dire les mots « droite » et « gauche » dans la politique américaine.
2. Présentez votre programme pour intéresser les jeunes à exercer leur droit de vote.
3. Expliquez le système américain des élections présidentielles à un étranger qui est bien sceptique quant à son bon fonctionnement.
4. Faites des recherches au sujet des élections en France et expliquez leur système à la classe.
5. Si vous étiez chef d'une agence de publicité, comment organiseriez-vous la campagne électorale d'un candidat ?
6. Les idées et les théories de la politique sont plus importantes à discuter que les sujets ou les thèmes concrets. (pour ou contre)
7. Quand il s'agit de la politique, plus ça change, plus c'est la même chose. (vrai ou faux)
8. Notre gouvernement adopte des positions figées vis-à-vis de la politique extérieure ; par example, les aides monétaires, économiques et militaires données à certains pays ; l'immigration. Est-ce que le gouvernement a raison ou est-ce qu'il a tort ? Pourquoi ?

Le Mythe et la réalité

L'ESSENTIEL

un étranger, une étrangère	se comporter se tenir	bien / mal
les rapports (entre les gens)	être	détendus / tendus chaleureux cordiaux désagréables injurieux changeants
un citoyen, une citoyenne	être paraître	chauvin(e) cocardier, cocardière stéréotypé(e) ouvert(e) / renfermé(e) discret, discrète

un individu	se comporter (comme)	un rustre
		une brute
un goujat	rudoyer	les autres
	brutaliser	
un grossier *(fam.)*	insulter	les clients
	injurier	
un peuple	être	indépendant / conquis
	paraître	courageux / lâche
		orgueilleux / soumis
un diplomate	s'exprimer (dans)	une langue
	utiliser	morte / vivante
		diplomatique
		familière
		châtiée / grossière
un habitant, une habitante	parler	un dialecte
	employer	un patois
		l'argot *(m.)*

Vocabulaire supplémentaire

le langage parlé
la langue écrite
la langue de l'informatique

EXERCICES

I. Expliquez la différence entre les mots suivants et employez-les dans des phrases originales.

1. une personne mal embouchée / une personne polie
2. une langue morte / une langue vivante
3. un langage vulgaire / un langage châtié
4. une personne chauvine / une personne ouverte
5. des rapports cordiaux / des rapports tendus
6. la langue correcte / l'argot
7. un diplomate / un citoyen

VARIÉTÉS

Le show-biz au caf'conc'

*Que reste-t-il
des cent cinquante
cafés-concerts
en activité à Paris
au siècle dernier ?
Rock et variétés
s'intéressent tout à coup
aux quelques survivants.*

Plus de handicap pour les joueurs de golf. On peut désormais driver, swinguer, putter sans complexes : les prix ne cessent de chuter. Atteignant, en 1988, des niveaux inférieurs à ceux de 1984. A vos tees, et sus aux greens !

PROMOTION SUR LES ENSEMBLES CHINO
849 F
Venez découvrir le rayon SPORTSWEAR Jean's - Chemises Tee-shirts

Le come-back des chemises brodées

"Les pickpockets courent les rues pas les bonnes idées ..."

La Ceinture MULTIPOCHES

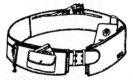

Indispensable en voyages, vacances, c'est la protection absolue contre la perte et le vol. Ses 5 poches intégrées sont très pratiques pour le ski, la moto et la randonnée.

Le HOLSTER-WALLET

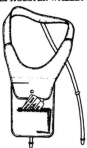

Inspiré du modèle Police mais plus pacifique : pour papiers et argent seulement ! Très discret sous une veste ou un blouson.

La Ceinture PORTE-BILLETS

Pour avoir toujours sur soi une réserve d'argent liquide, bien utile en cas de besoin. Le porte-monnaie est amovible.

Toute une gamme d'articles de voyages, montagne, randonnée ... Disponible dans les bonnes maroquineries.

II. Répondez aux questions suivantes.

1. Que doit être le comportement d'une personne qui voyage à l'étranger ?
2. Est-il nécessaire de respecter les coutumes du pays où on voyage ? Expliquez votre réponse.
3. Est-il nécessaire d'arriver dans un pays étranger avec un esprit ouvert ? Si un(e) Américain(e) ne trouve pas de jus d'orange pour le petit déjeuner, quelle doit être sa réaction ?
4. Quelles sont les qualités du parfait touriste à l'étranger ?
5. Comment réagissez-vous quand vous trouvez beaucoup de mots français sur un menu ?
6. Dans quelles circonstances peut-on parler argot ? Dans quelles circonstances doit-on parler une langue châtiée ?

III. Comparez les touristes de ces photos en essayant d'imaginer autant de choses que possible sur ces touristes (nationalité, caractère, habitudes, ce qu'ils font dans la vie, pourquoi ils voyagent).

IV. Imaginez. Inventez et préparez par écrit un dialogue entre

1. une personne très ouverte et quelqu'un de très chauvin.
2. deux français(es) qui discutent le comportement des Américains (des étudiants américains) à l'étranger.
3. un diplomate français et un diplomate américain.

V. Connaissez-vous le « franglais » ? Faites correspondre chaque expression du « franglais » (colonne A) à l'expression du français (colonne B). Vérifiez vos réponses à la page 238.

A	B
LE FRANGLAIS	LE FRANÇAIS

I. 1. le brain-storming _____
2. le break-down _____
3. le cash-flow _____
4. le cash and carry _____
5. le check-list _____
6. le self-control _____

 a. le comptant sans livraison, le payé-emporté
 b. la maîtrise de soi
 c. le remue-méninges
 d. la dépression nerveuse
 e. les liquidités mobiles *(f.)*
 f. la liste de contrôle

II. 1. le fast-food _____
2. le check-up _____
3. contacter _____
4. réaliser _____
5. le kidnapping _____
6. le kidnapper _____

 a. se rendre compte (de)
 b. le prêt-à-manger
 c. le ravisseur
 d. l'enlèvement *(m.)*
 e. le bilan de santé
 f. se mettre en rapport

III. 1. le leasing _____
2. le marketing _____
3. le standing _____
4. le stress _____
5. sophistiqué _____
6. le shopping _____

 a. raffiné, recherché
 b. les achats *(m.)*, les courses *(f.)*
 c. la location-vente
 d. l'étude de marché
 e. la réaction à l'agression
 f. le niveau de vie

En utilisant autant de « franglais » que possible, préparez un *spot* (un message publicitaire) pour vendre (a) un *pacemaker* (un stimulateur cardiaque) ; (b) un *computer* (un ordinateur) ; (c) le *baby-sitting* (la garde temporaire d'enfants) ; ou (d) un hamburger McDonald. Demandez à vos camarades de classe de corriger votre « franglais » en disant ce qu'il faut dire ou ne pas dire.

VI. À vous les proverbes

En employant le vocabulaire de l'Essentiel et les proverbes 31 à 37 dans l'Appendice C (page 240) inventez une histoire ou une conversation par écrit pour la présenter à vos camarades de classe.

 À VOUS L'ÉCOUTE

D'abord, étudiez les listes de vocabulaire. Puis, écoutez plusieurs fois les deux conversations du Chapitre 12. Essayez d'identifier les personnes qui parlent et les sujets de leurs conversations. Ensuite, essayez de répondre aux questions suivantes.

Vocabulaire

la chasse hunt
une redingote riding coat
un paquebot steamer, ocean liner
se passer de qqch to get along without something
revenons à nos moutons *(fig.)* let's get back to what we were talking about
se mettre en colère to get angry
nuisible harmful, injurious
ramener to bring back

Questions

1. Quelle question l'étudiant a-t-il posée au professeur ?
2. Quels types de mots anglais ont été adoptés par le français ?
3. Quel type d'usage de l'anglais met le professeur en colère ?
4. En écoutant la fin de la conversation pensez-vous que le professeur ait eu raison de se mettre en colère ?

DIALOGUE A

frapper to strike
le fric *(argot)* money
le magnétoscope video recorder
l'espace space
offenser to offend
une chaîne de télé TV station
en ce qui concerne as far as — is concerned
marrant amusing, funny
se débrouiller to get along, to manage
à portée de la main within reach
un resquilleur *(fam.)* cheater, sneak ; person who tries to take advantage of others
bref to make a long story short

1. Sur quels sujets le professeur américain interroge-t-il le jeune Français ?
2. Quelles différences Christophe trouve-t-il entre le niveau de vie français et le niveau de vie américain ?
3. Que pense-t-il de la religion aux États-Unis ?
4. Qu'est-ce qui amuse beaucoup Christophe en ce qui concerne les lois américaines ?
5. Quelle qualité Christophe trouve-t-il aux Américains ?

La Chasse au « Franglais »

L'invasion des mots américains ne cesse de *s'étendre*. Les Français semblent se désintéresser de leur langue. Cette passivité commence à inquiéter. Alors, on se rappelle qu'il existe une loi.[1]

L'Agulf (Association générale des usagers de la langue française) a engagé une dizaine de *procès* pour violations de cette loi de 1975, dont un contre la Seita (Société d'exploitation industrielle des tabacs et allumettes), coupable d'avoir lancé une marque de cigarettes blondes dénommée « NEWS ». Malgré ses protestations, la Seita a été condamnée. Non pas à cause de la *marque* légalement inattaquable, mais pour n'avoir pas traduit en français le descriptif du paquet. « C'est une cigarette à *vocation* internationale », a-t-elle objecté, « et sur le marché des *blondes* le langage est américain. » Réplique d'Agulf : « Il paraît scandaleux qu'une *société d'État* s'abrite derrière des arguments commerciaux pour *s'aligner sur* ses *concurrents*. »

prendre de l'importance

court actions

brand name

destination
cigarettes de tabac blond
compagnie qui dépend de l'État / se placer au même niveau / competitors

Extrait d'un article du *Point* par Claude Bonjean.

[1] En 1975, une loi a été votée dont le but est de résister aux assauts étrangers. Cette loi impose l'usage du français dans les contrats de travail et les offres d'emploi ; d'autre part, dans la designation, la présentation et les conditions de garantie d'un bien *(propriété, chose que l'on possède)* ou d'un service. Elle est donc destinée à la protection du consommateur.

Québec
une partie de l'Acadie

Saskatchewan
Ontario Manitoba
Nouvelle-Angleterre
La Nouvelle-Orléans

Haïti
Antilles
Guyane

Polynésie
française

Syrie

Liban

Wallonie
Luxembourg
France
Suisse romande
Val d'Aoste

Maroc
Tunisie
Algérie

Bénin, Burundi,
Cameroun, Congo,
Côte-d'Ivoire, Gabon,
Guinée, Haute-Volta,
Mauritanie, Niger,
Centrafrique, Mali,
Ruanda, Sénégal,
Tchad, Togo, Zaïre

Djibouti

Pondichéry

Comores
dont Mayotte

Maurice

Réunion

Madagascar

Durban

Laos
Vietnam

Wallis-et-Futuna

Nouvelles-Hébrides

Cambodge

Nouvelle-Calédonie

*La langue française
dans le monde*

QUESTIONS

1. Qu'est-ce qu'une société d'État ? La Seita ? L'Agulf ?
2. Qui dirige l'industrie et le commerce du tabac en France ?
3. Quelle loi a été violée par la Seita ?
4. Quelle a été l'objection exprimée par la Seita après avoir été condamnée ?
5. Quelle a été la réponse d'Agulf à l'objection de la Seita ?

À VOUS LA PAROLE

1. À votre avis, y a-t-il une invasion des mots français en anglais ? Citez des exemples.
2. Selon vous, pourquoi une industrie voudrait-elle employer des mots étrangers pour la commercialisation des produits ?
3. Croyez-vous que la loi de 1975 soit valable ? Expliquez votre réponse.
4. Croyez-vous que nous ayons besoin d'une telle loi aux États-Unis ? Expliquez votre « oui » ou « non ».

La Bataille pour la langue française

Il y eut une époque où il était de bon ton dans les capitales, les *chancelleries* et les *salons* de s'exprimer dans notre langue. Et la France était le pays le plus peuplé d'Europe. *Terminé. Révolu* aussi le temps de l'Empire français.

Le français *recule.* Aussi bien en Belgique qu'en Suisse et au Canada. C'est pour *tenter* d'*enrayer* ce déclin que les gouvernements depuis vingt ans instituent des organismes, des colloques et des textes destinés à stimuler le *moral* des combattants. Les ambassadeurs sont priés de ne s'exprimer qu'en français, les participants aux réunions internationales sont *tenus* de rappeler que notre langue est théoriquement aussi importante que l'anglais.

ambassades

la société mondaine

terminé

régresse

essayer / arrêter

morale

obligés

Il est vrai que le développement d'une langue *est lié à l'imaginaire* qu'elle porte en elle. Et on peut regretter que l'imaginaire se soit fixé pour un moment entre Manhattan et San Francisco. Mais c'est ainsi. Les enfants regardent des films américains et des téléfilms fabriqués de l'autre côté de l'Atlantique. Ils chantent en anglais, même s'ils *ignorent* cette langue. Les chercheurs scientifiques échangent leurs informations dans la même langue. Les industriels, lorsqu'ils se réunissent pour l'un des multiples séminaires, s'expriment neuf fois sur dix en anglais. Et, quelle que soit l'importance des efforts que nous pouvons réaliser, les langues de l'informatique viennent d'Amérique.

Reconnaître les faits, ce n'est pas *démissionner*. On peut raisonnablement penser qu'une meilleure connaissance de l'anglais par les Français contribuera à dissiper le mythe américain. Connaître les États-Unis et parler leur langue, c'est prendre la mesure et les limites du phénomène américain. (80% des lycéens français apprennent l'anglais.)

Au fond, le développement d'une langue exprime la vitalité de la civilisation qui l'a inventée. Si le vieux pays demeure vivant, s'il écrit, fabrique, imagine et vend, le français a encore de beaux jours. Si nous nous réfugions dans la nostalgie de la grandeur passée, nous nous *éteindrons* doucement à la *clarté* des lampes. Ce n'est pas *la francophonie* qui est essentielle, c'est la vitalité de la nation française.

dépend de / légendes, fantasmes

ne savent pas

abandonner

nous disparaîtrons / lumière
utilisation de la langue française

Extrait d'un article du *Point* par Georges Suffert.

 **QUESTIONS**

1. Quelle est la situation de la langue française dans le monde d'aujourd'hui ? Et dans le passé ? Pourquoi cela a-t-il changé ?
2. Qu'est-ce que les gouvernements des pays francophones ont fait pour essayer d'éviter le déclin de la langue française ?
3. Quel est ce mythe américain dont parle l'auteur ?
4. Comment l'auteur décrit-il l'avenir de la langue française ? Pourriez-vous dire la même chose de la langue anglaise ?
5. Est-ce qu'il y a actuellement une guerre des langues ? Du point de vue d'un Français ? D'un Américain ?

 À VOUS LA PAROLE

1. Croyez-vous qu'il soit important d'apprendre une langue étrangère et de devenir bilingue ? Expliquez votre réponse.
2. Expliquez pourquoi vous apprenez une langue étrangère. Quelle est votre motivation ?

3. À votre avis, pourquoi une langue décline-t-elle ou prend-elle de l'importance ?
4. Que pensez-vous de l'attitude des Français envers leur langue ?
5. Quelle est votre attitude envers votre propre langue ?

Comment quatre jeunes Français voient les États-Unis

En juin, un groupe d'une trentaine de Français a terminé un stage aux U.S.A. Pendant neuf semaines ils ont suivi des cours donnés par des professeurs américains. Ils se sont attachés à rencontrer les gens du pays, et ils ont travaillé à des projets individuels qui les ont mis en contact avec le monde des affaires et le monde académique. On reproduit ici des extraits d'une conversation avec eux en vue de donner *un aperçu* de leurs réactions.

une idée

Les professeurs américains semblent très *efficaces*. Et leurs rapports avec les étudiants sont plus ouverts et plus chaleureux que ceux qui existent en France. Les étudiants ont aussi plus de droits qu'en France, vis-à-vis des professeurs et de l'université.

effectives

Pourtant, pour les Français à qui nous avons parlé, les études avant le B.A. ne sont pas très sérieuses. Tout le monde discute, il y a beaucoup de relations, mais personne ne fait grand-chose. Au niveau des études supérieures, c'est très différent et les étudiants doivent trouver tout un changement.

Les Américains vivent mieux en société que les Français. Ils ont plus de formules de courtoisie. En France, il n'est pas inhabituel qu'un marchand soit désagréable avec ses clients. Les Américains, s'ils sont de mauvaise humeur, ne la *reportent* pas sur les autres.

transfèrent

En revanche, il semble y avoir des contradictions dans le *comportement* des Américains. Ils ont les formules de courtoisie mais mettront les pieds sur la table — ce qui choque les Français.

manière d'être

Le calme de la circulation a également *frappé* les jeunes Français à qui nous avons parlé. Ils aiment raconter comment à Telegraph Hill, un point de vue San Franciscain qui attire les touristes du monde entier, les automobilistes attendent patiemment leur tour pour *se garer*. Personne ne klaxonne, personne ne *se bouscule*. En France, disent-ils, on aurait klaxonné puis au lieu d'attendre son tour, on se serait tout simplement *stationné en double file*, bloquant l'accès à toutes les voitures.

étonné

to park / **se pousse**

double parked

La patience des gens qui attendent à la porte ou dans les banques les a aussi étonnés. Non seulement ils ne se pressent pas tous autour du *guichet*, ils attendent même loin derrière, *au-delà* de la ligne *tracée* à cet effet.

teller's window

plus loin / *drawn*

Si les étudiants à qui nous avons parlé se montrent enthousiastes pour l'Amérique et les Américains, il n'en reste pas moins que certains aspects leur semblent déplaisants. Ils trouvent les gens assez superficiels dans leurs rapports humains. Vous rencontrez quelqu'un une journée, expliquent-ils, et semblez *sympathiser*. Mais quand vous revoyez cette personne trois jours plus tard, c'est comme si elle ne vous connaissait pas.

s'entendre bien

Extrait d'un article du *Journal Français d'Amérique*.

QUESTIONS

1. Quelles ont été les activités des jeunes Français pendant leur séjour aux U.S.A. ?
2. Que pensent ces jeunes gens du système universitaire américain ? Selon eux, quels en sont les aspects positifs ?
3. Que reprochent-ils malgré tout aux études supérieures ?
4. Quels sont les aspects du comportement social des Américains qui ont favorablement impressionné les jeunes Français ?
5. En quoi le comportement des automobilistes américains diffère-t-il de celui des Français ?
6. Quels sont les côtés contradictoires ou déplaisants que les jeunes Français ont remarqués chez les Américains ?

À VOUS LA PAROLE

1. Quels sont les droits d'un étudiant américain vis-à-vis des professeurs de l'université ?
2. Diriez-vous que les Français sont un peuple discipliné ? Expliquez votre réponse.
3. Êtes-vous d'accord avec la phrase « Ils trouvent les gens assez superficiels dans leurs rapports humains. » Expliquez votre réponse.

Mais qu'avons-nous donc fait aux Américains ?

Un journal des intellectuels new-yorkais a publié un article ayant pour titre « Mille et Une Raisons de *haïr* la France ». Première raison de haine, le seul gouvernement collaborateur pendant la Seconde Guerre mondiale a été français. Nos voitures sont laides et elles ne marchent pas. Nous sommes haïssables parce que les Américains à Paris ne rencontrent que des gens *grossiers*, qui, d'ailleurs, ont défiguré la ville en y faisant pousser des tours Montparnasse — Paris est d'une certaine manière propriété américaine. Hemingway et Miller y ont écrit et aimé. Le général Eisenhower l'a libéré et sauvé de la démolition. Et surtout, visiter Paris est un rêve américain.

    Les restaurateurs, les vendeuses et les passants parisiens sont tous agressifs, rustres et voleurs. « J'ai entendu dix fois, cent fois les gens me traiter de « sale Américaine » » raconte Holley, la plus charmante des étudiantes. Elle avait oublié son carnet de notes sur un comptoir du *Bon Marché*. La vendeuse a refusé de le lui rendre alors que le carnet était en évidence sur une *étagère*. Finalement, elle le lui a lancé à la figure avec un « sale Américaine » approuvé par toutes les clientes.

    « Ce n'est pas possible, Holley, les Parisiens ne sont pas toujours de bonne humeur mais jamais personne ne se conduit ainsi à Paris. »

    « Aucun Français ne me croit », a-t-elle conclu, désespérée.

    Dans un restaurant à New York, je suis passé de table en table en demandant aux clients : « Qu'est-ce que vous savez de la France ? » Réponse : « Le Français porte un béret, roule à vélo près de la tour Eiffel, *une baguette* sous le bras. » Où est située géographiquement la France ? » « À côté de l'Angleterre. » « Quels noms de Français connaissez-vous ? » « Maurice Chevalier (les jeunes aussi bien que les vieux), Brigitte Bardot (elle montre son derrière), Catherine Deneuve (vedette d'une publicité télévisée), Chanel, Dior, Saint Laurent. » Et le général de La Fayette, alors ?

---

détester

discourtois, insolents

un grand magasin à Paris
shelf, counter

un long pain

« La Fayette ? C'est un général américain de la révolution américaine », me répond-on à plusieurs tables.

« Non, il est français. »

« Il était français », rectifie Mary Ann. « Il a émigré aux États-Unis comme tous nos ancêtres, et il a fait la révolution. » Impossible de la convaincre du contraire.

« Le public ne connaît pas la France par les films français », explique un historien, « mais par les films américains où apparaissent des Français. Dans les westerns sur la guerre du XVIIIe siècle, le « French » est l'ennemi complice des Indiens. Les films sur la Première Guerre mondiale montrent les Américains et les Anglais au combat pendant que les Français sont garçons de café, pianistes et jolies Parisiennes. Les scénarios sur la Légion étrangère racontent l'histoire de héros américains persécutés par des officiers français sadiques. Pendant la Seconde Guerre mondiale, les Français sont généralement collaborateurs, ou alors résistants mais grâce aux Américains. »

Au total, les Français sont des gens *plutôt bien* sur qui on ne peut pas compter. « En cas de crise mondiale grave, quels seront nos alliés les plus sûrs ? », a demandé le sondage Gallup. Angleterre, 53%. Allemagne, 24%. France, 5%. Mais qu'avons-nous donc fait aux Américains ?

assez convenables

Extrait d'un article du *Nouvel Observateur* par Guy Sitbon.

✍ QUESTIONS

1. Quelle est l'une des raisons historiques de la haine des Américains pour la France, selon le texte ?
2. Quelle sorte de gens les Américains rencontrent-ils à Paris ?
3. Pourquoi Paris est-il « propriété américaine » ?
4. Pour quelles raisons croyez-vous que la vendeuse se soit mise si fort en colère contre Holley ? Pourquoi les autres clientes ont-elles approuvé cette attitude ?
5. « Aucun Français ne me croit » a dit Holley. Y a-t-il peut-être une raison pour cela ?
6. Quels sont les stéréotypes qui servent à décrire la France ?
7. Qui était vraiment le général de La Fayette ?
8. Comment les Français apparaissent-ils dans les films américains ? Sont-ils sympathiques ?
9. Quelles sortes d'alliés sont les Français pour les Américains ?

✍ À VOUS LA PAROLE

1. Si vous aviez à décrire le stéréotype de l'Américain, que diriez-vous ?
2. Avez-vous déjà eu une expérience désagréable (ou agréable) avec des étrangers dans votre pays ?
3. Comment imaginez-vous la France ? Et les Français ?

SUJETS DE DISCUSSIONS

1. Est-il important de s'efforcer de garder la pureté d'une langue, c'est-à-dire, empêcher l'invasion des mots étrangers dans cette langue ? Expliquez votre réponse.
2. Comment une langue peut-elle représenter la culture et la mentalité d'un peuple ?
3. Un gouvernement peut-il exiger de ses citoyens l'utilisation d'un langage précis ou particulier ? Expliquez votre réponse.
4. Qu'est-ce que l'Académie française ? Pensez-vous qu'il devrait y avoir la même chose dans votre pays ? Pourquoi ?
5. Avez-vous vraiment l'impression que les Américains haïssent les Français ? Quelles sont vos réactions personnelles ?
6. Pourquoi représente-t-on toujours un peuple ou une nation par un stéréotype ? Serait-il possible d'éviter cela ? Expliquez votre réponse.
7. « La France a subi l'envahissement de la culture américaine (exemples : de la musique, des films, du vocabulaire, de la technologie). Elle a besoin de réagir pour fixer des limites à cette pénétration. » Commentez.
8. « Une certaine image que les Américains ont de la France vient de l'association quasi automatique qu'ils font entre ce pays et la douceur de vivre (exemples : la grande cuisine, les jolies filles, les parfums, la haute couture). » Commentez cette affirmation.

PHOTO CREDITS

Appendice

A

Comment répondre

How to answer

Pour exprimer votre...

To express your . . .

JOIE

HAPPINESS

1. Je suis heureux(-se) de l'apprendre.
2. J'en suis ravi(e).
3. Quelle chance!
4. Vous êtes très aimable/gentil(le).
5. Comme c'est gentil!
6. Comme c'est joli!
7. Comme c'est beau (mignon, spirituel, drôle, amusant, marrant)!
8. Comme c'est bizarre (marrant, drôle, rigolo)! (dans le sens de « curieux »)
9. C'est formidable que vous soyez venu.

1. I'm happy to know it.
2. I'm delighted.
3. What luck!
4. You're very nice.
5. How nice!
6. How pretty!
7. How beautiful (cute, witty, funny, amusing, terribly funny)!
8. What a strange (funny, funny, suprising) thing! (to express surprise, with the meaning of "curious")
9. It's wonderful (super, great) you came.

INTÉRÊT

INTEREST

1. Vas-y, je t'écoute!
2. Je m'intéresse à ton...
3. Ton... m'intéresse.

1. Go on. I'm listening.
2. I'm interested in your . . .
3. Your . . . interests me.

ENTHOUSIASME

1. Bravo! Merveilleux! Formidable! Fantastique!
2. Extra! Sensass! Formid! *(argot)*
3. Génial! (Super!) C'est précisément ce que je pensais! (Exactement ce que je pensais.)
4. C'est chouette! C'est terrible!
5. Avec plaisir!
6. Merveilleux!
7. Parfait!
8. C'est ça même! Tout à fait.
9. Voyons. Voyons voir.
10. Fantastique!
11. Quelle chance, alors!
12. Quelle merveilleuse surprise!
13. C'est dingue! C'est « superdément »!
14. Veine, alors!

ENTHUSIASM

1. Wonderful! Terrific! Great! Fantastic!
2. Magnificent! Tremendous! Super!
3. Great idea! Just what I had in mind!
4. That's great! That's super!
5. I'd love to!
6. How marvelous!
7. Perfect! (Excellent!)
8. That's it!
9. Let me see.
10. Stupendous!
11. What luck!
12. What a great (marvelous) surprise!
13. That's wild! That's super wild!
14. What a stroke of luck!

MANQUE D'ENTHOUSIASME

1. Ce n'est pas la peine. Ça n'en vaut pas la peine.
2. Ça n'a pas d'importance. C'est pareil. Cela revient au même.
3. Cela ne te regarde pas.
   Ça ne te concerne pas.
   Ce ne sont pas tes affaires.
   Ce n'est pas ton affaire.
   Occupe-toi de tes oignons!
4. Non, ça n'est pas ce que je veux.
5. Ne m'ennuie pas, s'il te plaît.
   Ne me dérange pas.
   Fiche-moi la paix! *(plus fort)*
6. Je ne suis pas d'accord.
   Je ne suis pas de ton avis.
7. C'est vrai? Ah, bon?
8. C'est très embêtant.
   C'est très emmerdant *(vulgaire)*.
   Quelle barbe!
   Ça me barbe!
9. Tout ça pour rien. C'est inutile. Ça ne sert à rien.
10. Comme ci, comme ça.
11. J'ai mes doutes à ce sujet. Je ne pense pas que ce soit une bonne idée.
12. Cela m'est égal.
    Je m'en fiche *(moins poli)*.
    Je m'en balance *(argot)*.
    Je m'en fous *(vulgaire)*.
13. C'est kif-kif.
    C'est du pareil au même. Cela revient au même.
    C'est la même chose pour moi.
    Ça ne fait rien.
14. J'en ai ras-le-bol *(pas poli)*. J'en ai assez.
15. C'est à côté de la question.
16. Je suis censé(e)...

LACK OF ENTHUSIASM

1. It isn't worth it.
2. It doesn't matter. It's all the same. It's all the same thing.
3. That's none of your business.
   That isn't any of your business.
   Mind your own business.
   That isn't any of your business.
   Keep your nose out of my business!
4. No, that's not what I want.
5. Don't bother me, please.
   Don't bother me.
   Get off my back!
6. It's not OK by me.
   It doesn't seem OK to me.
7. Oh really?
8. That is very boring.
   That's a pain in the neck.
   What a bore!
   That bores me to no end!
9. All this work for nothing. But it's no use. It's worth nothing.
10. So, so.
11. I have my doubts about that. I don't think it's a good idea.
12. I don't care.
    It's all the same to me.
    I don't give a hoot.
    I don't give a damn.
13. It's all the same.
    It all comes down to the same thing.
    It's all the same to me.
    It doesn't make any difference.
14. I'm fed up to here. I've had it.
15. That's beside the point.
16. I'm supposed to . . .

COMPASSION

1. C'est triste!
2. C'est dommage! Quel dommage!
3. J'en suis désolé(e).
   Je suis vraiment navré(e).
4. Il faut tenir bon. Il faut tenir le coup.
   Il faut être courageux(-se).
   Il faut faire contre mauvaise fortune bon coeur.
5. Nous espérons que ce n'est pas grave (sérieux).
6. Oh, mon (ma) pauvre... J'ai pitié de lui (d'elle).
7. Ça te fait mal? Ça t'a fait mal? Je n'en doute pas.
8. Ça m'embête pour toi.
9. Ne t'en fais pas! Je m'en occuperai. Ne t'inquiète pas!
10. Quel manque de chance! Ce n'est pas de chance, ça alors!
11. C'est bien triste.
12. C'est très gênant (embêtant).
13. Que c'est dommage. C'est bien dommage que...
14. Il faut que tu t'habitues.
15. Je te plains (de tout mon cœur).

SARCASME

1. Voyons...
2. Celui-là, ce type-là.
3. Bon, d'accord, passons.
4. Qu'il est bête, celui-là.
   Il en tient une (sacrée) couche, celui-là.
   Ce n'est pas une lumière.
   Il n'a pas inventé la poudre (l'eau tiède, le fil à couper le beurre).
5. Il ne manquait plus que ça.
6. Tiens, tiens... comme par hasard.
7. Je ne l'aurais jamais cru. Qui l'aurait cru?
   Je ne m'en serais jamais douté.
8. Ça, alors. (Eh bien, dis donc.)
9. C'est vraiment drôle! Comme c'est curieux.
10. Écoute, ça suffit. Ça va, ça va!
11. Si tu n'étais pas dingue, tu comprendrais.
12. Il s'est rendu ridicule.
13. Tu piges, alors? Tu ne piges pas? Tu y es?
14. Pour qui tu me prends?
15. Pour qui tu te prends?
16. Sans blague!

SURPRISE

1. J'en tombe des nues.
   Quelle surprise!
   Ça, pour une surprise, c'est une surprise.

COMPASSION

1. How sad!
2. What a pity!
3. I'm very sorry (distressed) about it.
   I'm dreadfully sorry.
4. One has to be brave. Keep a stiff upper lip.
   You have to make the best of a bad job.
   One has to put on a brave face.
5. We hope it's nothing serious.
6. Oh, poor ... I feel so sorry for him (her).
7. Does it hurt? Did you hurt yourself? I don't doubt it.
8. I feel sorry for you.
9. Don't worry! I'll take care of it. Don't worry!
10. What bad luck! That's not so lucky!
11. How sad!
12. How embarrassing!
13. What a shame! It really is a shame that ...
14. You must get used to it.
15. I (really) feel sorry for you.

SARCASM

1. Oh, let's see ...
2. Oh, that guy (character).
3. Fine, OK, let's go on to something else.
4. How ignorant (stupid) that so and so is!
   What a dumb jerk.
   What a dummy.
   He wouldn't set the world on fire.
5. That's all I need now.
6. Aha! ... just by chance, eh ...
7. I never would have believed it. Who would have believed it? Who would have believed it!
8. What do you know!
9. How funny! That's really strange.
10. That will be enough of that! That'll do!
11. If you weren't nuts (crazy), you'd understand.
12. He's made an ass out of himself.
13. Are you with it? Aren't you with it? You get it?
14. What do you take me for?
15. Who do you think you are?
16. You don't say! (No kidding!)

SURPRISE

1. I'm thunderstruck.
   What a surprise!
   That's really quite a surprise.

2. Tu m'as fait vraiment peur. Tu m'as flanqué une sacrée frousse.

3. Que c'est charmant!

4. Que c'est drôle (marrant, *fam.*)!

5. Que de monde! Que de peuple!

6. Que c'est effarant. Tu me fais peur.

7. Pourquoi pas?

8. Comme c'est dégoûtant (rageant, terrible).

9. Tiens, ça c'est nouveau!

10. Ça alors! Je ne m'y attendais pas.

11. Comme c'est écœurant.

12. J'en suis étonné(e). J'en suis surprise(e).

13. Je suis étonné (surpris) par cela.

14. Je n'en reviens pas!

15. Ça me coupe le souffle. Ça m'assied.

16. J'en reste bouche bée. J'en reste pantois(e).

2. You sure scared me. You really gave me quite a scare.

3. How charming!

4. How funny (amusing)!

5. What a crowd! (mob) What a mob!

6. How scary. You scare me.

7. Why not?

8. How disgusting (maddening, awful).

9. Well, that's something new.

10. Well! I certainly wasn't expecting that.

11. How disgusting (nauseating).

12. I'm surprised (about that).

13. I'm astonished (surprised) by that.

14. I can't get over it!

15. That takes my breath away. That lays me out.

16. That leaves me with my mouth hanging open. (That's mind-blowing.) I'm astonished. I'm amazed (flabbergasted).

DOUTE

1. Peut-être, éventuellement. Sait-on jamais?

2. Plus ou moins.

3. Ça m'étonnerait fort!

4. Tu plaisantes. (Tu veux rire.)

5. J'ai mes doutes. J'en doute. Cela me paraît plus qu'incertain.

6. Ça se pourrait.

7. Eh bien, si tu insistes...

8. Tu veux que j'avale ça? Tu veux que je croie ça?

9. Je n'en ai pas la moindre idée.

10. Au cas où... Si jamais...

11. Ça ne me convainc pas. C'est peu convaincant.

12. Je n'en suis pas persuadé(e).

13. Je ne sais pas. Ce n'est pas possible.

14. Attends voir... Tu verras.

15. Sans blague? Tu plaisantes, non? Tu veux rire, non?

16. C'est sans doute... ...sans doute.

17. Comment veux-tu que je le sache?

DOUBT

1. Maybe (perhaps), yes, maybe so. You never know!

2. More or less.

3. That really would surprise me!

4. You're kidding.

5. I doubt that. I doubt that. That seems rather doubtful.

6. Perhaps.

7. Well, if you insist . . .

8. You want me to swallow that? You want me to believe that?

9. I don't have the faintest idea.

10. Just in case . . . If ever . . .

11. That doesn't convince me. That's hardly convincing.

12. I'm not convinced.

13. I don't know. It can't be.

14. Just you wait and see . . . You'll see.

15. You're not joking? You're not kidding? You're kidding, aren't you?

16. Probably . . . . . . possibly.

17. How should I know?

INCOMPRÉHENSION

1. Je n'y comprends rien.

2. Cela me dépasse.

3. Je suis dérouté(e).

4. Je perds pied.

5. Ça me passe au-dessus de la tête.

CONFUSION

1. I don't understand anything.

2. That goes over my head (That's beyond my comprehension).

3. I'm confused.

4. I'm in over my head.

5. That's over my head.

6. Je ne suis pas dans le coup *(fam.)*.

7. Je perds les pédales *(argot)*.

ACCORD

1. Oui, c'est ça. Vous avez raison.

2. Bien sûr, vous avez raison.

3. Je n'en doute pas.

4. Chic. Chouette alors! Fantastique!

5. C'est vrai. C'est sûr.

6. J'en suis convaincu(e). Je le pense. Je le crois (bien).

7. C'est évident. Ça ne se discute pas. Certainement. Ça va sans dire.

8. Entendu. C'est ça. D'accord. D'ac *(fam.)*.

9. Comme tu veux. Comme tu voudras.

10. Je suis d'accord avec lui (elle).

11. Je savais que ça devait arriver.

12. De toute évidence. Sans aucun doute.

13. Bien joué.

ACCORD TOTAL

1. Mais oui, bien entendu!

2. Je suis totalement d'accord.

3. Je jure que oui. C'est juré.

4. Sans nul doute. Sans l'ombre d'un doute.

5. Je n'ai pas le moindre doute.

6. Maintenant tu y es!

7. Que le bon Dieu me damne si je ne dis pas la vérité.

8. Croix de bois, croix de fer, si je mens, je vais en enfer.

DÉSACCORD

1. Es-tu fou (folle)? Tu n'es pas un peu fou (folle)?

2. Ça ne va pas bien, non? Ça ne tourne pas rond?

3. Tu déménages *(fam.)*? Tu dérailles *(fam.)*? Il travaille du chapeau *(fam.)*.

4. Je ne pense pas (je doute) que tu aies raison. Tu te trompes. J'ai mes doutes. J'ai mes réserves.

5. Je ne veux rien savoir. Je ne veux pas en entendre parler.

6. C'est stupide! C'est complètement idiot. C'est insensé! Ça n'a pas de sens.

7. Tu te trompes. Tu as tort. Tu te mets le doigt dans l'œil *(fam.)*.

8. Nous n'étions pas d'accord pour cela. Cela n'est pas ce qui était convenu (entendu).

9. C'est impossible. Ça ne se peut pas. C'est impensable.

6. I'm not with it (I'm really out of it).

7. I've lost my cool (I'm not with it).

AGREEMENT

1. That's it. You're right.

2. Of course, yes, you're right.

3. I don't doubt it.

4. Swell. That's fine (great)! That's terrific!

5. That's true. That's for sure.

6. I think so. I believe so. I (really) think so.

7. Certainly. That goes without saying. You're right. That goes without saying.

8. OK. That's it. OK. OK.

9. OK. Whatever you say.

10. I agree with him (her).

11. I knew that was going (had) to happen.

12. Undoubtedly. Without any doubt.

13. Very well done. (Well done.)

TOTAL AGREEMENT

1. Of course, certainly!

2. I am in complete agreement.

3. I swear it's so. That's agreed on.

4. Without a doubt. Without a shadow of a doubt.

5. I don't have the least doubt.

6. Now you're with it!

7. May God damn (help) me if I'm not telling the truth.

8. Cross my heart and hope to die . . . I promise. (Wood cross, steel cross, if I lie, I'll go to hell.)

DISAGREEMENT

1. Are you crazy? Aren't you a little crazy?

2. That's not right. Something's not right?

3. Are you out of your mind? Have you gone loco? He's mad as a hatter.

4. I don't think you're right. You're wrong. I have my doubts. I have my doubts about that.

5. I don't want to hear about it. I won't hear of it.

6. Nonsense! That's madness. That's foolishness! That's crazy.

7. You're wrong. You're wrong. You're barking up the wrong tree.

8. We didn't agree to that. That was not the agreement.

9. It's impossible. It's not possible. It can't be.

10. Bien sûr que non!

11. Jamais de la vie! Jamais!

12. Pas du tout! Absolument pas!

13. Pas question! C'est hors de question. C'est exclu.

14. Tu peux toujours courir.

15. Tu plaisantes. Tu veux rire.

16. Pas le moins du monde.

17. Ce n'est pas vrai. C'est archifaux.

18. Pas que je sache. Pas à ma connaissance.

19. Pas en ce qui me concerne.

20. Je m'y refuse. Je ne veux pas. Je m'y oppose tout à fait.

21. Jamais plus. Je ne marche pas. Ne compte pas sur moi. Je ne suis pas dans le coup.

AVIS

1. Attention! Fais attention! Sois prudent! Méfie-toi! Sois sur tes gardes!

2. Ne te tracasse pas. Ne t'en fais pas. Ne te ronge pas les sangs. Ne te fais pas de mauvais sang.

3. Du calme, Madame, Monsieur, Mademoiselle. Calmez-vous. Ne vous emportez pas.

4. Dépêche-toi (grouille-toi, *argot*). Fais vite! Presse-toi! Magne-toi *(argot)*.

5. Sors de là! Fiche le camp! Dégage *(argot)*! Du vent! Du balai! Tire-toi de là. *(argot)*

6. Je te conseille de te dépêcher (presser).

7. Faites attention à ce que je dis.

8. Ça ne se fait pas.

9. Patience. Patientez. Prends ton mal en patience.

10. Ne te tracasse pas. Ne t'en fais pas.

11. Sois sage. Tiens-toi tranquille. Conduis-toi bien.

12. Tais-toi! Ferme-la *(fam.)*! Boucle-la *(fam.)*!

13. Si tu continues à manger (courir, etc.) comme ça, tu vas grossir (te fatiguer, etc.). Si tu t'entêtes à...

14. Arrête de faire tant d'histoires.

15. Ne te moque pas de moi!

16. Il perd la boule.

17. Vous auriez dû me le dire.

18. Ne prends pas ça à la légère.

19. Si j'ai un conseil à te donner, c'est de te méfier.

20. Il faudra faire un effort.

21. Tu cours un risque avec ça.

22. Il faut que tu te décides.

AVIS NÉGATIF

1. Laissons! Laisse! Laisse tomber!

---

10. Of course not! (Certainly not!)

11. Never in my life! Never!

12. That's out of the question! Absolutely not!

13. You've got another think coming! That's out of the question! No way!

14. You've got another thing coming.

15. You're not serious. You're kidding.

16. Never in the world.

17. Not that I know of. That's really not so.

18. Not as far as I know. Not as far as I'm concerned.

19. Not as far as I'm concerned.

20. I don't want to. I don't want to. I refuse completely and finally.

21. Never again. Nothing doing. Don't count on me. Don't count me in.

ADVICE (WARNING)

1. Watch out! Look out! Be careful! Watch out! Be on your toes!

2. Don't be upset. Don't worry. Don't get all steamed up about it. Don't get all steamed up about it.

3. Calm down, Ma'am, Sir, Miss. Calm down. Don't get carried away.

4. Hurry up. (Shake a leg.) Hurry up! Hurry up! Shake a leg. (Get a move on.)

5. Get out of there! Let's get the hell out of here! Scram! Beat it! Get the hell out of here.

6. I advise you to hurry up. (You better hurry.)

7. Pay attention to what I'm saying.

8. That's not done.

9. Patience. Be patient. Have a little patience.

10. Don't get all upset. Don't worry about it.

11. Be good. Keep cool. Behave yourself.

12. Be quiet! Shut up! Shut your trap!

13. If you keep on eating (running, etc.) like that, you're going to get fat (tired, etc.). If you insist on ...

14. Stop making such a fuss.

15. Don't make fun of me.

16. He's lost his marbles.

17. You ought to have (should have) told me that.

18. Don't take that lightly.

19. The one piece of advice I'll give you is to watch out.

20. You'll have to make an effort.

21. You're running a risk with that.

22. You'll have to make up your mind.

NEGATIVE ADVICE (OPINION)

1. Leave it! Let it alone! Drop it!

2. Passons à autre chose. N'en parle pas.
   Parlons d'autre chose.

3. Quelle horreur!

4. Quels gens désagréables!

5. Ne sois pas trop curieux (indiscret).

6. Ça m'a l'air très...

7. C'est révoltant (écœurant)!

8. Arrête de nous casser les pieds. Fiche-nous la paix.

DÉSIR DE DONNER VOTRE OPINION

1. Une seconde. Minute... Tout doux, mon vieux *(fam.)*.

2. De toutes façons...
   Dis donc...
   Quand même... Tout de même...
   Hé!...
   Holà! Je ne suis pas d'accord.
   En tout cas...

3. À propos. Au fait.

4. Je veux dire... Je voudrais dire...

5. Mais comme je disais tout à l'heure...

6. Écoute! C'est à mon tour de parler.

7. Attend!

8. Par contre...

9. Ne t'excite pas *(fam.)*! Ne t'emballe pas!
   Je ne marche pas *(fam.)*.

10. Ferme-la! Ça fait une heure que tu parles *(impoli)*.

DÉFENSE

1. Je t'assure que...

2. Je n'en avais pas l'intention...

3. Je ne me laisse pas marcher sur les pieds.
   Je ne me laisse pas faire.
   Je ne m'en laisse pas conter.
   Je ne suis pas dans le coup.
   On ne me la fait pas.

4. Sois raisonnable.

5. Ce n'est pas à moi qu'on va faire ça.

6. Je ne ferais jamais une chose pareille.

7. Arrête de me taquiner (de m'embêter).

8. Cesse tes plaisanteries.

9. Ce n'était pas ma faute. Je n'ai rien à voir avec ces histoires.

10. Je n'y suis pour rien. Je ne suis pas concerné(e).

11. Tu ne m'y as pas fait penser.

OPINION

1. Je pense pouvoir le faire.

2. Il me semble que...

2. Let's go on to something else. Don't mention it.
   (Don't talk about it.) Let's change the subject.

3. How horrible!

4. What awful people!

5. Don't be so curious (indiscreet).

6. It seems very . . . to me.

7. How revolting (nauseating)!

8. Don't make such a pest of yourself. (Don't be such a pain in the neck.) Leave us alone.

DESIRE TO GIVE YOUR OPINION

1. Just a second. Just a minute. Hold on, buddy, not so fast.

2. At any rate . . . (Anyway) . . .
   Say . . .
   All the same . . . All the same . . .
   Hey! . . .
   Hey! I don't agree.
   At any rate . . . (In any case) . . .

3. By the way. Actually.

4. I mean . . . I'd like to say . . .

5. But as I was saying just a minute ago . . .

6. Listen! It's my turn to say something (talk).

7. Wait a minute!

8. On the other hand . . .

9. Don't get so excited (hot and bothered)! Don't get so steamed up! I don't go along with this.

10. Shut up! You've been talking for an hour.

DEFENSE

1. I assure you that . . .

2. I didn't mean to . . .

3. Nobody's going to make a fool out of me.
   Nobody's going to make a fool out of me.
   Nobody's going to make a fool out of me.
   I'm not in on this one.
   I'm not taken in by this.

4. Be reasonable.

5. Nobody's going to do that to me.

6. I would never do such a thing.

7. Stop teasing me (pulling my leg).

8. Quit your kidding.

9. It wasn't my fault. I've nothing to do with it.

10. I'm not in on this one. It doesn't concern me.

11. You didn't remind me (of it).

OPINION

1. I think I can do it.

2. It seems to me that . . .

3. Ça me paraît possible.

4. Je crois que... Je pense que...

5. À mon avis... (Selon moi...; D'après moi...)

6. En ce qui me concerne...

7. À ce qu'il me semble... (Il me semble que...)

8. Il se pourrait que...

9. C'est plutôt ça.

DÉSIR DE VOUS EXCUSER

1. Excusez-moi. Veuillez m'excuser.

2. Pardon! Je vous demande pardon. Pardonnez-moi!

3. Je suis désolé(e) de vous avoir dérangé(e).

4. Veuillez excuser cette erreur.

5. Je ne veux pas vous déranger.

6. Mille regrets. J'ai fait une erreur. Je n'y comprends rien.

7. Je ne suis pas dans mon assiette.
Je ne suis pas en forme.
Je suis mal en point.

COLÈRE

1. Je suis furieux(-se). Je suis fou furieux. Cela me fait rager. Cela me fait bouillir.

2. Tu es de mauvais poil. Tu t'es levé du mauvais pied.

3. Je te conseille de ne pas recommencer.

4. C'est idiot!

5. Quel sale caractère! Quelle tête de cochon! Quel mauvais coucheur!

6. Comment, non?

7. C'est ta faute.

8. Ne me fatigue pas! Ne m'ennuie pas!

9. Quelle barbe! Quel casse-pieds! Quel ennui! Quel enquiquineur!

10. Quel mensonge! Quel tissu de mensonges!

11. Ne me contredis (contredisez) pas!

12. Ça ne me convient pas du tout.
Ça ne va pas du tout.
Ça ne peut pas aller, ça.
Ça ne marche pas, ça.
Cela me fait sortir de mes gonds.

13. Il n'en est pas question.

14. Ne me fais pas de plat *(fam.)*!

15. Je suis fâché(e) contre toi.

16. J'en ai marre de toi.

17. Il me tape sur le système.

18. Regarde donc la pagaille que tu as mise là.

19. Fiche-moi la paix!

3. That seems possible.

4. I think (believe) that ... I think that ...

5. In my opinion ... (According to me ...; According to me ...)

6. As far as I'm concerned ...

7. It seems to me that ...

8. It could be that ... (It might be that ...)

9. That's more like it.

DESIRE TO EXCUSE YOURSELF (TO BEG SOMEONE'S PARDON)

1. Excuse me. Please excuse me.

2. I apologize. I apologize. I beg your pardon.

3. I'm very sorry to have bothered you.

4. Please excuse this mistake (error).

5. I don't want to disturb you.

6. I'm so sorry. I made a mistake. I'm quite confused.

7. I'm not quite up to snuff. (I'm not with it.)
I'm not in shape.
I'm in bad shape.

ANGER

1. I'm mad (angry). I'm really mad. That makes me furious. That makes my blood boil.

2. You're in a bad mood. You got up on the wrong side of the bed.

3. I advise you not to start that up again.

4. How stupid!

5. What a bad temper you have! What a pigheaded person! He takes everything the wrong way!

6. What do you mean, no?

7. It's your fault. (You're to blame.)

8. Don't bother me! Don't bother me!

9. What a pain! What a pain in the neck! What a bore! What a nuisance!

10. What a lie! What a pack of lies!

11. Don't contradict me!

12. That doesn't suit me at all.
That won't work at all.
That can't go on.
That won't do.
That makes me fly off the handle.

13. It's out of the question.

14. Don't try to hustle me!

15. I'm mad at you.

16. I'm fed up with you. (You're a pain in the neck.)

17. He gets on my nerves.

18. Look at the mess you've made there.

19. Get off my back!

ENNUI

1. Cela m'ennuie.
2. Ton travail m'ennuie.
3. Il (elle) me casse les pieds.

RAS-LE-BOL

1. J'en ai assez. J'en ai plus qu'assez.
2. J'en ai marre *(fam.)*.
3. J'en ai par-dessus la tête.
4. J'en ai soupé.
5. J'en ai plein le dos.
6. La plaisanterie a assez duré.
7. J'en ai ras-le-bol.
8. Ça a assez duré.
   Ça ne peut plus durer.
   Ça ne peut plus continuer comme ça.
9. Il est temps que ça cesse.
   Il est temps d'y mettre le holà (un terme).
10. Ça, je l'ai assez vu.
11. Trop, c'est trop.

BOREDOM

1. That bores me.
2. Your work bores (tires) me.
3. He (she) bores me to tears.

STATE OF BEING "FED UP"

1. I've had enough. I've had more than enough.
2. I'm fed up with it (it bores me stiff).
3. I've had it up to here.
4. I've really had it with that.
5. I'm good and tired of that (I'm fed up with it).
6. The joke's gone on long enough.
7. I'm fed up with it.
8. That lasted long enough.
   That can't go on any longer.
   That can't go on like that anymore.
9. It's time that stopped. (It's got to be stopped.)
   It's time to put a stop to that.
10. I've had enough of that (I've seen enough of that).
11. Too much is too much.

Appendice

B

The Essentials

A telephone call

a person	to enter, to go (into)	public phone booth
	to be (in)	phone booth
	to leave, go out (of)	post office
	to phone	someone
	to make	phone call
a person calling, or a person being called	to put in	coin
		telephone card
	to hear	dial tone
	to dial	number
	to call	
	to call back	
	to be mistaken (about)	
	to hear (ringing)	bell
	to pick up/to hang up	receiver

	to take/to leave	message
operator	to help (make)	call
	to make	

Additional vocabulary

interurban call
long distance call (in France:abroad)
person-to-person call
area code
to call collect
telephone office, switchboard
telephone book

CHAPTER 1 ACADEMIC LIFE

THE ESSENTIALS

pupil, student (in elementary school or high school)	to enter	school
	to register (for), to enroll (in)	high school
		university
student (at the university	to go (to)	
	to leave, quit	
	to be expelled (from)	
	to take	course
	to go (to)	lecture course
	to attend	
	to skip	
	to do over, repeat	
	to listen to	lecture
		lecturer
	to take	notes
	to write	paper
	to do	oral report
		written or oral report
	to live in, stay in	dormitory
		university residence
		group of student dormitories
	to take	room
		in a private home
		in town
		meals at the university restaurant

student (at the university)	to pay	expenses
		   lodging
		   food
		   registration

	to make, to apply for	scholarship request
	to win	scholarship
	to be	scholarship student

Additional vocabulary

reopening of school	list of required courses	class time schedule
candidate	to begin to complete to end, finish (well/badly) to be	studies strong in languages weak, poor in history
	to study (for) to review (for) to present oneself (for) to take to pass to pass to fail to fail to be failed (on) to cheat (on)	examination test midterm exam
	to receive, get to undergo	grades failure
professor (in high school or college)	to require	exercises discussion sections
	to correct to give	exam grade result

Additional vocabulary

faculty
dean
counselor
	subjects, courses
	  obligatory
	  optional
	  elective
		course of major studies

LIST OF COURSES

Humanities

French
foreign languages—modern: English, German, Russian, etc.; classic: Greek, Latin
literature
history
geography
philosophy

Sciences

mathematics—algebra, geometry, trigonometry, modern math (calculus)
natural sciences—biology, zoology, geology, botany, astronomy, physics, chemistry
technology
economic sciences

Arts

drawing, painting, music
crafts—pottery, sculpture

Gymnastics, Physical Education

DIVISIONS OF A FRENCH UNIVERSITY

School of Law and of Economic Sciences
School of Medicine
School of Pharmacy
School of Dentistry
School of Natural Sciences
School of Arts and Letters
School of Fine Arts
Conservatory of Music

Pedagogy
Sociology and the Political Sciences
Social Sciences
Institute of Technology

CHAPTER 2 FAMILY LIFE

THE ESSENTIALS

Friends

boy	to meet (by chance)	girl
	to meet, make the acquaintance of	
	to have a date (with)	
	to go out (with)	
bachelor	to flirt (with)	unmarried female
	to chase (after)	
	to fall in love (with)	

Sweethearts

boyfriend	to get along (with)	girlfriend
	to be attached (to) (by affection)	
	to love	
sweethearts	to kiss	
	to love each other	
	to argue, fight	
	to reconcile, make up	
	to become engaged (to)	
	to give	engagement ring
	to announce	engagement
	to break	
	to set	wedding date

The marriage

fiancé	to marry	fiancée
mayor	to perform	marriage (ceremony) civil (at city hall)
priest, minister, rabbi		religious (at church) ceremony
guests	to attend	wedding ceremony
	to congratulate	newlyweds

Care of the home

newly married couple	to move (into)	apartment
	to furnish	
	to keep up	
	to set up	home

Domestic life

couple	to live	in harmony
husband	to get along (well/badly)	
wife	(with)	
	to feel frustrated	
	to argue	

Divorce

husband, wife	to ask for	divorce
	to execute, carry out	division of property
	to divorce	
divorced person	to pay	alimony (check)
	to have	custody of the children

Birth

wife, woman, mother	to be pregnant	
	to expect	baby, child
	to give birth	
	to put to nurse	baby
	to nurse	
baby, child	to be born	
parents	to raise (well/badly)	child
	to pamper	kid
	to spoil	
	to scold	
	to punish	
son, daughter	to resemble	father, mother
	to obey	parents
	to disobey	liberal
		understanding
		strict
		old-fashioned
	to grow up	
	to rebel	

Death

a person	to grow old to die (young)	
widower, widow	to be	in mourning overcome by grief
orphan	to attend	funeral, funeral service burial
	to inherit	worldly goods fortune

CHAPTER 3   HEALTH

THE ESSENTIALS

Additional vocabulary

back	buttock	skeleton	vein	blood	skin	flesh
side	throat	artery	liver	nerve	body hair	

Health

Alan (Anne)	to be	in good health/sick
		strong, strapping,
		   sturdy/weak
		healthy in body and
		   mind
		fat/thin
		active, energetic/lazy
		muscular/feeble, weak
		fat/thin

	to be, to feel (well/ill)	
	to be, look	well/sick
	to have	healthy complexion
	to take care of to keep up, maintain	one's health
	to feel	a pain
a person	to get fat, to put on weight	
	to be to put oneself	on a diet
	to get thin, to lose weight	

Accidents

to wound, injure
    oneself (in)
to fall (down)
to hurt oneself
to walk with crutches
to wear a bandage, to
    be bandaged
to be carried on a
    stretcher
to break a leg
to sprain an ankle
to have an arm in a
    cast/sling
to undergo a shock
to faint, to lose con-
    sciousness
to poison oneself
to be poisoned (by)

Sicknesses

to get sick
to catch
    a cold
    the flu
    bronchitis
    pneumonia
to catch a cold
to cough
to have a fever
    sore throat (headache,
    backache, etc.)

The doctor and the patient

the doctor	to examine	sick person, patient
	to take care of	patient
	to cure, heal	
	to ask	sort (kind) of pain
	to make	diagnosis
	to prescribe	medicines
	to write	prescription
	to give	advice
		care (medical)
	to charge	bill (to the patient)
the surgeon	to operate	on the patient
the nurse	to bandage	wound
	to give	shot

	to take	(someone's) pulse
	to take	(someone's) blood pressure
		(someone's) temperature
		X ray
the patient	to consult	doctor
	to complain (of) to feel	pain
	to take	aspirin vitamins
	to relax to rest to get well	
the dentist	to detect	cavity
	to fill to pull to extract to clean	teeth

CHAPTER 4   BEAUTY AND FASHION

THE ESSENTIALS

In the beauty shop

client, customer	to make an appointment (with)	hairdresser, beautician
	to ask for	shampooing shampoo-in coloring set
	to have done	body wave permanent haircut
	to give	tip (to the hairdresser)
hairdresser	to wash to rinse to dye to comb to brush	hair thick/thin very curly/wavy curly/straight tangled
	to tease	wig
	to do	haircut short/long

manicurist	to do	manicure
	to put on	nail polish

At the beauty clinic

client, customer	to have	complexion
		light/browned, tan
		pale/ruddy
	to need	facial
	to have done	treatment
		makeup
	to put on makeup	
cosmetician	to specialize (in)	care of the face,
		of the skin
		massage
	to put on	makeup
	to apply	
	to pluck	eyebrows
	to tone down	wrinkles
	to hide	scar

At the barber's

barber	to cut	strands of hair
	to shorten, trim	hair
		on the neck, at the
		back
		in front
		on the sides
		on top
	to make	part
		on the right/on the left
		in the center
	to trim	moustache
		beard
		sideburns
	to shave	customer
	to massage	scalp

Additional vocabulary

hair trim	clippers
to get a shave	shaver (electric, safety)
shaving cream, soap,	razor blade
lather	

In a shop (a store, a department store)

— May I help you, Sir (Ma'am, Miss)?
— Could you show me _____?
— What size are you? Allow me to take your measurements.

customer	to do	shopping
	to try on	article of clothing
	to put on	clothes, clothing
	to wear	
article of clothing	to be becoming/ not becoming (to) to fit well/badly	person
	to be	long/short tight/loose of a (dark/light) color (tone)
	to sell, to be sold	on sale, on clearance at a reduction

Additional vocabulary

at a couturier's	made-to-order
high fashion	secondhand
to put up for sale	to make a dress
ready-to-wear	

Clothing sizes (women)

	American	European		American	European
blouses	32	40	shoes	6	35
	34	42		6½	37
	36	44		7–7½	38
	38	46		8	38
	40	48		8½	39
suits	10	40		9	40
	12	42	hose	8	0
	14	44		8½	1
	16	46		9	2
	18	48		9½	3
				10	4

Clothing sizes (men)

	American	European		American	European
shirts	14½	37	shoes	9½	43
	15	38		10	44
	15½	39		10½	44
	16	41		11	45
	16½	42		11½	45
suits	36	46		12	46
	38	48	hats	7	56
	40	51		7⅛	57
	42	54		7¼	58
	44	56		7⅜	59
	46	59		7½	60

CHAPTER 5   TRAVELING AND MEANS OF TRANSPORTATION

THE ESSENTIALS

On the street

pedestrian	to go down	street
	to go up	pavement
	to cross	route, road
	to take a walk (on)	boulevard
	to walk (along)	
	to stroll (along)	
	to look for	address
	to ask for	way
	to indicate	
	to lose	
	to get lost	

In a car

driver	to go, to drive	by car, in the car
	to drive along	
	to get through, pass	driver's license (test)
	to take out	insurance
	to start	car
	to drive	
	to accelerate, to slow down	
	to brake, to put on the brakes	
	to park	
	to pass	another car
	to catch up with, to come up to	truck
	to skid	
	to honk	
	to pick up	hitchhiker
	to have	accident
		breakdown
		puncture
city police officer, cop	to give	traffic ticket
national police officer	to make out	

| C.R.S. (national police) | to direct | traffic |
| | to be busy (with) | bottleneck |

Additional vocabulary

sidewalk	steering wheel
dashboard	gas pump
gas tank	gas station
mileage indicator	to fill up the tank
flat tire	one-way street

On the train

traveler	to take	train
	to buy, to get	ticket (one way)
	to pay for	first class
	to confirm	second class
	to cancel	round-trip ticket
		one-way ticket
		return ticket
	to make	reservation (ahead of time)
	to reserve, get, book	berth in a sleeping car
	to book, reserve	seat, place
	to change	train
	to get on	train (car)
	to get off	express,
	to miss	fast, high speed
		local

In a plane

plane, jet	to take off (from)	runway
	to land (on)	landing strip
passenger	to go, to fly	by plane
	to check in	baggage
	to have weighed	
	to wait (in)	waiting room
	to get on board	plane
	to fasten, to unfasten	seat belt

Additional vocabulary

airline company	flight attendant *(m.)*
flight (direct)	pilot, copilot
flight attendant *(f.)*	

Customs

tourist	to appear (at) to go through	customs
	to show	passport visa identity card
	to declare	purchases
	to pay	duty
customs officer	to rummage, search	suitcases
	to confiscate	contraband

CHAPTER 6   VACATIONS: LODGING AND FOOD

THE ESSENTIALS

At the hotel

client, customer	to reserve to be installed (in) to be lodged (in)	room (double/single) with a double bed with a bathroom with a toilet with a shower with breakfast and dinner
	to ask for	room key
	to complain (about)	service heat air conditioner noise mattress (hard/soft)
manager	to greet	customers (at the front desk)
owner	to have brought up	baggage
hotel maid	to bring down	suitcases

Additional vocabulary

service (included/not included); tax; breakfast

At the restaurant

waiter, waitress	to present to hand over	menu menu dish

	to serve	meal
	to expect	tip
customer	to be	hungry
	to die (of)	hunger
	to reserve	table
		with four places
		for four persons
	to ask for	wine list
	to order	food
	to eat	
	to have	drink
		aperitif (before-dinner
		drink)
	to pay	bill

CHAPTER 7   THE FRENCH ARE ALSO LIKE THAT

THE ESSENTIALS

person	to respect	someone
	to make fun (of)	
	to argue (with)	
	to hate, to detest	
	to scorn	
	to mistreat	
	to irritate	
	to annoy	
	to plague, bother	
	to insult, to affront	
	to insult, to call	
	someone names	
	to wound (feelings)	
	to snub, to slight	(someone)
good talker	to talk, converse, chat	rudely/politely
	to gossip	
	to tell, spread	gossip
person	to shut up	
	to be mistaken	
	to gripe	
	to grumble	
	to whimper, whine	

	to sneer	
	to whisper	
	to stammer	
	to lie	
	to swear (in court)	
	to swear (in God's name)	
	to apologize	
tone (of language)	to be able to be	lively
		bitter
		gentle
		rude
		vulgar
		eloquent
		improper
It is possible to treat a person with		respect, dignity
		kindness
		roughness, harshness
		impoliteness
		rudeness
person being spoken to listener	to react (with)	surprise
		incredulity
		pleasure, delight
		anger
person	to be able to be	clumsy/swift, skillful
		lazy, lifeless/active, alert
		bashful, shy/sure of oneself
		guarded, cautious/open
		thoughtless, scatterbrained/precise, accurate
		careless/careful
		cowardly/courageous
		clever, shrewd/trusting
		easy to get along with/tyrannical
		relaxed/anxious, uneasy
		smart, intelligent/stupid, dumb
		foolish, silly/clever

Réponses aux questions du test « Êtes-vous sûr(e) de ne pas avoir de préjugés ? » qui se trouve à la page 118.

FAUX : 1–3 ; 5–13 ; 17–20

VRAI : 4. Peu de différence jusqu'à onze ans. Après cet âge, les filles parlent, écrivent, rédigent *(écrivent des textes)* avec plus d'aisance.

14. À partir de douze à treize ans. Jusque-là leurs scores sont identiques. L'influence de l'environnement est très sensible *(notable)*.

15. Les garçons commencent à s'agresser vers deux ans et demi (date de naissance de la personnalité et de la sociabilité).

16. Les garçons manifestent à partir de l'adolescence une supériorité qui va en s'accentuant en matière d'orientation et de visualisation dans l'espace.

Extrait d'un article d'*Elle*.

CHAPTER 8   SPORTS

THE ESSENTIALS

athlete	to train	
	to exercise	
	to dedicate oneself (to)	training
	to impose upon oneself	discipline
	to run	long-distance race
		foot race
	to participate (in)	competition
	to play	soccer
		golf
		tennis
		rugby
player	to respect	rules, rules of the game
	to argue (with)	team members
	to get along (with)	coach
		opponent
		umpire, referee
	to score	goal
	to win	point
	to lose	game, match
score	to be	tied
spectator	to look at	basketball game
fan	to bet (on)	baseball game
lover (of		boxing match
something)		score
		horse race

Tennis game

player	to need	partner
		tennis court
		racket
		balls

Additional vocabulary

set	scoring
service	love
singles game	15 all
doubles game	30
to be beaten	40

	game
	advantage out
	advantage in
	deuce

Swimming

swimmer	to swim (in)	pool
	to swim (in)	sea
	to dive (in, into)	ocean
		river
		lake
	to float (on)	water

Skiing

skier	to buy	skis
		ski poles
		boots
		bindings
		lift ticket
	to stand, wait	in line
	to take	chair lift
	to take	lessons (from the instructor)
	to learn	technique
	to do	downhill run
	to ski (on)	ski run
		slope

Additional vocabulary

ski resort
cross-country skiing
downhill skiing
monoskiing
alpine cross-country skiing

List of sports

underwater diving	skateboarding
sailing	gymnastics
windsurfing	biking
surfing	track events
canoeing	squash
horseback riding	roller-skating
to go horseback riding	
mountaineering	Ping-Pong
hiking	ice-skating
jogging (slow)	hockey
jogging (fast)	

CHAPTER 9   LEISURE-TIME ACTIVITIES

THE ESSENTIALS

a person	to have a good time to amuse oneself to be bored	
	to spend to lose, waste	one's time (doing something)
	to have	time (to do something)
	to go (to) to attend	concert opera ballet
	to see	film, movie play show
	to play	cards bridge poker game of chance

Television

television viewer	to plug in to turn on to turn off	television set television, TV (set) (color) radio, transistor radio hi-fi set
	to listen to	record
	to change	channel, station
	to adjust	sound color
	to tune in	station
	to turn up / to turn down	volume
broadcaster newscaster	to give, present	broadcast news

master of ceremonies	to announce
	to transmit, to
	    broadcast
	to select
		weather forecast
		programs
		    sports
		music
		variety
		show

Additional vocabulary

screen	comedian, player, actor
knob	to break down
antenna	breakdown
serial	repairman
film made for TV	repair shop
director	
star	

tape recorder	cassette deck
VCR, video recorder	compact disc player
compact disc	

Newspapers and magazines

a reader	to leaf through	newspaper
	to read	magazine
		daily (paper)
		weekly
		copy
		issue
	to look at	article
		advertising
		comic strip
editor	to write	editorial
reporter	to publish	article
correspondent	to edit, compile	

Additional vocabulary

headline
front page
to subscribe (to)
subscription
want ads
   jobs wanted, work wanted
   job offers, help wanted
want ad
advertisement
comic books

CHAPTER 10   ECONOMIC LIFE

THE ESSENTIALS

employer	to judge	background
		qualifications
	to hire	worker

director of personnel department head, manager	to fire, dismiss	someone
president of a company executive	to direct, run	company business
job applicant	to look for to submit	job application
	to make	application for a job
	to accept	job

employee
civil servant
	to work	overtime
		job
		   full-time
		   part-time

management	to retrain	unemployed
manager	to judge	market
worker union member	to strike to go	on strike

Additional vocabulary

factory	salary
shop	payment for services
labor union	

At the bank

customer, client	to open to close	account savings account
	to overdraw to be	overdrawn
	to save, economize to save	money
	to deposit	check funds, cash
	to change, exchange to withdraw to spend	foreign currencies money
	to be	broke
	to ask for to get, obtain to pay back	loan

	to make out	check (bank)
	to endorse	"rubber" check
	to sign	
	to cash	
	to forge	
banker	to ask for	collateral
		security, guaranty
	to grant	loan
	to verify, audit	account
		balance
	to charge	interest
	to swindle, rob	
cashier	to cash	check
	to pay	money
	to give	receipt

Additional vocabulary

credit card	teller's window
checkbook	exchange rate
cashier's window	to cheat

CHAPTER 11   POLITICAL LIFE

THE ESSENTIALS

The government

regime	to take	power
republic	to seize, take over	
monarchy	to preserve	
constitutional	to hold, have	
absolute	to maintain	
dictatorship		
king, queen		
dictator		
president		
person	to resign	
	to give up	

Additional vocabulary

communism	riot
democracy	demonstrator

socialism
revolution
rebellion
crisis

minister
prime minister
representative

Executive branch

ruler	to govern
	  well/badly
	  skillfully
		country
		state
		nation

	to assemble	council (of ministers)
	to preside over to form	cabinet

	to name, appoint/to
	  dismiss, to have
	  dismissed
		ministers

Additional vocabulary

mayor
city hall
chief magistrate

Legislative branch

parliament congress	to proclaim, announce to discuss	laws amendments
National Assembly Senate House of Representatives	to repeal	
people	to elect to be represented (by)	candidate
voter	to vote (for/against)	
candidate	to be to make to keep/to break	elected promises

party (political)
  right (conservative)
  center
  left (liberal)
	to be in agreement
	  (with)
	to argue
	to discuss
	to defend
	to attack
		politics, political
		  philosophy

citizen	to have	right to vote freedom (of thought)

Additional vocabulary

city council
city councilmen
senator
elections
campaign (presidential)
       (electoral)
votes

CHAPTER 12   MYTH AND REALITY

THE ESSENTIALS

foreigner	to behave to behave	well/badly
relationships (among people)	to be	relaxed/tense warm cordial disagreeable abusive, insulting fickle, unstable

citizen	to be
	to seem
		overzealous patriot
		overpatriotic
		stereotyped
		open, outgoing/closed,
		    withdrawn
		    (uncommunicative)
		discreet

individual	to behave (like)	boor, lout brute, ruffian
boor, lout	to browbeat, to bully to bully, to mistreat	others
rude person	to insult to abuse	customers, clients
people	to be to seem	independent/conquered courageous/cowardly proud/submissive

diplomat	to express oneself (in)
	to use
		language
		  living/dead
		  diplomatic
		  familiar
		  polished, careful/vulgar

inhabitant	to speak to use	dialect provincial dialect, local lingo slang

Additional vocabulary

spoken language
written language
computer language

Connaissez-vous le « franglais » ? Réponses aux questions qui se trouvent à la page 195.

I. 1–c, 2–d, 3–e, 4–a, 5–f, 6–b   **II.** 1–b, 2–e, 3–f, 4–a, 5–d, 6–c   **III.** 1–c, 2–d, 3–f, 4–e, 5–a, 6–b

Appendice

C

Des Proverbes et des expressions de tous les jours

1. En amour comme à la guerre, tous les coups sont permis.
2. Faute de grives on mange des merles.
3. Chien qui aboie ne mord pas.
4. On ne peut tout avoir.

5. Il ne faut jamais remettre au lendemain ce que l'on peut faire le même jour.
6. Qui se ressemble s'assemble.
7. Qui trop embrasse mal étreint.
8. Plus on est de fous plus on rit.
9. Deux avis valent mieux qu'un.
10. Le monde appartient à celui qui se lève tôt.
11. Loin des yeux, loin du cœur.
12. Quand on veut on peut.

13. L'habit ne fait pas le moine.

14. Un malheur ne vient jamais seul.

1. All's fair in love and war.

2. Beggars can't be choosers.

3. His bark is worse than his bite.
4. You can't have your cake and eat it too.
5. Never put off till tomorrow what what you can do today.

6. Birds of a feather flock together.
7. Haste makes waste.
8. The more the merrier.
9. Two heads are better than one.
10. The early bird catches the worm.
11. Out of sight, out of mind.
12. Where there's a will there's a way.
13. You can't judge a book by its cover.
14. When it rains it pours.

15. Ne vendez pas la peau de l'ours avant de l'avoir tué.
16. C'est en forgeant qu'on devient forgeron.
17. Ne réveillez pas le chat qui dort.
18. Appelons un chat un chat.
19. Il faut de tout pour faire un monde.
20. Ne faites pas à autrui ce que vous ne voudrez pas qu'on vous fasse à vous-même.
21. Rien ne vaut son chez soi.
22. Qui rien ne sait, de rien ne doute.
23. Laissez faire, laissez dire.
24. Qui se sent morveux se mouche.
25. Tenez bon.
26. Charbonnier est maître chez soi.
27. Mieux vaut tard que jamais.
28. Mieux vaut un petit quelque chose que rien du tout.
29. Qui ne risque rien, n'a rien.

30. Pas de nouvelles, bonnes nouvelles.
31. Une faute n'en excuse pas une autre.
32. Il faut d'abord balayer devant sa porte.
33. Moins on en parle, mieux ça va.
34. Aussitôt dit, aussitôt fait.
35. Charité bien ordonnée commence par soi-même.
36. La familiarité engendre le mépris.
37. La vérité peut se dire en riant.

38. Si l'on lui en donne long comme le doigt, il en prendra long comme le bras.
39. Tant qu'il y a de la vie, il y a de l'espoir.
40. Faire des économies de bouts de chandelles.
41. L'argent est cause de tous les maux.
42. Il n'y a pas de fumée sans feu.

43. Les apparences sont trompeuses.
44. C'est la voix du sang qui parle.
45. L'habitude engendre l'ennui.
46. Garder une poire pour la soif.

47. C'est à prendre ou à laisser.
48. Touchons du bois.

---

15. Don't count your chickens before they're hatched.
16. Practice makes perfect.
17. Let sleeping dogs lie.
18. Let's call a spade a spade.
19. It takes all kinds to make a world.
20. Do unto others as you would have them do unto you.
21. There's no place like home.
22. Ignorance is bliss.
23. Live and let live.
24. If the shoe fits, wear it.
25. Never say die.
26. A man's home is his castle.
27. Better late than never.
28. Half a loaf is better than none.
29. Nothing ventured, nothing gained.
30. No news is good news.
31. Two wrongs don't make a right.
32. People who live in glass houses shouldn't throw stones.
33. The less said the better.
34. No sooner said than done.
35. Charity begins at home.
36. Familiarity breeds contempt.
37. Many a true word is spoken in jest.
38. Give him an inch and he'll take a mile.
39. Where there's life there's hope.
40. Penny wise and pound foolish.
41. Money is the root of all evil.
42. Where there's smoke there's fire.
43. Still water runs deep.
44. Blood is thicker than water.
45. Variety is the spice of life.
46. Put something away for a rainy day.
47. Take it or leave it.
48. Keep your fingers crossed. (Knock on wood.)

49. Arrête d'en faire une montagne.	49. *Don't make a mountain out of a molehill.*
50. Cela me donne à réfléchir.	50. *That's food for thought.*
51. Vous êtes tombé juste.	51. *You hit the nail on the head.*
52. Il l'a menée en bateau.	52. *He took her for a ride.*
53. Mon petit doigt me l'a dit.	53. *A little bird told me.*
54. Les jeux sont truqués.	54. *The cards are stacked.*
55. Le juste milieu.	55. *The happy medium.*
56. C'est aussi clair que du jus de chique.	56. *It's as clear as mud.*
57. C'est vieux comme le monde.	57. *That's as old as the hills.*
58. Il boit comme un trou.	58. *He drinks like a fish.*
59. Être dans le pétrin (la mélasse).	59. *To be up a creek without a paddle.*
60. Jurer comme un charretier (un templier).	60. *To swear like a trooper.*
61. Vendre la mèche.	61. *To let the cat out of the bag.*
62. Casser sa pipe.	62. *To kick the bucket.*
63. Porter un coup bas.	63. *To hit below the belt.*
64. Se fourrer le doigt dans l'œil.	64. *To be out in left field.*
65. En venir au fait.	65. *To get down to brass tacks.*
66. Remettre cela à un autre jour.	66. *To take a rain check.*
67. Leur jeter de la poudre aux yeux.	67. *To pull the wool over someone's eyes.*
68. Avoir plusieurs cordes à son arc.	68. *To have many irons in the fire.*
69. Vivre au jour le jour.	69. *To live from hand to mouth (on a shoestring).*
70. Travailler pour des prunes (le roi de Prusse).	70. *To work for peanuts (chicken feed).*
71. Nager entre deux eaux.	71. *To play both ends against the middle.*
72. Se vendre comme des petits pains.	72. *To sell like hotcakes.*
73. Se porter comme un charme (à merveille).	73. *To feel as fit as a fiddle.*
74. Garder son sang-froid.	74. *To keep one's cool (head).*
75. Tout est bien qui finit bien.	75. *All's well that ends well.*

Vocabulaire

Français-Anglais

The vocabulary contains all words that appear in the text except articles and cognates that have been judged as easily recognizable. Verbs are listed in the infinitive form with irregular past participles indicated in the parentheses after the infinitive. Idioms are listed under the most important word (or words) in the expression. Irregular noun plurals and irregular feminine forms of adjectives are also included.

The words contained in the vocabulary are defined within the context of the reading selections in which they appear.

ABBREVIATIONS

adj. adjective   *n.* noun
adv. adverb   *pl.* plural
conj. conjunction   *part.* participle
f. feminine   *pp.* past participle
fam. familiar   *prep.* preposition
m. masculine

abonnement *(m.)* subscription
s'abonner to subscribe
aborder to approach; to tackle a question
aboutir to come to, to end in
s'abriter to take cover, shelter
abstrait(e) abstract
accéder to attain, to arrive at; to enter into
s'accommoder to reconcile, to admit
accomplir to realize, to perform, to fulfill
accorder to grant; **s' —** to agree, to grant
accoucher to give birth
accrochage *(m.)* dispute, quarrel
accueillir to greet
accuser to charge, to accuse
acharné(e) bent on, keen, desperate
achat *(m.)* purchase
achever to complete

acquérir to acquire, to obtain; **acquis** *(pp.)*
actualité *(f.)* event of the moment
actuel (actuelle) of today, current, present
actuellement now, at this moment
addition *(f.)* bill, check (in a restaurant)
adjoint(e) assistant
adresser to direct, to turn, to speak to;
  s' — à to appeal to
adroit(e) skillful
aérienne: compagnie *(f.)* **—** airline company
affaire *(f.)* business deal, concern; **les — s**
  business
affectif (affective) emotional
affiche *(f.)* poster
afficher to post, to put up
s'affoler to fall into a panic
affreux (affreuse) awful, horrible
affrontement *(m.)* confrontation
afin de so that, in order that
agacer to irritate, to provoke, to set on edge
agent *(m.)* **de police** policeman
aggravation *(f.)* worsening, increase
agir to act, to do; **il s'agit de** the question is
aigu(e) sharp, acute
aiguillage *(m.)* switching (of points), shifting

ailleurs elsewhere; **d'** — besides; **par** — in addition to which, besides

ainé(e) elder

ainsi thus, therefore

air *(m.):* **foutre en l'** — to mess up, to throw into a state of confusion

aisance *(f.)* ease

aise *(f.)* ease, comfort

ajouter to add

alcoolémie *(f.):* **taux d'** — amount, rate of alcohol

s'aligner to fall into line

alimentaire pertaining to food, diet

alimenter to feed, to supply

allaiter to nurse

aller : — **mieux** to be better; **s'en** — to go away, to leave

allogène *(adj.)* (pertaining to) immigrants, cross-fertilized

allumer to turn on; to light (a fire)

allumette *(f.)* match

allure *(f.)* speed, pace, bearing, behavior

alors then, so, at that moment; **—que** when

ambiance *(f.)* atmosphere, surroundings, environment

âme *(f.)* soul

amélioration *(f.)* improvement

amende *(f.)* fine, penalty

amener to lead, to bring along

amer (amère) bitter

amoureux (amoureuse) *(n.)* lover, sweetheart

s'amuser to have a good time

ancêtre *(m. et f.)* ancestor

ancré *(adj.)* anchored, deep-rooted

angoissant(e) distressing

angoisse *(f.)* agony, great distress, anguish

animateur *(m.)* master of ceremonies

annonce *(f.)* ad, announcement; **une petite** — a classified ad

annuler to cancel

anonymat *(m.)* anonymity

anorak *(m.)* parka

antan *(m.)* **: d'** — of a former time, of yesteryear

antiquaire *(m.)* antique dealer

apaisant(e) calming, quieting

apercevoir to notice; **s'** — to realize

aperçu *(m.)* glimpse, survey, outline

apéritif *(m.)* drink (before meal)

aphone *(adj.)* voiceless

apparaître to appear, to seem

appareil *(m.)* machine, appliance

appartenir (à) to belong (to)

appel *(m.)* appeal, call, telephone call, summons

apport *(m.)* contribution

apporter to bring (in), to supply

apposer to put, place; to affix

appréciation *(f.)* valuation; appraisal

apprenti (apprentie) *(n.)* apprentice

s'apprêter to get ready; to prepare oneself

appui *(m.)* support

arborer to wear, to sport, to put on

argent *(m.)* money, silver

argenté(e) silvery

argot *(m.)* slang

arracher to extract, to tear, pull out

arranger to put in order, to settle; **s'** — to manage one-self, to prepare oneself, to put oneself to rights

arrêt *(m.)* stop, stopping

arrêter to arrest; **s'** — to stop

arrière backwards; **en** — behind

arriver to arrive, to happen; — **à** to succeed in

arrondissement *(m.)* subdivision of Paris

artère *(f.)* artery

articulation *(f.)* joint

artifice *(m.)* artifice, contrivance

assaisonnement *(m.)* seasoning, flavoring

s'asseoir *(pp.* **assis***)* to sit down

assister to attend

assorti(e) matched, paired

assurance *(f.)* insurance; **les** — **s sociales** social security

atelier *(m.)* shop

attache *(f.)* attachment

s'attacher à to apply oneself to

atteindre *(pp.* **atteint***)* to reach, to attain, to arrive at

atteinte *(f.)* attack

attendre to wait for, to expect; **s'** — **à** to expect

attente *(f.)* waiting, expectation

atténuer to tone down

atterrir to land

atterrissage *(m.)* landing

attirer to attract

attrait *(m.)* attraction, lure

attraper to catch

attrayant(e) attractive

au-delà *(adv.)* above, beyond

augmenter to increase, to turn up (sound)

aumônier *(m.)* chaplain

autant as much, as many; — **que** as much as, as many as

autocensure *(f.)* self-censure (blame), self-censorship

auto-critique *(m.)* self-criticism

autogestion *(f.)* self-management

autoroute *(f.)* freeway, superhighway

autour de around

avaler to swallow

avance : en — beforehand, before one's time

avenir *(m.)* future
avertir to warn, to advise
avion *(m.)* airplane; **— à réaction** jet plane
avis *(m.)* opinion, decision, announcement, notice
s'aviser to think of; to find
avoir : — besoin de to need; **— lieu** to take place; **— peur** to be afraid; **— envie** to feel like; **— beau dire** to speak in vain; **— beau faire** to try in vain; **— soin de** to take care of; **— à** to have to; to be obliged to; **— l'air** to look, to seem
avouer to admit

bagnole *(f.)* car
bague *(f.)* ring
baguette *(f.)* long, thin loaf of bread
bâiller to yawn
baiser to kiss
baisse *(f.)* fall, decline; *(adj.)* **en — saison** in low season
baisser to lower, to let down; **se —** to bend down
balai *(m.)* broom; **un coup de —** clearance sale
balance *(f.)* scales, balance
balbutier to stammer, to mumble
ballotter to toss about, to send someone from pillar to post
bande *(f.)* **: — dessinée** comic strip
bandé(e) bandaged
bandeau *(m.)* **(— de tête)** headband
bander to bandage
banderole *(f.)* banner
banquier *(m.)* banker
barbe *(f.)* beard; **quelle — !** What a bother!
barré(e) crossed out, barred
bas *(m. pl.)* stockings
bataille *(f.)* battle
bâtir to build, to construct
battre to beat; **se —** to fight
bavarder to chat, to gossip
bavure *(f.)* spot, imperfection, defect
bénéfique beneficial, favorable
béni(e) blessed, sacred
béquille *(f.)* crutch
besoin *(m.)* need, want
bête *(adj.)* stupid, dumb
bêtise *(f.)* stupidity, nonsense
bien *(m.)* benefit; **biens** *(pl.)* worldly goods, fortune; **— de consommation** consumer goods
bienfait *(m.)* blessing, benefit
bière *(f.)* beer
bigoudi *(m.)* hair roller
billet *(m.)* ticket, bank note, bill; **— simple** one-way ticket

bique *(f.)* hag, goat
bise *(f.)* kiss
bistro *(m.)* bar, pub
blague *(f.)* joke; **sans —** no kidding, really
blaguer to gossip, to chatter
blesser to wound, to harm; **se —** to wound, injure oneself
blessure *(f.)* wound
blouson *(m.)* waist-length jacket
bois *(m.)* wood
boisson *(f.)* drink
boîte *(f.)* box; **— de nuit** nightclub; **— automatique** automatic gearshift
bol *(m.)* bowl, basin
bon : — marché *(invar.)* cheap, inexpensive
bond *(m.)* leap, jump; **faire faux — à qqn** to let someone down, to disappoint someone
bonheur *(m.)* good fortune, success; **au petit —** in a haphazard manner
bonnement *(adv.)***: tout —** simply, plainly
bord *(m.)* **: à — de** in, on board; **tableau de —** dashboard (of car)
botte *(f.)* high boot
bouche *(f.)* mouth
bouchée *(f.)* mouthful; **mettre les — s doubles** to do a job in double quick time
boucher *(m.)* butcher
bouclé(e) curly
bouffe *(f.)* eating greedily
bouffer to eat greedily
bouilli(e) boiled
bouleverser to upset, to overturn
boulot *(m.)* *(fam.)* job, work
bourse *(f.)* scholarship
boursier, boursière *(n.)* scholarship student
se bousculer to jostle each other
bout *(m.)* end, extremity
boutiquier, boutiquière *(n.)* shopkeeper
bouton *(m.)* button
brancher to install, to plug into; **branché(e) sur** plugged into
braquer : se — to become hostile in one's opposition, to oppose in a hostile manner
bras *(m.)* arm; **à tour de —** tirelessly, without stopping
bref (brève) short, brief
brevet *(m.)* diploma, certificate
brigade *(f.)* squad
brique *(f.)* brick; *(fam.)* a million francs
brodé(e) embellished, embroidered
bronchite *(f.)* bronchitis
bronzant(e) tanning
bronzé(e) tanned, brown
brosse *(f.)* brush
brosser to brush
brouhaha *(m.)* hubbub, uproar, din
bruit *(m.)* noise

brusquerie *(f.)* roughness, harshness
brute *(f.)* ruffian
bulletin météo *(m.)* weather forecast
bureau *(m.)* office
but *(m.)* objective, goal, purpose
buté(e) close-minded, not open to others
buveur, buveuse *(n.)* drinker, drunkard

cabinet *(m.)* doctor's office
se cabrer to revolt, to fly into a passion
cacahuète *(f.)* peanut
cachemire *(m.)* cashmere
cachette : en — secretly
cadre *(m.)* setting, surroundings; **les — s** managerial staff
cafard *(m.) : avoir le —** to be fed up
caillot *(m.)* blood clot
caisse *(f.)* cashier's window, cash register
caissier *(m.)* cashier
caler to wedge, to jam
câlin *(m.)* hug, caress
camion *(m.)* truck
camoufler to hide
campagne *(f.)* campaign; countryside, country
cancérigène *(adj.)* cancer-causing, cancerous
candidature *(f.)* candidacy
candide *(adj.)* trusting, guileless
caniche *(m. et f.)* poodle
cantonnier *(m.)* road repairman
cap *(m.)* point; **franchir le —** to go beyond a certain point
capter to tune in; to win, to attract
carie *(f.)* cavity (in a tooth)
carnet *(m.)* notebook; **— de chèques** checkbook
carrefour *(m.)* crossroad, intersection
carrière *(f.)* career
carte *(f.)* card, map; **— des vins** wine list; **— maîtresse** master card
carton *(m.)* cardboard
cas *(m.)* case; **en tout —** at any rate; **suivant le —** depending on the situation
casque *(m.)* helmet
casser to break
causer to chat, to converse
caution *(f.)* collateral, deposit, bail
céder to give up, to give in to, to surrender
ceinture *(f.)* belt; **— de sécurité** seat belt
célibataire *(m.)* bachelor; *(f.)* unmarried woman
censure *(f.)* censorship
central : (le bureau)— main telephone office
centrale *(f.)* power station
certes indeed, most certainly
cesser to stop, to cease
chagrin(e) *(adj.)* troubled; distressed
chaîne *(f.)* TV channel, station

chair *(f.)* flesh
châle *(m.)* shawl
chaleur *(f.)* warmth, heat
chaleureux, chaleureuse *(adj.)* warm, cordial
champ *(m.)* field
chance *(f.)* chance, luck, fortune
charcuterie *(f.)* cold cuts, delicatessen
charcutier, charcutière *(n.)* pork butcher
charger to load, to overburden; **se — de** to take charge of
chasse *(f.)* hunting, hunt
châtié(e) *(adj.)* polished, careful
chauffage *(m.)* heat, heating
chaussée *(f.)* pavement
chaussette *(f.)* sock
chaussure *(f.)* shoe
chauvin, chauvine *(n.)* chauvinist, overzealous patriot
chef *(m.)* head; **— de service** department manager; **— du personnel** personnel director; **— d'entreprise** president of a company; **— -lieu** chief town (of a department)
chemin *(m.)* route, path, road
cheminer to walk, to advance
chemise *(f.)* shirt; **chemisette** *(f.)* short-sleeved shirt
chemisier *(m.)* blouse
chercher to look for; **— à** to try
chercheur *(m.)* investigator
cheval *(m.)* horse; **être a —** to be adamant, a stickler
chevelure *(f.)* hair, head of hair
cheveu *(m.)* a single hair
cheveux *(m. pl.)* hair
cheville *(f.)* ankle
chic *(m.)* knack, skill; *(adj.)* **sois —** be a good (swell) guy
chignon *(m.)* coil of hair, bun
chiper *(fam.)* to steal
chirurgie *(f.)* surgery
chirurgien *(m.)* surgeon
choc *(m.)* shock
choisir to choose
choix *(m.)* choice
chômage *(m.)* unemployment
chômeur *(m.)* unemployed worker
choper to steal, to pinch
chouchouter to spoil, to pet
chouette *(adj.)* great, terrific, super
chou-fleur *(m.)* cabbage
choyer to pamper
chuchoter to whisper
chute *(f.)* fall, ruin, drop
cible *(m.)* target
cicatrice *(f.)* scar
cil *(m.)* eyelash

cimetière *(m.)* cemetery
circonscription *(f.)* electoral district, ward
circulation *(f.)* traffic
cirque *(m.)* circus
cirrhose *(f.)* cirrhosis
ciseaux *(m. pl.)* scissors
citadin, citadine *(n. et adj.)* citizen of a town
cité *(f.)* university residence hall
citer to name, to point out
citoyen, citoyenne *(n.)* citizen
civière *(f.)* stretcher
clair(e) light, clear
clairsemé(e) thinned out
clamer to call out, to cry out
clarté *(f.)* light, brightness
clé *(f.)* key; *also* **la clef**
cliché *(m.)* hackneyed expression
client, cliente *(n.)* customer
clignotant *(m.)* turn signal
climatiseur *(m.)* air conditioner
clôture *(f.)* fence, enclosure
cocardier *(adj.)* chauvinistic, overpatriotic
cochon *(m.)* pig
coéquipier *(m.)* teammate
coffret *(m.)* small chest
coiffeur, coiffeuse *(n.)* hairdresser
coiffure *(f.)* hairdo
coin *(m.)* corner
coincer to jam, to stick
coïter to have sexual intercourse, to copulate
col *(m.)* collar; **— roulé** rolled collar
colère *(f.)* anger; **se mettre en —** to get angry
collant *(m.)* pantyhose
coller un candidat to fail a candidate on an exam; **collé(e)** failed
colloque *(m.)* conference
colonne *(f.)* column; pillar
coloré(e) ruddy
combattant *(m.)* combatant, fighting man
commande *(f.)* order
commander to order
commérage *(m.)* gossip
commerçant *(m.)* businessman, merchant
commode *(f.)* chest of drawers
commun(e) common, ordinary; **en —** in common
commune *(f.)* district, ward
compagne *(f.)* companion, spouse
compatissant(e) compassionate
complet *(m.)* man's suit of clothes
complet (complète) full, entire, complete
compléter to complete, to perfect; **se —** to compliment one another
comportement *(m.)* behavior
comporter to allow, to admit; **se —** to behave, to act

compréhensif (compréhensive) understanding
compris(e) included; **y —** including
compte *(m.)* account, count; **en fin de —** to sum up; **se rendre —** to realize; **tenir —** to take into account; **— d'épargne** savings account; **— rendu** written report; review
compter to count
compteur *(m.)* mileage indicator
comptoir *(m.)* counter
concerner to concern, to affect; **en ce qui concerne** concerning, with regard to
concierge *(m. ou f.)* porter, door-keeper
concilier to reconcile
conclure to conclude, to infer
concours *(m.)* competitive exam
concurrence *(f.)* competition
concurrent(e) *(n.)* competitor, rival
condamner to sentence, to convict
conducteur, conductrice *(n.)* driver
conduire to drive, to conduct, to lead; **un permis de —** driver's license; **se — bien** to behave; **se — mal** to misbehave
conduite *(f.)* behavior, management
confectionner to make (a dress)
conférence *(f.)* lecture
conférencier, conférencière *(n.)* lecturer
confiance *(f.)* trust, reliance, confidence; **faire — à quelqu'un** to trust someone
confiant(e) self-confident, assured, confident
confier to entrust, to trust, to confide, disclose
confiner to border upon, to verge on
confiture *(f.)* jam
congé *(m.)* holiday; **être en —** to be on vacation
conjoint *(m.)* spouse
conquis(e) *(adj.)* conquered
se consacrer to devote oneself
conscience *(f.)* consciousness; **prendre —** to become aware, conscious
conscient(e) conscious, aware
conseil *(m.)* council, opinion, piece of advice; **les — s** advice
conseiller, conseillère *(n.)* counselor; councilman (woman)
consommateur *(m.)* consumer
consommer to use up, to consume
constater to state, to declare, to verify
construire to build, to construct
contenir to contain, to restrain
contenu(e) restrained, kept in check
contestataire disputing, challenging, fight against someone or something
contestation *(f.)* struggle, dispute
contester to argue
contraint *(adj.)* forced, coerced
contrat *(m.)* contract

contravention *(f.)* traffic ticket
contrefaire to counterfeit, to forge
contrôle *(m.)* : **— continu** midterm exam
contusion *(f.)* black and blue mark
convaincre *(pp.* **convaincu)** to convince
convenable suitable, proper, appropriate
convenir to fit (clothing), to be convenient; **Il convient de** it is better to
convoité(e) desired
copain, copine *(n.)* pal, friend
coquillage *(m.)* shellfish
corbillard *(m.)* hearse
corps *(m.)* body
correspondant, correspondante *(n.)* party (person) being telephoned, correspondent
corvée *(f.)* chore
costaud *(adj.)* hefty, strapping, sturdy
costume *(m.)* suit (of clothes)
cote *(f.)* mark, assessment
côte *(f.)* rib; coast, shore
côté *(m.)* side; **à — de** beside, near, next to; **de —** aside; on one's side
cotisation *(f.)* membership fee
cou *(m.)* neck
couche *(f.)* layer, stratum, class
coucher to lie down, **se —** to go to bed
couchette *(f.)* berth (on a train)
coude *(m.)* elbow
coudre to sew
couler to flow
couloir *(m.)* corridor
coup *(m.)* blow, knock, stroke; **— de téléphone** phone call; **— de balai** clearance sale; **— de foudre** love at first sight
coupable *(m.)* guilty person, culprit
coupe *(f.)* haircut
coupée ; une balle — sliced ball
couramment currently
coureur *(m.)* racer, runner; **— de fond** long-distance runner
courir to run
courrier *(m.)* mail
cours *(m.)* course, quotation, price; **au — de** during; **— d'échange** exchange rate
course *(f.)* race, racing, run; **faire des — s** to go shopping
coursier *(m.)* office messenger
court(e) short
courtoisie *(f.)* politeness, courtesy
coût *(m.)* cost
coûter to cost
couture *(f.)* high fashion
couvert *(m.)* place (at a table); **mettre le —** to set the table
cracher to spit
craindre to fear
crâne *(m.)* skull

cravate *(f.)* tie
crêper to tease (hair)
creux (creuse) hollow, empty
crevaison *(f.)* puncture
crevé(e) tired, beat
crier to shout, to cry out
crise *(f.)* crisis
critique *(f.)* review
critique *(m.)* reviewer, critic
croche-pied *(m.)* trip; **faire un —** to trip someone up
croire to think, to believe
croiser to cross, to pass by someone
croissant *(pres. part. of* **croître)** growing
croissant *(m.)* crescent roll
croyance *(f.)* belief
cuir *(m.)* leather; **— chevelu** scalp
cuire *(pp.* **cuit)** to cook
cuisine *(f.)* kitchen, cooking
cuisse *(f.)* thigh
cultivé(e) cultured
se cultiver to improve (educate) oneself
cycle *(m.)* cycle of events; **— de formation** course of major studies
cyclisme *(m.)* bicycling

davantage more
débarquer to disembark, to alight
débarrasser to clear (out); **se — de** to get rid of
débile *(adj.)* moronic
débouché *(f.)* job opening, chance of success
se débrouiller to get along, to manage; to get out of difficulties
début *(m.)* beginning, start
décemment decently
décennie *(f.)* decade
décerner to award, to bestow
décès *(m.)* death
décevoir *(pp.* **déçu)** to deceive, to mislead, to disappoint
déchéance *(f.)* downfall, decline
déclin *(m.)* decline
décoller to take off; **décollé** *(adj.)* projecting, sticking out
décolleté *(m.)* neck opening, neckline
décontracter to relax
décor *(m.)* decoration, scenery, surroundings
décréter to decree, to enact
décrire to describe
décourager to discourage
découvert : être — to be overdrawn
découvrir to discover, to find
décroître to decrease, to diminish
défaite *(f.)* defeat
défaut *(m.)* fault, shortcoming
déférence *(f.)* respect, regard

défouloir *(m.)* place where one can go to get rid of (express) repressed feelings

dégât *(m.)* damage

dégoûtant disgusting, distasteful, unpleasant

déguisement *(m.)* disguise

déguiser to disguise

déguster to taste, to sample (wines), to drink with relish

dehors outside

déjà already

delà beyond; **au — de** beyond

délivrer to release, to set free, to deliver; **— une ordonnance** to write a prescription

demain tomorrow

demande *(f.)* request, application, claim

demander to ask for; **se —** to wonder

demandeur *(m.)* applicant (for a job)

démangeaison *(f.)* itching, longing

démarche *(f.)* course, step, proceeding, interview

démarrer to start (car)

déménager to move (residence)

démesuré *(adj.)* beyond measure

demeurer to live, to reside, to stay, to remain

démissionner to resign

démodé(e) old-fashioned, obsolete

dénier to deny

dénommer to name

dent *(f.)* tooth

dépassé(e) out of date

dépasser to go beyond, to pass

dépendre to depend

dépense *(f.)* expenditure

dépenser to spend

dépit : en — de in spite of

déplacé(e) improper

déplacer to change the place of; **se —** to move about, to travel, to change one's residence

déplaisant(e) unpleasant, disagreeable

déposer to put down, to deposit, to deliver; **— une plainte** to lodge a complaint

député *(m.)* delegate, deputy, member of the legislature

déraciner to root up, to cut out

déranger to bother, to disturb

déraper to skid

dérégler to put out of order

dérisoire ridiculous, laughable

se dérouler to take place, to develop

dès from, since; **— que** as soon as; **— lors** from that time, since then, as soon as

se désaltérer to quench one's thirst

désarroi *(m.)* confusion, disorder

descendre to come down, to get off

désemparé(e) disabled, crippled

désespérer to give up hope, to despair

désincarné(e) lacking humaneness, impersonal

se désintéresser (de) to take no further interest in

désormais hereafter, from now on

dessin *(m.)* drawing; **— animé** cartoon

destin *(m.)* destiny

déstructuré *(adj.)* nonstructured; parts do not go together

détacher to unfasten

se détendre to relax, to unbend; **détendu(e)** relaxed

détenir to hold up, to keep in one's possession, to withhold, to keep back

détente *(f.)* relaxation, detente

détourner to turn away, to dissuade, to divert

détruire to destroy

deuil *(m.)* mourning; **être en —** to be in mourning

devant : par — in front

déveine *(f.)* bad luck

devenir to become

devise *(f.)* device, motto, slogan; **les — s étrangères** foreign currency

devoir to have to, to be supposed to, to owe

dévorer to eat up, to consume

se dévouer to devote (dedicate) oneself

diminution *(f.)* reduction

dingue *(adj.)* loony, crazy

direction *(f.)* management, director's office; **conseil de —** board of directors

diriger to direct, to manage

discuter to discuss, to argue

disparaître *(pp.* **disparu)** to disappear

disposer to lay, to set out, to place; **— de** to have something at one's disposal

se disputer to quarrel, to argue

dissertation *(f.)* composition, essay, paper

se distraire to amuse oneself

dodo *(m.)* (infantile) sleep

doigt *(m.)* finger; **— de pied** toe

domaine *(f.)* sphere, province, area

domicile *(m.)* residence

dommage *(m.)* damage, loss

donc thus, therefore, hence, well

donnée *(f.)* datum; *(pl.)* data

dortoir *(m.)* dormitory

dos *(m.)* back

dossier *(m.)* file, record

se doter to endow, to get for oneself

douane *(f.)* customs

doucement gently, smoothly, easily

douceur *(f.)* kindness, gentleness

douche *(f.)* shower

doué(e) gifted, endowed

douleur *(f.)* pain, sorrow, soreness

doute *(m.)* doubt

douter to doubt; **— de** to mistrust

doux (douce) sweet, kind, easy, gentle

doyen *(m.)* dean

draguer (des filles) to chase after girls

drame *(m.)* drama

dresser to make out

droit *(m.)* right, law; **les — s** customs duty; **avoir — à** to have a right to, to deserve

dû (due) owing to, due to

dur(e) hard; tough

durant *(prep.)* during

durée *(f.)* duration, lasting quality (of life)

durer to last, to endure

dureté *(f.)* difficulty, hardness

eau *(f.)* water

ébéniste *(m.)* cabinetmaker

écart *(m.)* motion, distance apart; **à l' —** aside

écarter to eliminate, to push aside

échapper to escape

échanger to exchange

écharpe *(f.)* sling; scarf

échec *(m.)* failure

échouer to fail

éclair *(m.)* flash of lightning

éclairage *(m.)* lighting

éclairci(e) cleared up, made clear

éclater to burst out, to explode

éclipse *(f.)* disappearance, absence

éclosion *(f.)* opening, blossoming

économie *(f.)* economy, saving; **faire des — s** to save money

économiser to save up (money)

écran *(m.)* screen

écrasant(e) overwhelming

édition *(f.)* **: maison d' —** publishing house

effacer to erase; **s'effacer** to stand aside; to die out

effectuer to make, accomplish; to carry out

effet *(m.)* effect; **en —** as a matter of fact

efficace efficient, effective

effrayant(e) frightful, dreadful, appalling

effrayer to frighten, to alarm

égal *(pl.* **égaux)** equal

égalité *(f.)* equality; **à —** equal in points

égard *(m.)* **: à l' — de** with regard (respect) to

s'égarer to get lost

s'égrener to tell one thing after another

s'élancer to dash forward

électeur, électrice *(n.)* voter

électorat *(m.)* electorate

électrophone *(m.)* record player

élevé(e) high

élever to raise, to educate

élire *(pp.* **élu)** to elect

embarquer to get on board

embaucher to hire

emblée : d' — right away, directly

embouché : être mal — to be foul mouthed

embouteillage *(m.)* bottleneck

s'embrasser to kiss, to embrace

émettre to broadcast

émeute *(f.)* riot

émission *(f.)* broadcast

emmêlé(e) tangled

emmener to take (someone) away, to bring along

emotif (émotive) emotional

empêchement *(m.)* obstacle, problem

empêcher to prevent

emploi *(m.)* job, employment, use

employer to use, to employ

empocher to pocket, to put in one's pocket

s'empoisonner to poison oneself

emporter to take away, to remove

empreindre *(pp.* **empreint)** to stamp, to mark, to impress

emprunt *(m.)* loan

encaisser to cash

enceinte pregnant

enclin(e) inclined, disposed

encombrant(e) cumbersome, encumbering

encore still, yet, always, again

endosser to endorse (a check)

s'endurcir to be obdurate, to become tough or hardened

énervement *(m.)* irritation, nervousness

énerver to anger (someone), to irritate; **s' —** to get angry, to become unnerved

enfermé(e) enclosed, shut up

enfin finally, at last, after all, in short

engagé(e) entangled, jammed

engager to take on, to catch, to hire, to persuade, to involve; **s' —** to take upon oneself, to get involved, to bind oneself

engendrer to generate, to breed, to develop

engoncé(e) bundled up in one's clothes

s'engouffrer to be engulfed, to be swallowed up

engouement *(m.)* infatuation, craze

engrenage *(m.)* entanglement, wrangling, negotiations

s'enivrer to get intoxicated

ennui *(m.)* worry, anxiety; **avoir des — s** to be worried

s'ennuyer to be (become) bored

ennuyeux (ennuyeuse) boring, dull

enquête *(f.)* investigation, inquiry

enrayer to stop, to check, to slow up

enregistrer to record, to register, to check

s'enrhumer to catch a cold

entier (entière) whole, entire

ensuite then, after, afterwards

s'entendre to get along with one another, to agree

enterrement (m.) burial

entourage (m.) setting, circle of friends

entourer to surround, to gather round

s'entraider to help one another

entraînement (m.) training

s'entraîner to train

entraîneur (m.) coach

entrée (f.) entry, entrance; dish served before main course

entreprenant (adj.) enterprising, adventurous

entreprise (f.) business; enterprise

entretien (m.) interview

envergure (f.) breadth, largeness, depth

envie (f.) desire, longing

envier to envy, to be envious of

environ about

envisager to consider, to view, to look to the future, to project

épais (épaisse) thick

épanoui(e) having a feeling of well-being, happy

épanouissement (m.) developing, blossoming out

épargne (f.) saving; **caisse d'** — savings bank

épaule (f.) shoulder

épiler to pluck

épingle (f.) hairpin

éponger to sponge

époque (f.) era, age, period

épouser to marry, wed

épouvantable awful, frightful

épreuve (f.) test, proof, ordeal, examination

épris(e) de taken with, in love with

éprouver to feel (pain), to experience

s'équilibrer to be in equilibrium, to balance

équipe (f.) team: **chef d'** — foreman

équiper to fit out, to equip

erreur (m.) error

escalade (f.) escalation, climb

escalader to climb, to scale

escroquer to swindle, to rob

espace (m.) space, distance

espèce (f.) species, kind, sort

esprit (m.) spirit, mind

essayer to try, to try on

s'essouffler to get out of breath, to get winded

esthéticienne (f.) beauty clinician, cosmetician

esthétique (f.) aesthetics; (adj.) aesthetic

estimer to estimate, to value, to rate, to consider

estomac (m.) stomach

et... et both ... and

étagère (f.) shelf, rack

étape (f.) stage; halting place

état (m.) state, condition

étayer to support, to back up

éteindre to put out; to turn off

étendre to stretch out, to lay out; **s'** — to lay oneself down, to enlarge, to spread

éternuer to sneeze

étoffe (f.) material; **avoir l'** — to have the makings

étonnant(e) surprising

s'étonner to be astonished, to wonder

étouffant(e) suffocating, stifling, oppressive

étourdi(e) thoughtless, scatterbrained

étrange, strange, odd

étranger, étrangère (n.) foreigner, stranger; **à l'** — abroad

étroit(e) narrow; tight (of clothing)

étude (f.) study

s'évader to escape

s'évanouir to faint

événement (m.) event, occurrence

éviter to avoid

excédent (m.) excess, surplus

excédentaire surplus, excessive

excès (m.) excess

s'excuser to apologize

exercer to practice (profession); to make use of

exercice (m.) practice, work, exercise

exigeant(e) hard to please, overparticular

exigence (f.) demand, requirement

exiger to require, to demand

expédier to send off, to ship

expérience (f.) experiment, test, experience

exposé (m.) oral report

exquis(e) delicate, nice, exquisite

exténué(e) exhausted, worn out

extraire to extract, to take out

fabricant (m.) manufacturer

fabrication (f.) manufacture, making; **— en série** assembly-line production

fabrique (f.) factory

fabriquer to make, to manufacture

façon (f.) fashion, manner, way; **de toute —** at any rate; **sans —** without ceremony

faible weak

faillir to fail; **— + inf.** to narrowly (just) miss + inf.

faim (f.) hunger; **avoir une — de loup** to be ravenously hungry; **mourir de —** to be starving, famished

faire to do, to make; **— part** to inform; **— la grève** to strike; **— office de** to act as; **— partie (de)** to play a role, to be a part of; **— le poids** to be up to the job; **se — mal** to hurt oneself; **s'y —** to become

accustomed (to something); **ne t'en fais pas** don't worry
fait *(m.)* fact, happening, act; **prendre sur le —** to catch in the act; **au —, de —** as a matter of fact; **en —** in fact; **un — divers** a minor news item
falsifier to forge, to fake
fané(e) faded, withered, drooping
fard *(m.)* makeup
farder to apply makeup
farfelu(e) crazy, eccentric, temperamental
farineux (farineuse) *(adj.)* covered with flour
farouche *(adj.)* wild, fierce
fastueux (fastueuse) sumptuous
fauché(e) broke, out of money
fausser to bend, to twist, to corrupt, to falsify
faute *(f.)* fault
faux (fausse) wrong, false
féliciter to congratulate
femme de chambre hotel maid, housemaid
fesse *(f.)* buttock
feu *(m.)* fire; **— rouge** traffic light
feuilleté *(m.)* puff pastry
feuilleter to leaf through
feuilleton *(m.)* TV serial
fiançailles *(f. pl.)* engagement
se fiancer to become engaged
fibranne *(f.)* artificial fiber
fiche *(f.)* card, slip of paper; form
fidélité *(f.)* faithfulness
fier (fière) proud
fierté *(f.)* pride, self-respect
fièvre *(f.)* fever
figure *(f.)* face
fil *(m.)* thread; **au — des jours** day after day; **au bout du —** at the end of the line
file *(f.)* file, line
filer to speed off; to go quickly; to leave
fin *(f.)* end, finish; **en — de compte** to sum up, finally
fin (fine) *(adj.)* delicate, refined
fixations *(f.pl.)* ski bindings
fixer to fix, to make firm, to determine, to set up
flamme *(f.)* passion, enthusiasm; fire
flâner to stroll
flanquer to throw, to pitch out
fléau *(m.)* catastrophe, plague
flic *(m.)* cop
flot *(m.)* flood, multitude, immense quantity
flotter to float
foi *(f.)* faith
foie *(m.)* liver
fois *(f.)* time, instance, occasion; **à la —** at the same time
foncé(e) deep, dark
fonctionnaire *(m.)* civil servant, official
fonctionnement *(m.)* operation, working

fond *(m.)* essence, bottom, foundation; **les — s** funds, cash
formation *(f.)* formation, makeup, forming, molding (of character), background; **cycle de —** course of major studies
formel (formelle) explicit, strict, categorical
formule *(f.)* set phrase, formula
fort(e) strong
fortement strongly, with force
fossé *(m.)* trench, gap
fouiller to rummage, to search
foule *(f.)* crowd
se fouler to sprain
four *(m.)* oven
fournir to furnish
foutre en l'air *(fam.)* to mess up, to throw into state of confusion; **se foutre de** not to give a damn about
foyer *(m.)* family, home; **fonder un —** to have a family, to set up a home
frais *(m.pl.)* expenses, cost, charges, expenditure
franchement frankly
franchir to pass beyond, to clear, to overcome; **— le cap** to go beyond a certain point
francophonie *(f.)* use of the French language
frapper to strike, to hit
frayeur *(f.)* fright, terror
freiner to brake, to put on the brakes
fréquenter to visit (place) frequently
fric *(m.) (fam.)* dough, money
fringale *(f.)* keen appetite
fringues *(f.pl.)* clothes
frisé(e) curly
friser to border on
front *(m.)* forehead
froussard(e) cowardly
fuir to shun, to avoid
fulgurant flashing, very fast, rapid
fumée *(f.)* smoke, smoking
fumer to smoke
funérailles *(f.pl.)* funeral service, funeral
fur *(m.) : au — et à mesure* as needed

gagner to earn, to win
galanterie *(f.)* politeness to women
gamin(e) *(n.)* kid, child
garantie *(f.)* security, guaranty; guarantee (of payment)
garde *(f.)* custody, keeping; **être de —** to be on duty, on call
garder to keep, to take care of, to maintain
garer to park (car)
se gargariser to gargle; **— de** to revel in
garni(e) furnished; **un plat —** meat with vegetables
gars *(m.)* lad, young fellow

gaspillage *(m.)* waste
gaspiller to waste
gâté(e) spoiled
gâter to spoil
gaz *(m.)* gas
géant(e) gigantic
gel *(m.)* gel, cream
gendarme *(m.)* national policeman
gêné(e) embarrassed; bothered
gêner to annoy; to bother
générique *(m.)* : **— de film** film credits
génie *(m.)* genius; talent; **— électrique** electronics engineering
genou *(m.)* knee
genre *(m.)* type, sort
gérant(e) *(n.)* manager, director
gérer to direct, to run, to manage
gestion *(f.)* management, administration
gilet *(m.)* vest
glace *(f.)* plate glass; ice; mirror
glisser to slide, to slip
godasses *(f.)* shoes, boots
goguenard(e) mocking, jeering
gonflé(e) *(adj.)* puffed out, inflated
gorge *(f.)* throat
gosse *(m. et f.)* child, kid
gouffre *(m.)* pit, chasm
goujat *(m.)* boor, lout
goût *(m.)* taste, liking, relish, style, interest
goûter to taste
gouvernant(e) *(n.)* ruler
grâce à thanks to, owing to
gradin *(m.)* row of seats; **— s** stands, grandstand
grandir to grow up
gras (grasse) fatty, fat
se gratter to scratch oneself
grève *(f.)* strike; **faire la —** to strike; **se mettre en —** to go on strike
grillade *(m.)* grilled (broiled) meat
grincheux (grincheuse) grumpy, crabby
grippe *(f.)* flu
gris(e) gray
grogner to grumble, to grouse
gronder to scold
gros (grosse) fat, big
grossier, grossière *(n.)* rude person; *(adj.)* vulgar
grossir to get fat
gueule *(f.) (fam.)* face, mug
guère : ne... — hardly, scarcely
guérir to cure, to heal
guérisseur, guérisseuse *(n.)* healer
guichet *(m.)* teller's window, pay window, box office, entrance (toll) gate
guichetier, guichetière *(n.)* clerk, toll taker

habile skillful

habilement unskillfully
habilleur *(m.)* clothier; dresser
habiter to dwell in, to live in
habits *(m.pl.)* clothing
habitude *(f.)* habit, custom, practice
habitué(e) accustomed, used to; *(n.)* regular customer
s'habituer à to become accustomed to, to get used to
haïr to hate
hasard chance, luck, accident
hausser to shrug, to lift
haut *(m.)* top; **en —** on top
haut(e) tall, high, elevated, superior
hebdomadaire *(m.)* weekly publication
hérissé(e) surrounded with spikes
hériter to inherit
heure *(f.)* hour, time; **de bonne —** early; **à l' —** on time; **à l' — actuelle** now
histoire *(f.)* story, history; **faire une —** to make a fuss
homologue *(m.)* homologue, corresponding person or thing
honte *(f.)* shame; **avoir — de** to be ashamed about
horaire *(m.)* timetable, schedule
hôtelier, hôtelière *(n.)* person in the hotel business
hôtellerie *(f.)* hotel trade
hôtesse hostess; **— de l'air** stewardess
hydrophile absorbant

ignorer to be unaware of, not to know
illustrés *(m.)* comic books

imbibé(e) soaked
immeuble *(m.)* apartment house, building
impasse *(f.)* dead end, dilemma
imperméable *(m.)* raincoat
impitoyable ruthless, merciless
impôt *(m.)* tax
imprévisible unforeseeable
imprévu(e) unforeseen, unexpected
impulsion *(f.)* impulse, stimulus
incitatif (incitative) inciting, urging on
incomber à qqn. to be incumbent on someone, to rest on
incongru(e) unseemly, inconvenient
indemnisé(e) compensated
indice *(m.)* sign, indication
indisponibilité *(f.)* unavailability
infarctus *(m.)* infarction (heart attack)
infirmier, infirmière *(n.)* nurse
infliger to inflict; **— un affront** to snub, to slight someone
informatique *(f.)* information, data processing
ingénieur *(m.)* engineer
initié(e) person in the know

injurier to call someone names, to insult, to swear

injurieux, injurieuse *(adj.)* abusive, insulting

inné(e) innate, inborn

inquiet (inquiète) uneasy, anxious

inquiétant(e) disturbing, upsetting

inquiéter to trouble, to disturb; **s' —** to be anxious, to be uneasy

inscription *(f.)* registration, enrollment

s'inscrire *(pp. **inscrit**)* to enroll, to register, to sign up

insolite *(adj.)* unusual

insouciance *(f.)* unconcern, casualness

instar : à l' — de like, after the manner of

instituteur, institutrice *(n.)* teacher

insuffisance *(f.)* insufficiency, insufficient quantity

interdire to forbid, to prohibit

s'intéresser à to have an interest in

interlocuteur, interlocutrice *(n.)* speaker in a conversation or discussion

intersaison *(f.)* period between seasons

intervenir sur to interfere with, to become involved with

investi(e) invested

ironiser to speak sarcastically

irréprochable *(adj.)* faultless (attire)

jambe *(f.)* leg

jambon *(m.)* ham

jeter to throw, to toss; **— un coup d'œil** to glance

jeu *(m.)* game; **vieux —** old-fashioned; **mettre en —** to bring into play

jeûne *(m.)* fast, fasting

jeunesse *(f.)* youth, young people

joie *(f.)* happiness, joy

joindre to join, to combine, to attach

jongler to juggle

joue *(f.)* cheek

jouir (de) to enjoy

jour *(m.)* day; **au — le —** from day to day

journaliste *(m. ou f.)* news broadcaster; journalist

juger to judge

jupon *(m.)* half slip

jurer to swear (in court)

jusqu'à until; **— présent** until now

jusque-là up to that time, up to this point

justesse *(f.) : de —** just in time; in the nick of time

képi *(m.)* military cap

klaxonner to honk (horn)

lâche *(adj.)* cowardly

lâcher to release, to let go

laid(e) ugly

laideur *(f.)* ugliness

laisser to let, to leave, to give up; **se —** to let oneself

lame *(f.)* razor blade

lampadaire *(m.)* streetlight

lancer to start, to get going; to launch

langue *(f.)* tongue

large *(adj.)* wide; loose (of clothing)

largement widely, amply

laver to wash

laxisme *(m.)* laxity

lecteur, lectrice *(n.)* reader, subscriber; **— de cassettes** cassette deck

légume *(m.)* vegetable

lenteur *(f.)* slowness

lésion *(f.)* injury, wound

lettre *(f.)* letter; **les — s** literature, the humanities

lèvre *(f.)* lip

libation *(f.)* drink

libellé(e) worded, drawn up

libeller to sign and date, to make out (a check)

libraire *(m.)* bookseller

licence *(f.)* French graduate degree

lier to tie up, to link, to connect

lieu *(m.)* place; **au — de** instead of; **avoir —** to take place

lifter to put top spin on tennis ball

ligne *(f.)* line, cord, way, path; line of work (study)

lippu *(adj.)* thick-lipped

lit *(m.)* bed

livraison *(f.)* delivery

livret *(m.) : — scolaire** report card; **— de famille** book issued to married couples to register births and deaths

localiser to locate, to localize

logement *(m.)* housing, living place

loger to room, to live in; **— à un hôtel** to stay at a hotel

loi *(f.)* law

loisir *(m.)* leisure

long : tout au — de throughout

lors de at the time of; **dès lors** from that time, since then, as soon as

louer to rent, to book, to get

loup *(m.)* sea bass

lourd(e) heavy

loyer *(m.)* rent

lutter to struggle, to wrestle

luxe *(m.)* excess, extravagance, luxury

magazine *(m.)* magazine

magnétophone *(m.)* tape recorder

magnétoscope *(m.)* V.C.R. video recorder

maigre *(adj.)* thin

maigrir   to get thin, to lose weight
maillot *(m.)*   swimsuit
main *(f.)*   hand
maintenir   to keep, to maintain; **se —**   to last, to hold one's own
maire *(m.)*   mayor
mairie *(f.)*   city hall
maître, maîtresse *(n.)*   teacher; master
maîtriser   to master, to get under control
mal *(m.)* *(pl.* **maux***)*   pain, ache, evil, harm
malade *(f. et m.)*   patient
maladie *(f.)*   disease, sickness, illness
maladroit(e)   awkward, clumsy, tactless
malaise *(f.)*   discomfort, uneasiness
mâle *(m. et adj.)*   male
malgré   in spite of; **— tout**   after all, nevertheless
malheureusement   unfortunately
malhonnêteté *(f.)*   rudeness, dishonesty
mallette *(f.)*   small suitcase
maltraiter   to mistreat
manche *(f.)*   sleeve; **la Manche**   English Channel
manche *(m.)*   handle, control stick
manier   to handle
manif *(f.)* *(fam.)* **la manifestation**   student demonstration
manifestant, manifestante *(n.)*   political demonstrator
manque *(m.)*   lack, want
manquer   to lack, to miss
manteau *(m.)*   coat
manucure *(f.)*   manicurist, manicure
maquillage *(m.)*   makeup
se maquiller   to put on makeup
marchand *(m.)*   merchant
marche *(f.)*   walking
marché *(m.)*   market, deal, contract; **bon —** *(invar.)*   cheap, inexpensive
marcher   to walk, to run, to function, to work
marge *(f.)*   margin, latitude
se marier   to get married
marieur, marieuse *(n.)*   matchmaker
marque *(f.)*   trademark, brand
marquer   to score, to record, to note; **— les points**   to keep score
marrant *(adj.)*   amusing, funny
masser   to massage
massification *(f.)*   uniting or grouping a great number or quantity
matelas *(m.)*   mattress
maternant *(adj.)*   mother-like
matière *(f.)*   material, subject, course
maugréer   to grumble, to fume
maxime *(f.)*   maxim
méchant(e)   spiteful, vicious
mèche *(f.)*   strand, lock of hair

méconnu(e)   unrecognized; disregarded
médical (médicaux) *(adj.)*   medical
médicament *(m.)*   medicine
méfait *(m.)*   misdeed, damage
méfiant(e)   distrustful, suspicious
mégalopole *(m.)*   megalopolis, urban complex
mégot *(m.)*   cigarette butt
mélange *(m.)*   mixture, mingling
mêlée *(f.)*   conflict, fray, scramble
se mêler (de)   to mix, to take a hand (in)
membre *(m.)*   limb
même   even, same; **de —**   also; **— si**   even if; **quand —**   all the same; **tout de —**   however
ménage *(m.)*   housekeeping, household, family; **un jeune —**   young couple
ménager   to maintain, to arrange
ménager, ménagère *(n.)*   thrifty person, housekeeper
mener   to guide, to lead, to take
mensuel (mensuelle)   monthly; **un —**   monthly publication
menteur, menteuse *(n.)*   liar; *(adj.)*   deceitful, false
mentionner   to mention, to name
mentir   to lie
menton *(m.)*   chin
mépriser   to scorn
merveilleux (merveilleuse)   wonderful, marvelous
mesure *(f.)*   measure; **à votre —**   made just for you, suited to your capabilities; **au fur et à —**   as needed; **sur —**   made to order
mesurer   to calculate, to compare, to examine, to measure; **se —**   to try one's strength, to contend, to vie
métier *(m.)*   trade, profession
métissage *(m.)*   cross-breeding
metteur en scène *(m.)*   director
mettre   to put, to place, to put on, to wear; **— en scène**   to present; **— en nourrice**   to put out to nurse; **se — en grève**   to go on strike; **se — à**   to begin, start; **se — en colère**   to get angry
meuble *(m.)*   piece of furniture
miel *(m.)*   honey
milieu *(m.)*   surroundings, setting, circle; **au — de**   in the middle of
mince *(adj.)*   thin, narrow
mine *(f.)*   complexion, appearance, look
minet *(m., fam.)*   stylish young man
mini-vague *(m.)*   body wave
minuscule *(adj.)*   small
minuter   to record
miroir *(m.)*   mirror
mise *(f.)*   placing, putting; **— en plis**   hair set; **de —**   to be in fashion, stylish

misogynie *(f.)*   misogyny, woman-hater
mixité *(f.)*   mixture, mixing
moche *(adj.)*   ugly, stupid, disgusting
mode *(f.)*   fashion, style
mode *(m.)*   way, means
mœurs *(f.pl.)*   morals, manners
moindre *(adj.)*   less(er); **le —**   least
moitié *(f.)*   half
mollet *(m.)*   calf (of leg)
mondial (mondiaux) *(adj.)*   worldwide
moniteur, monitrice *(n.)*   instructor
monnaie *(f.)*   currency, money; **— forte**   hard
   currency
montant *(m.)*   total amount
montée *(f.)*   rise
monter   to climb, to rise, to get up, to get on;
   — à bord   to get on board
montre *(f.)*   watch
montrer   to show, to demonstrate, **se —**   to
   show oneself
se moquer (de)   to make fun (of), to ridicule
moral *(m.)*   morale, spirits, state of mind
morceau *(m.)*   piece, morsel, bit
mordre   to bite
mort *(f.)*   death
motard *(m.) (fam.)*   motorcycle cop
mou (molle)   soft
se moucher   to wipe; to blow one's nose
moufle *(m.)*   mitten
mourant(e) *(n.)*   dying person
mourir   to die; **— de faim**   to be famished
mousse *(f.)*   foam, lather
mouton *(m.)*   sheep
mouvant(e)   fickle, changeable
moyen *(m.)*   way, means, manner
moyenne *(f.)*   average
muet (muette)   speechless, silent
mutation *(f.)*   change, mutation
mutuelle *(f.)*   benefit society, health insurance
   policy

naïf (naïve)   naive, unsophisticated
naissance *(f.)*   birth
naître *(pp. né)*   to be born
navré(e) *(adj.)*   sorry, heartbroken
néfaste *(adj.)*   dangerous, ill-omened
nerf *(m.)*   nerve
net (nette)   clean, flawless, neat
nettement   clearly, distinctly
nettoyage *(m.)*   cleaning, cleansing
nettoyer   to clean
neuf (neuve) *(adj.)*   new, brand new
neurasthénique *(adj.)*   in a debilitating,
   depressive state
nez *(m.)*   nose
nier   to deny, to disown
nigaud, nigaude *(n.)*   simpleton, fool

niveau *(m.)*   level
nocivité *(f.)*   harmfulness, danger
nom *(m.)*   name
nombreux (nombreuse)   numerous, various
nomination *(f.)*   appointment, notification of
   employment
nommer   to name, to appoint
notaire *(m.)*   notary
note *(f.)*   bill, mark, grade; **— s**   notes
noter   to notice, to remark, to note down
nourrice *(f.)*   wet nurse; **mettre un enfant
   en —**   to put a child out to nurse
nourrir   to feed, to nourish, to nurse
nourrissant(e)   nourishing
nu(e)   bare, nude
nuage *(m.)*   cloud
numéro *(m.)*   number, issue
nuque *(f.)*   nape of the neck
nul (nulle)   no, not one

obsèques *(f.pl.)*   funeral
obtenir   to get, to obtain
d'occasion   secondhand
occuper   to occupy, to take up (space); **s' —**
   to keep busy, **s' — de**   to take care of, to
   be busy with
œil *(m.) (pl.* **les yeux***)*   eye
offenser   to offend, to shock
office *(m.)*   function, duty; **faire — de**   to act
   as
offre *(f.)*   offer; **une — d'emploi**   help-wanted
   ad
offrir   to give, to present; **c'est pour —**   it is
   for a present
omnibus *(m.)*   local train
ondulé(e)   waved, wavy
or *(m.)*   gold
or *(conj.)*   now
ordonnance *(f.)*   prescription; order,
   arrangement
ordonner   to order, to command
oreille *(f.)*   ear
orgueilleux, orgueilleuse *(adj.)*   proud
origine *(f.)*   source, beginning
orphelin(e) *(n.)*   orphan
orteil *(m.)*   big toe
os *(m.)*   bone
oser   to dare
ôter   to take off, to remove
oubli *(m.)*   oblivion, forgetfulness
ourlé(e)   outlined, bordered, hemmed
outil *(m.)*   tool
outrance *(f.)*   excess
outre   beyond; **en — de**   besides, in addition
   to
ouvert *(adj.)*   open, outgoing
ouvrier, ouvrière *(n.)*   worker

pair(e) equal, even; **au —** with no salary

paix *(f.)* peace

pagaille *(f.)* *(fam.)* mess, disorder

palace *(m.)* deluxe, luxury hotel

palme *(f.)* palm; decoration

panne *(f.)* breakdown

panneau *(m.)* advertisement sign, road sign

pantalon *(m.)* pants, trousers

pantoufle *(m.)* slipper

papoter to gossip

paquebot *(m.)* ocean liner

paquet *(m.)* pack, package

paradis *(m.)* paradise

paraître *(pp.* **paru)** to seem, to appear

paravent *(m.)* folding screen

parcourir to travel through, to traverse, to go over

pardessus *(m.)* overcoat

pare-choc *(m.)* bumper

pareil (pareille) such, like that, similar

paresse *(f.)* laziness, apathy

paresseux (paresseuse) lazy

pari *(m.)* bet, wager; stake

parier (sur) to bet (on), to wager

paroxysme *(m.)* paroxysm, sudden outburst of emotion or action

part *(f.)* share, part; **à —** apart, separately, aside; **faire —** to inform, to advise; **quelque —** somewhere; **d'autre —** on the other hand; **de toutes — s** on all sides

partage *(m.)* division of property; sharing

partager to share

parti *(m.)* political party

particulier, particulière *(n.)* private person (party)

particulier (particulière) *(adj.)* private, personal

parure *(f.)* finery, ornament

passant(e) *(n.)* passerby

passer to spend (time), to pass, to go away, to go through; **— un examen** to take an exam; **se —** to happen; **se — de** to do without; **— les caprices** to overlook whims, to give into whims

passerelle *(f.)* boarding ramp

passion *(f.)* liking, fondness, enthusiasm

passionant(e) exciting, thrilling

pasteur *(m.)* minister

pastis *(m.)* anise aperitif

patiemment patiently

patois *(m.)* provincial (local) dialect

patron, patronne *(n.)* boss

patte *(f.)* sideburn, paw

paupière *(f.)* eyelid

pavillon *(m.)* tent

payer to pay for, to pay

péage *(m.)* toll

peau *(f.)* skin

peccadille *(f.)* peccadillo, trifling fault

péché *(m.)* sin, transgression

peigne *(m.)* comb; **un coup de —** hair trim, cut

peigner to comb

peindre to paint

peine *(f.)* punishment, penalty, pain, grief, trouble

peintre *(m.)* painter

peinture *(f.)* painting

pelouse *(f.)* lawn; grass court

pendant during; **— que** while

pénible *(adj.)* hard, painful, sad

pension *(f.)* allowance, payment for board and lodging; **— alimentaire** alimony (check); **demi- —** breakfast and dinner

pente *(f.)* slope, ski slope

percevoir to collect, to receive (salary); **— des intérêts** to charge interest

perdre to lose; **— connaissance** to lose consciousness

permis *(m.)* **de conduire** driver's license

perruque *(f.)* wig

peser to weigh

pétard *(m.)* firecracker

pétrir to knead

peur *(f.)* fear; **avoir —** to be afraid, to fear

pharmacien, pharmacienne *(n.)* pharmacist

physique *(m.)* external appearance; *(adj.)* physical

pièce *(f.)* room, play, coin, part, document

pied *(m.)* foot

piétinement *(m.)* trampling, treading (underfoot)

piéton *(m.)* pedestrian

pilule *(f.)* pill

pince *(f.)* forceps

piquer *(fam.)* to steal

piqûre *(f.)* shot, injection

pire worst

pis : tant — too bad

piste *(f.)* runway, (ski) run

place *(f.)* position, place, space, room, seat

plaindre to pity, to be sorry for; **se — de** to complain about

plaire to please

plaisant : un mauvais — a crank telephone call(er), a practical joker

plaisanterie *(f.)* joke

planifier to organize; to plan

plat *(m.)* dish (container or contents)

plat(e) flat, dull, insipid

platine *(f.)* **— laser** compact disc player

plâtre *(m.)* plaster

plein *(m.)* **: faire le —** to fill up with gas

pleinement fully, entirely, quite

pleurer to cry, to weep
pleurnicher to whimper, whine
plomber to fill (tooth)
plombier *(m.)* plumber
plumer to rob someone
plus more, also, in addition; **de —** more
plusieurs several
plutôt rather
pneu *(m.)* tire; **— crevé** flat tire
poche *(f.)* pocket
poids *(m.)* weight; **faire le —** to be up to the job
poignée *(f.)* handful
poignet *(m.)* wrist
poil *(m.)* animal, body hair
poindre to sprout
poing *(m.)* fist
pointe : en — tapering, pointed
pointer to check one's name off a list
poire *(f.)* pear; **pour une —** *(fam.)* for a sucker, dope
pois *(m.)* pea; **petits —** green peas
poisson *(m.)* fish
poitrine *(f.)* chest
politique *(f.)* policy
politologue *(m.)* one who studies politics
pomme de terre *(f.)* potato
ponctuel *(m.)* the here and now
port *(m.)* wearing
portée *(f.)* span; range; **à — de la main** within reach
porte-monnaie *(m.)* coin purse
porter to carry, to wear; **se — bien** to be in good health
portier, portière *(n.)* porter, doorkeeper
poser to submit; **— sa candidature** to submit one's application for a job
poste *(m.)* job, employment; TV set; police station
postiche *(m.)* wig
pot *(m.)* jug, pot; **prendre un —** to have a drink
potage *(m.)* soup
poudré(e) powdered
pouls *(m.)* pulse
poumon *(m.)* lung
pourboire *(m.)* tip
pourchasser to pursue, to be in hot pursuit
poursuivre to be continued, to follow its course
pourtant however, nevertheless
poussé(e) elaborated, overdeveloped
pouvoir *(m.)* power
précaution *(f.)* caution, care
se précipiter to rush
préciser to specify

prendre *(pp. pris)* to pick up; **s'en —** to lay the blame on
prescrire to prescribe (remedy)
présentateur *(m.)* master of ceremonies
se présenter to introduce, present oneself, to appear
pression *(f.)* pressure
prestidigitation *(f.)* sleight of hand
prêt *(m.)* loan
prêt(e) ready; **- -à-porter** ready-to-wear
se prêter to yield, to lend oneself to
prêtre *(m.)* priest
preuve *(f.)* proof, evidence
prévoir to forecast, to provide for
prévu(e) estimated, allowed, provided
prier to pray, to beg, to ask
prime *(f.)* bonus
prise *(f.)* intake, taking
privé(e) private
prix *(m.)* price; **— de revient** cost price, net cost
procès *(m.)* court action, lawsuit; verbal fine
proche near
se procurer to get for oneself
procureur *(m.)* attorney; **— de la République** public prosecutor
produit *(m.)* product, production
profil *(m.)* outline of characteristics, profile
profiter to profit, to benefit; **— de** to take advantage of
se promener to take a walk
prôner to boost, to extol, to preach
pronostic *(m.)* prognosis
proposition *(f.)* proposal
propre clean; proper
propriété *(f.)* property, ownership
proscrire to proscribe
provenir to result; **— de** to come from
prudent(e) cautious
psychique *(adj.)* mental; *(n.)* state of mind
publier to publish
puce *(f.)* flea
pudeur *(f.)* reserve, modesty
puis then, after, moreover
puissance *(f.)* power, authority, strength
punir to punish

quadriphonie *(f.)* **en —** in quadrophony, stereo
quant à as for, with regard to
quart *(m.)* one fourth, quarter
quasi almost, as if
quelconque any (whatever)
queue *(f.)* tail; **faire la —** to stand in line
quittance *(f.)* receipt for payment
quitter to leave, to quit

quotidien (quotidienne) daily; **un —** daily newspaper

rabais *(m.)* reduction (in price)
rabattre to turn off
rabbin *(m.)* rabbi
raccourcir to shorten
raconter to tell, to relate
radin *(m.) (fam.)* tightwad, stingy person
radiographie *(f.)* X ray
raffiné(e) refined, cultivated
rafraîchir to trim
raid(e) straight, taut, stiff
raie *(f.)* part (of hair)
ralentir to slow down
râler to gripe, to grumble, to complain
râleur *(m.)* complainer
rallier to rejoin
ramassage *(m.)* school bus service, picking up
ramener to bring back
randonnée *(f.)* run, outing, tour; **ski de —** cross-country skiing
rappeler to recall, to remind; **se —** to remember
rapport *(m.)* relationship, relations
rapprocher to bring near, to bring together
raser to shave
rassembler to assemble
rassurant(e) reassuring, heartening
rater to fail; to miss; to mess up
rattraper to catch up, to come up to; **se —** to make good on one's losses
ravi(e) delighted, overjoyed
réagir to react
réalisation *(f.)* production
realiser to see through, to carry out; to realize
réapparaître to reappear
récepteur *(m.)* TV set; receiver
réception *(f.)* reception, (front) desk
recette *(f.)* receipts, gate money
recevoir *(pp.* **reçu)** to receive, to get
recherche *(f.)* search, search for; **les — s** research
rechercher to search, look for; to seek after
réclamation *(f.)* complaint, protest, claim
réclame *(f.)* advertisement
réclamer to lodge a complaint, to claim, to demand (back)
reconnaître to recognize, to know again
recourir to have recourse to
reçu(e) received, accepted, recognized; **être — à un examen** to pass a test
reçu *(m.)* receipt, voucher
recueillir to collect, to gather up
reculer to step back, to draw back
récuser to challenge, to take exception to

recycler to retrain
rédiger to write, to edit (articles)
redingote *(f.)* frock coat, riding coat
redoubler to do over, to repeat
redoutable formidable, terrible
redouter to fear, to dread
redresser to correct, to set right again
réduire to reduce
réel (réelle) real, actual, genuine
réfléchir to reflect, to think
refoulé(e) repressed, kept back
se réfugier to take shelter (refuge)
régime *(m.)* diet
règle *(f.)* rule; **en —** as a rule
régler to regulate; to adjust
régner to rule, to hold sway
regretter to regret, to be sorry, to miss
rejeter to repeal, to reject
rejoindre to join, to join again, to reunite, to catch up (to)
relent *(m.)* unpleasant smell
religieuse *(f.)* nun
rembourser to pay back
remercier to thank
remettre to put back, to bring back, to return, to deliver, to hand over; **— en cause** to (call into) question, to challenge
remonter to make up for lost ground, to catch up to
remplissage *(m.)* filling up, refill
remuer to move, to stir, to shake
rémunération *(f.)* payment for services
rémunéré(e) rewarded, remunerated
rencontrer to meet (by chance)
rendez-vous *(m.)* date, appointment; **prendre —** to make an appointment
rendre to give back, to make, to produce; **se —** to go, to make oneself; **se — compte** to realize
renfermé(e)*(adj.)* closed, withdrawn
renier to deny, to disown
renseignement *(m.)* piece of information
rentabilité *(f.)* capacity to produce money (profit)
rentable capable of producing money
rentrée *(f.)* reopening of school
renvoyé(e) expelled
renvoyer to send back, to return, to fire an employee
répandre to spread, to distribute
réparateur *(m.)* repairman
repartir to start again
répartir to distribute, to divide
répliquer to answer back
reporter to transfer
repos *(m.)* rest; quiet

reprendre   to take up again
réprimer   to check, to curb
répugner   to feel reluctant to do something
requête *(f.)*   request, petition, suit
réservoir *(m.)*   gas tank (of car)
résolument   resolutely
résoudre *(pp.* **résolu***)*   to solve, to work out (problem), to settle (question)
resquilleur *(m.) (fam.)*   sneak; gate-crasher; cheat
ressentir   to feel (pain, emotion)
ressort *(m.)*   extent of jurisdiction; *(fig.)* province, line; strength, competence
ressortir   to go, to come out again
rester   to stay, to remain
resurgir   to rise again
rétablissement *(m.)*   move from one place of business to another; reestablishment
retard *(m.)*   delay; **en —**   late
retenir   to hold back, to retain, to check, to reserve
retentir   to reverberate, to have an effect, to cause
rétif (rétive)   stubborn, set against
retirer   to draw out, to withdraw, to remove
réunion *(f.)*   meeting
réunir   to assemble; **se —**   to meet
réussir   to succeed; **— à un examen**   to pass a test
revanche *(f.)*   revenge, return match; **en —**   on the other hand, in return
rêve *(m.)*   dream
réveiller   to awake, to wake someone up; **se —**   to wake up
révéler   to reveal
revendicateur, revendicatrice   demanding, assertive
revendication *(f.)*   claim, demand
revendiquer   to claim, to assert, to demand
revenu *(m.)*   income
rêver   to dream
réverbère *(m.)*   street lamp
revient : prix de —   cost price, net cost
réviser   to review, to revise, to inspect, to overhaul (car)
se révolter   to rebel
rhume *(m.)*   cold
ricaner   to sneer
ride *(f.)*   wrinkle
rigueur *(f.)* **de —**   to be obligatory, compulsory
rimmel *(m.)*   eyeliner
rincer   to rinse
rire   to laugh, to smile; **en riant**   jokingly, in jest
rompre   to break
rongé(e)   consumed, corroded
rosir   to become pink

rôti *(m.)*   roast; *(adj.)* roasted
roue *(f.)*   wheel (of car)
rougeur *(f.)*   redness
rougir   to redden, to blush
rouleau *(m.)*   hair roller
rouler   to drive along
roux, rousse   red (headed)
rudoyer   to treat roughly, to bully
rusé(e)   crafty, shrewd
rustre *(m.)*   boor, lout

sac *(m.)*   sack; bag
sacré   sacred; damned, heckuva
sadique   sadistic
sagement   judiciously, wisely
sagesse *(f.)*   wisdom; discretion; proverb
sain(e)   healthy
saisir   to seize; to take over
saison *(f.)*   season; **la belle —**   summer months
salaud, salope *(vulgaire)*   S.O.B.
sale *(adj.)*   dirty
saluer   to greet; to bow to
sang *(m.)*   blood
sangsue *(f.)*   bloodsucker; leech
santé *(f.)*   health
se saouler   to get drunk
saumon *(m.)*   salmon
sauter   to jump
savant *(m.)*   scientist; scholar
savon *(m.)*   soap
sceller   to seal, to fix, to confirm
scène *(f.)*   stage; scene; quarrel
sceptique   skeptical
sciemment   knowingly
scientifique *(m. ou f.)*   scientist
sclérosé(e)   grown hard; blocked; fixed; rigid
sécher *(fam.)*   to skip out; to skip (a course)
sécheresse *(f.)*   drought
séduisant(e)   attractive
sein *(m.)*   breast; bosom
séjour *(m.)*   stay; sojourn; **carte de —**   foreigner's residence permit
séjourner   to reside
sélectionner   to select
selon   according to
sembler   to seem
sens *(m.)*   sense; meaning; direction; order; **le bon —**   common sense; **— unique**   one-way street
sensible   tangible, perceptible, sensitive
sentir   to feel; to sense; to smell; **se —**   to feel
serveuse *(f.)*   waitress
serviette *(f.)*   towel; napkin
servir   to serve; to be useful; **se — de**   to use; **— de**   to be used as; to serve as

seul(e)   only; alone; by oneself; single; **tout —** all alone; by oneself

seulement   only; solely

siècle *(m.)*   century

signaler   to signal; to point out

signer   to sign

singe *(m.)*   monkey; **— savant**   circus monkey

singulariser : se —   to make oneself conspicuous

sinon   otherwise, if not

slip *(m.)*   underpants; briefs

sobre   simple; plain

sobriété *(f.)*   moderation; simplicity

soigner   to care for; to take care of; **soigné(e) de sa personne**   well groomed

soin *(m.)*   care

solde *(m.)*   balance in account; **en —**   on sale; **vente de — s**   clearance sale

somme *(f.)*   sum; total; **en —**   finally, in short

sommet *(m.)*   top

sondage *(m.)*   opinion poll

sondés *(m. pl.)*   people polled

songer   to think about; to dream

sonnerie *(f.)*   ring; ringing

sorte *(f.)*   kind; type

sortie *(f.)*   exit; date; going out; outing

sortir   to leave; to go out, to exit; **— avec**   to go on a date with; **s'en —**   to manage, to pull through

sot (sotte)   foolish, silly

sou *(m.)*   cent

souci *(m.)*   anxiety; problem; worry; care

soudain   suddenly

souffler   to pant, puff; to blow

souffrir   to suffer

soulever   to raise; **se —**   to revolt

souligner   to underline, to emphasize

soumettre   to submit

soumis(e) *(adj.)*   submissive

soupçonner   to suspect

soupçonneux (soupçonneuse)   suspicious, suspected

souple *(adj.)*   supple, natural

soucil *(m.)*   eyebrow

sourire   to smile

sous-entendu   implied, hinted at

sous-sol *(m.)*   basement

soutenu(e)   supported

soutien-gorge *(m.)*   brassiere

souverain *(adj.)*   sovereign

speaker, speakerine *(n.)*   announcer

spectacle *(m.)*   show; sight

squelette *(m.)*   skeleton

stage *(m.)*   period of instruction; **faire un —**   to work as a trainee

stationnement *(m.)*   parking

stationner   to park (car)

stupéfait(e)   dumbfounded

subir   to undergo; to suffer; to go through

succéder   to follow after; to succeed

sucre *(m.)*   sugar

suffire   to suffice, to be sufficient; **cela ne suffit pas**   that's not enough

suffrage *(m.)*   vote

suite *(f.)*   continuation; **par la —**   afterwards

suivre   to follow; **— un cours**   to take a course

sujet (sujette) à   subject to

supporter   to tolerate; to stand, put up with

supranormal (supranormaux)   superabnormal

suralimenter   to overfeed

surcroît *(m.)*   addition; increase; **de —**   in addition

suréquipement *(m.)*   overload, excess of equipment

surgir   to surge; to rise

surmonter   to overcome

surprendre   to surprise

sursaut *(m.)*   start, jump; reaction

sursauter   to start (involuntarily); to give a start

surtout   above all, mainly, especially

surveiller   to watch

survêtement *(m.)*   track suit

survie *(f.)*   survival

susurrer   to murmur; to whisper

sympathiser   to be friendly

syndicaliste *(m. ou f.)*   union member

syndicat *(m.)*   labor union

tabac *(m.)*   tobacco

tableau *(m.) :* **— de bord**   dashboard

tableautin *(m.)*   little picture (scene)

table d'écoute *(f.)*   listening board or device

tabou *(m.)*   taboo

tâche *(f.)*   task, duty, work

taille *(f.)*   waist; size, shape

tailleur *(m.)*   woman's suit

se taire   to be silent, to shut up

talon *(m.)*   heel

tant   so much, so many; **— mieux**   so much the better; **— pis**   too bad; **— que**   as long as; **en — que**   insofar as

tapant *(adj.)*   sharp

tard *(adv.)*   late

tare *(f.)*   defect

tarif *(m.)*   list of charges, rate, price list

tartine *(f.)*   slice of bread with butter, honey, jam, etc.

tasse *(f.)*   cup

taux *(m.)*   rate, rate of exchange

teindre   to dye

teint *(m.)*   complexion; **le fond de —**   makeup base

tel (telle)   such, like, similar; **un —**   such a

télésiège *(m.)*   ski chairlift